An die Nachwelt

Letzte Nachrichten und Zeitzeugnisse von NS-Opfern
gegen das Vergessen

Zentrum für
Politische Schönheit

Man kann einen Völkermord nur wirklich begreifen,
wenn man erfährt und sich bewusst macht, was und wer vernichtet wurde.

Samuel Kassow

Recherche, Produktion und Herausgabe dieses Buches wurden von über 3.000 Komplizinnen und Komplizen des Zentrums für Politische Schönheit ermöglicht.

Ein ganz besonderer Dank gilt dem Maxim Gorki Theater und seiner Intendantin Shermin Langhoff.

Helfen Sie uns bei unserer Arbeit und werden Komplize unter:
zps-spenden.de

2019, Zentrum für Politische Schönheit, Berlin

Herausgeber, Druck & Herstellung:
Zentrum für Politische Schönheit, Berlin/ Philipp Ruch (V.i.S.d.P.)

Visuelles Konzept & Umsetzung:
René Eckardt, Karlsbad/ Halberstadt, Kontakt: r+e@gmx.de
Bild Seite 210/211: „Ein Anderes Wieder"

Weitere Mitwirkende:
Samira Nurak, Elena Schipfer, Lotte Basse, Mathias Mühlheim, Ella Fruchtmann, Johanna Honkomp

Bilder:
Manuel Ruge, Dennis Pauls

Printed in Germany
ISBN: 978-3-00-064453-5

www.politicalbeauty.de

Bibliografische Information der Deutschen Nationalbibliothek: Die Deutsche Nationalbibliothek verzeichnet diese Publikation in der Deutschen Nationalbibliografie; detaillierte bibliografische Daten sind im Internet über http://dnb.d-nb.de abrufbar.

INHALT

Vorwort 9

Kapitel 1: Vorahnungen 11

Kapitel 2: Tod 21

Kapitel 3: Kinder 41

Kapitel 4: Angehörige 63

Kapitel 5: Letzte Wünsche 85

Kapitel 6: Widerstand 99

Kapitel 7: Dokumentation 119

Kapitel 8: Poesie 155

Kapitel 9: Abschied 163

Kapitel 10: An die Menschheit 195

Letzte Worte 213

Vorwort

Ein neues γνῶθι σεαυτόν

Geschichte ist das Ergebnis von Politik. Der Holocaust ist das Ergebnis von Politik. Die schrecklichste Möglichkeit der Politik. Der Holocaust ist das Trauma vom Ende der Aufklärung, des Fortschritts, des Idealismus und der Zeit an sich. Der Holocaust ist das unerkannte Ende der Geschichte.
Wir werden ihn nicht verstehen, wenn wir seine Opfer nicht als Individuen wahrnehmen. Wenn wir uns nicht bewusst machen, dass sie Menschen waren wie wir. Menschen, die berührt, geküsst, geliebt wurden. Sie sind unsere Vorfahren – mit aller (staatlichen) Gewalt aus dem Leben gerissen.
Mit diesem Blick kann aus Gedenken Trauer werden. Trauer über das monumentale Erlöschen. Die Trauer um die Verbrannten ist möglich. Aber die Erinnerung versagt uns. Schon wieder. Die aus den Zügen geworfenen Postkarten, die in die Erde gescharrten, in Thermosflaschen versteckten Notizen – dies sind die Schnipsel halbzerstörter Erinnerung. Ein Atlas der Individualität. Wir können diese Aufzeichnungen bergen, wiederbeleben und weitergeben. Sie unterstreichen das gnothi seauton unserer Zeit: *Seht die Menschen!*
In der Tradition Emanuel Ringelblums legt das Zentrum für Politische Schönheit eine in zweijähriger Rechercharbeit entstandene Dokumentensammlung vor. Ringelblum meinte, sein Geheimarchiv – in Milchkannen versteckt und im Warschauer Ghetto eingemauert – könne künftigen Generationen den Zugang zum Holocaust ermöglichen.
Wir müssen das Böse fürchten lernen. Es war möglich. Es ist möglich. Es bleibt möglich. Es gibt kein „damals", es gibt nur ein „dort". Einen Menschheitsort, an dem

der Abgrund klafft – für immer. Wenn wir diesen nicht ein für allemal schließen können, müssen wir ihn bewachen – für immer. Die Geschichte lehrt die Notwendigkeit, die Vorzeichen des Faschismus frühzeitig zu erkennen. Sie lehrt uns zwar nicht, wie diese aussehen werden. Aber Gedenken heißt lernen. Gedenken heißt sehen lernen. Gedenken heißt kämpfen.

Berlin, im 86. Jahr nach der Zerstörung der Illusion.

Zentrum für Politische Schönheit

1. VORAHNUNGEN

[undatiert]
Tagsüber weiß ich: sie sind in der Nähe. Aber nachts verlässt mich mein Optimismus. Ich knicke ein. Die Nacht ist deutsch, und was bin ich gegenüber dieser Nacht? Und warum sollte gerade ich davonkommen? Wir haben nicht einmal die Hoffnung eines Verurteilten: das Gnadengesuch. Wir sind keine Verbrecher, nur „Schädlinge". Kugeln? Reine Verschwendung. Wenn es möglich wäre, würden sie uns mit Insektenvertilgungsmitteln ausrotten wie die Fliegen. Ich sehne mich verzweifelt nach einem scharfen, körperlichen Schmerz, der alles andere überdeckt, mich aufschreien lässt.
Ana Novac

15. August 1944
Erst jetzt kann ich ermessen, was Freiheit bedeutet. Ich weiß es, weil ich dich verloren habe. Wie lange noch werde ich in Knechtschaft dahinsiechen, wie lange noch auf allen Vieren kriechen müssen (...) Jeder weiß nur, dass er Knecht ist und geknechtet wird. Jeder fühlt nur, dass dies nicht mehr andauern darf, dies unerträgliche Elend.
Wie lange noch? Wie lange noch?
Hermann Kruk

[undatiert]
Lieber, lieber Gitterman, ich bitte dich, mich zu retten. Noch ist Zeit. Sie haben mich auf der Straße gepackt und zum Umschlagplatz gebracht. Ich möchte eines Tages meine Frau und meine beiden Kinder wiedersehen können. Rette mich. Schnell!
Joseph Kirman

30. September 1942
Was wird das für ein Leben sein, selbst wenn ich überlebe? Wen werde ich in meiner alten Heimat Warschau überhaupt noch finden? Wozu und für wen diese ganze

Jagd nach dem Leben, alles ertragen, immer durchhalten – wozu?!
Herman Kruks

[undatiert]
7. Tag meiner Gefängnishaft in der Möllerstraße 19: Bin zweimal verhört worden. Wurde gepeitscht... Habe entsetzliche Angst vor Schmerzen. Aber keine Angst vor dem Tode.
8. Tag, abends: Von neuem Angstzustände. Weinte. Ich habe versucht zu beten. Problem: Angst und Verantwortung.
9. Tag: Fortwährend Angst. Ich muss sie überwinden. Die Schmerzen der Selbstprüfung sind groß. Alles ist unzugänglich: Wille, Verstand und Moral... Mutter in deinem Himmel, bete für mich. Mutter war gut.
10. Tag: Die Einsamkeit lastet schwer. Quousque tandem, Domine? O! Monate? Ein Jahr? O Gott!!!
11. Tag: Ich werde heute 43 Jahre alt. Ich habe mein Leben missbraucht und verdiene die Strafe, die mich jetzt von der Hand der Ungerechten trifft. Mit meinen Gedanken streife ich heute an der Peripherie der Frage nach dem Glück umher. Ich bin nie in meinem Leben glücklich gewesen, – nicht einen einzigen Tag. Aber unglücklich bin ich häufig gewesen, bis an die Grenze zum Selbstmord. Von im Glauben, im Opfer, im Gebet? Ich kann jetzt niederknien und beten. Nicht dass ich glaube, aber ich bete um Glauben. Seltsam, seltsam – dass ich das bin. Wohin soll das führen?
12. Abends: Die Zukunft sieht dunkel aus für uns politische Gefangene. Außer dem individuell verhängten Todesurteil oder dem Tod ohne vorheriges Urteil befürchte ich Massenhinrichtungen. Eine höhere Macht mag uns beistehen. Auf den Knien habe ich zu Vaters und Mutters Gott gebetet. Ich betete für mein eigenes und meiner Kameraden Leben. Ich muss viel weinen. Ich bin nicht tapfer. Ich bin kein Held. Ich kann nichts daran ändern. Ich bin nur abgrundtief unglücklich.
32. Tag: Wieder und immer wieder muss ich mich selbst fragen: kannst du glauben? Ich spreche vom Glauben an die Lehre der Kirche oder davon, den Glauben zu teilen, von dem Vater und Mutter sprachen: Christus ist Gottes Sohn und ist für uns gestorben. Wer an ihn glaubt, wird das ewige Leben erben. Ich weiß, draußen in der Freiheit würde ich antworten: nein, das kann ich nicht. Meine Erfahrung verbietet es mir. Jetzt sage ich nicht rundweg, nein. Bei mir ist nämlich die Erfahrung hinzukommen, dass ich in der äußersten Not rufe: Herr, mein Gott, hilf mir Jesus, erlöse mich!
108. Tag: Der Übergang vom Beten zum Fluchen war

leicht und schmerzlos. Aber die Reflexionen jetzt einen Monat später, sind sehr schmerzhaft. Es ist der sehr komplizierte Schmerz, den Salomo mit den Worten umschreibt: "Derjenige, der seine Weisheit vermehrt, vermehrt seinen Schmerz."
Petter Moen

27. Januar 1942
Sie bringen uns nach Chelmo und vergasen uns. Dort liegen schon 25 000 Juden. Das Gemetzel geht weiter. "Habt ihr denn kein Erbarmen mit uns?" Natan, das Kind, Mutter und ich haben uns gerettet, sonst niemand.
Fela

30. August 1944
Vor dem nahen Ende erscheinen die Schande und die Sklaverei noch schwerer. Draußen, bei der Arbeit, werden die Männer bestialisch gequält. Die deutschen Bestien halten an ihrer bevorzugten Methode fest: Furchtbare Schläge und grobe, hysterische Beschimpfungen. Sie zwingen die Arbeiter in die erniedrigendsten Situationen, veranlassen sie auf den Knien zu rutschen und im Laufschritt Wagen zu ziehen. Dabei werden sie furchtbar gehetzt wie Diebe. Oder die Nazis veranstalten zur Abwechslung ein halsbrecherisches Radrennen, wobei die Unsrigen nachrennen müssen. Wenn einer dieser Unglücklichen mit seinen Kräften am Ende ist – und natürlich sind immer einige darunter – und nicht mehr den gewünschten Eifer zeigt, dann beweisen die deutschen Helden, ihre Macht und strafen den Schuldigen, durch Brotentzug oder Bunker. Und all das vollzieht sich unter der Begleitmusik von Beleidigungen und indem die Opfer unaufhörlich mit den schlimmsten Schmähungen überschüttet werden, so dass man schließlich daran zu zweifeln beginnt, ob diese Nazis überhaupt noch imstande sind – selbst in ihrem Privatleben –, ruhig zu sprechen und sich wie Menschen zu verhalten. Sie geben es nicht auf, die Juden zu demütigen und zu beschimpfen, obwohl ihnen selbst sicherlich schon dämmert, dass ihr Ende nahe ist. Jeder Umstand und jeder Augenblick ist ihnen recht, um ihre Verachtung zu zeigen. [...]
Oder die Kinder, die keine Freude kennen. Angst, nichts als Angst. Diese armen, kleinen, gedemütigten Wesen, die stundenlang gerade stehen müssen, Angst im ganzen Körper und den Blick in starrer Erwartung der Dinge, die da kommen sollen. Sie verbergen den Kopf unter irgendeinem Lappen, schmiegen sich an die Großen, um gegen Kälte und Schrecken Schutz zu suchen. Nur

ihre Augen bleiben weit offen, in ängstlicher Spannung, wie bei einem gehetzten Tier. Und die deutschen Offiziere blicken auf all das mit kaltblütiger Grausamkeit und Verachtung und befehlen: „Stillgestanden!". Und wirklich, tödliches Schweigen herrscht in allen Seelen.

08. November 1944

Wir sind nicht tot, aber wir sind Tote. Man hat es fertig bekommen, in uns nicht nur das Recht auf das gegenwärtige Leben abzutöten… bei vielen von uns sicher auch das auf das künftige Leben… aber die tiefste Tragik liegt darin, dass es ihnen durch ihre sadistischen und perversen Methoden gelungen ist, jede Regung eines früheren menschlichen Lebens, jedes Gefühl normaler Wesen mit einer normalen Vergangenheit abzutöten, ja selbst das Bewusstsein, einmal als Menschen, die dieses Namens würdig waren, existiert zu haben. Ich denke nach, ich will es… und ich erinnere mich an absolut nichts. Als ob es sich nicht um mich selber handeln würde. Alles ist in meinem Geist ausgelöscht.

Hanna Lévy-Hass

19. Januar 1942

Trotz aller Bemühungen konnte ich nicht in Erfahrung bringen, was mit ihnen geschah. Doch diese Woche sind von dort einige Leute geflohen und haben erzählt, dass man sie alle tötet, Gott bewahre!, man vergast sie massenweise und begräbt sie dann in einer Grube … Ihr dürft nicht untätig bleiben. Nicht schweigen.

Rabbi Jakub Sylman

03. Mai 1944

Ich habe entsetzliche Sehnsucht nach allem, was ich hinter mir ließ, spüre unsagbares Heimweh nach daheim. Wissen sie zu Hause, was es wert ist, in einem Zimmer sitzen zu können, an einem blumengeschmückten Tisch aus hübschen Tassen Tee zu trinken? Wissen sie es zu schätzen, dass sie pünktlich um halb 7 zu Abend essen können? Gutes zu essen? Ich komme auch um halb sieben nach Hause. Aber ich gehe in diese verdammte Baracke, unter anfeuernden Rufen wie: „… Ich lass euch stehen, bis euch die Sch… aus dem A… läuft." Dann habe ich elf Stunden Arbeit in einer staubigen, schmutzigen Halle hinter mir, in der ich gesessen habe und gewartet. Einmal darauf, dass es halb zwölf wird und dann wieder halb sieben. Ich bin nicht eifersüchtig darauf, dass meine Angehörigen in einem gemütlichen Heim sitzen können und gezwungen sind, Mutmaßungen über unser Los anzustellen. Es muss schwer sein, diese Ungewissheit, dieses Phantasieren, schlimmer als hier die Wirklichkeit zu ertragen. Und doch möchte ich nur einmal lieber 5 Minuten phantasieren anstatt zu ertragen. Was geschieht in Holland, ist alles beim Alten, alles wie gewöhnlich? Jetzt regnet es hier und hagelt, und die Stimmung ist nervös gespannt!

Auf dem Appellplatz stehen währenddessen die von der Arbeit freigestellten Frauen mit ihren Kleinkindern zum Strafappell. Sie stehen dort seit anderthalb Stunden. Das Zahlen soll wieder einmal nicht geklappt haben. Mein Gott, gibt es denn kein Ende? Vater, Mutter, ich flehe euch an, denkt eine einzige Sekunde intensiv an mich. Ich werde es auch tun, und unsere Gedanken werden sich treffen und vereinigen, und ich kann für einen Moment diese schmerzende Isolation vergessen.
Renata Laqueur

08. Mai 1943
Heute ist ein schrecklicher Tag. Strömender Regen und Kälte. Heute Mittag um zwei geht ein Transport mit eintausendzweihundertfünfzig Menschen nach Westerbork. Dass draußen schreiende Frauen herumlaufen, ist etwas ganz Normales. Ich sah heute Morgen um fünf, wie ein Mädchen hinfiel. Sie wollte zu ihrer Mutter rennen und stürzte dabei. Später am Morgen begegnete ich ihr, und sie schluchzte heftig. Sie hatte von ihrer Mutter Abschied genommen. Den ganzen Tag hindurch weinende Frauen und Kinder. Das wird etwas werden, wenn gleich der Transport abfährt. Als ich das Theater in Amsterdam verließ, glaubte ich, wir würden zur Ruhe kommen, aber nun weiß ich, dass wir Juden nie zur Ruhe kommen werden, solange unsere Beschützer hier das Sagen haben. Immer weiter verfolgt und wieder aufgeschreckt werden, wie die Tiere. Keinen Moment der Ruhe mehr. Jeden Augenblick etwas anderes, und nichts als Elend.

09. Mai 1943
Gestern war wieder ein Tag, der für das Judentum ein Stück Geschichte bedeutet. Der Transport nach Westerbork begann um halb drei und dauerte bis spät in die Nacht. Mittags war ich in der Baracke für alte Leute – was sich dort abspielte, ist abscheulich. Steinalte Frauen sah ich, die auf dem Boden saßen und murmelnd Selbstgespräche führten. Ich bot jemandem an, seine Decken zu tragen, aber ich glaube, dass diese alten Menschen in allem und jedem einen Feind sehen. Jedenfalls durfte ich die Decken nicht tragen, denn die alte Frau hatte Angst, dass ich sie nicht zurückgeben würde. In einer anderen Baracke erlitt eine Frau einen Anfall geistiger Umnachtung, entsetzliche Szenen spielten sich ab. Der Abschied von Eltern und Kindern.

Das Leid dieser Menschen mitansehen zu müssen, war mehr, als ich ertragen konnte, und ich ging schnell in meine eigene Baracke zurück, weil ich hoffte, es wäre dort ruhiger. Aber wie hatte ich nur so naiv sein können, das zu denken. Unter uns befand sich eine besonders bedauernswerte Frau. Sie hatte, glaube ich, zehn oder zwölf Kinder. Auch sie musste mit auf Transport, aber die Kinder, die älter als fünfzehn waren, durfte sie nicht mitnehmen. Die musste sie zurücklassen, und sogar, als diese Mädchen sich freiwillig melden wollten, wurde dies damit abgetan, es dürften keine Freiwilligen mit. Es gab eine dramatische Szene in der Baracke, aber solche Dinge ereigneten sich überall.
Klaartje de Zwarte-Walvisch

02. Januar 1943
Noch nie so mutlos gewesen wie jetzt, sogar über Selbstmord nachgedacht. Ein vorübergehender Zusammenbruch? Ich glaube weder an Austausch noch an ein rechtzeitiges Kriegsende und lüge Mams an, dass ich es doch tue.
Loden Vogel

17. Juli 1933
Aber ich verzweifle nicht! In diesen Monaten habe ich oft an die Geschichte meiner Familie gedacht, wie sie mir vom Großvater und der Mutter überliefert wurde. Ich leide nicht mehr als meine Vorfahren. Diese traten vom Christentum in Spanien wie Tausende zum Judentum über, wurden im 13. Jahrhundert vertrieben, flüchteten nach den Niederlanden, mussten von dort wieder ihres Glaubens wegen im 16. Jahrhundert fliehen und fanden eine Heimat in Deutschland. Werden wir jetzt wieder vertrieben?
Ludwig Marum

1939
We hear the screams of those who are being attacked every night until one o'clock. They visited Eugen Hess this morning and the street looked as though there had been a snow fall: the whole street was covered with feathers thrown out of his apartment. Perhaps Wilson would do something if he heard these things. From where can we expect help to come? From (illegible) two have received old CK, (illegible) has left for Bruenn with his family, leaving everything behind. May the dear God help so that we can report better things soon. Thank God, we all are well. Greetings and kisses
Lina

16. Dezember 1942
Mit der höflichen Bitte, einzuwerfen.
Heute sind wir aus Plonsk fort, unsere gesamte Familie, und alle Juden sind gefahren. Ihr sollt wissen, dass wir zur Hochzeit (das heißt, zur Vernichtung) fahren.
Auf Wiedersehen,
David

16. Dezember 1944
Ich kann nicht beschreiben, in welchem seelischen Zustand ich diesen Brief schreibe. Seit acht Tagen sind wir im Waggon eingesperrt. Von 77 Personen – 65 Männer und 12 Frauen – sind bisher 14 geflohen, und ich weiß nicht, ob ich nicht dasselbe tun sollte. […]
Ich denke, dass ich versuchen werde zu fliehen, denn wenn ich scheitere und gefasst werde – dann ist wenigstens der Tod sicher.
Blanka Levi

07. April 1943
Meine Lieben,
bevor ich diese Welt verlasse, möchte ich Euch einige Worte hinterlassen. Sollte Euch mein Brief jemals erreichen, werde ich, werden wir alle hier nicht mehr am Leben sein. Unser Ende kommt immer näher. Wir spüren und wissen das. Wir sind allesamt zum Tode verurteilt, so wie alle jene unschuldigen Juden, die bereits ermordet wurden. Die Reste, die dem Massenschlachten bisher entgangen sind, sind in allernächster Zeit an der Reihe (innerhalb von Tagen oder Wochen).
Es ist furchtbar, aber das ist die volle Wahrheit. Zu unserem Bedauern gibt es vor dem furchtbaren Tod kein Entrinnen und kein Versteck.
Moschia

[undatiert]
Im Laufe der Nacht ist unser Haar weiß geworden, betet zu Gott, dass er Euch erspare, was wir durchgemacht haben. Dies ist die letzte Nachricht von uns...
[unbekannt]

April 1943
Die Lage ist ausweglos, wir sind alle zum Tode verurteilt (die Juden, natürlich), wir wissen nur noch nicht, wann das Todesurteil vollzogen wird, wir erwarten es stündlich und minütlich. Die Verfolgung war endlos, und am Ende unserer Kräfte werden wir ins Grab gestoßen, zuweilen während wir noch am Leben sind, im wahrsten Sinne des Wortes. Hast Du eine Ahnung, wie schrecklich das ist, zu leben und zu wissen, dass ich

und meine Lieben das jeden Moment erwarten?
Genia

05. Juni 1942
Tu was Du kannst. Wir schweben in großer Gefahr.
Ita Lewin

06. Dezember 1943
Im Moment bin ich gesund und froh, dass es Euch gut geht. Ich habe viel durchgemacht und viel gelitten und ich kann Euch nicht alleine schreiben, da ich, als es brannte, Verbrennungen erlitten habe. Ich lebe zwar, aber ich bin voller Angst.
Ich beeile mich sehr, denn ich muss mich verstecken, untertauchen. Ich danke Euch für das Geld, denn ich habe es dringend nötig. Guzik ist hier, zu unserem Bedauern sind es andere […]
Ich möchte nicht schreiben, denn ich habe Angst. In Kürze werdet Ihr alle Einzelheiten hören und ich werde versuchen von hier rauszukommen.
[unbekannt]

14. Juli 1942
Ich bitte Euch um alles in der Welt – passt auf Euch auf, denn die Gestapo lauert auf jedem Schritt auf die Polen. Und nach Auschwitz ins Lager zu kommen bedeutet sterben.
21. März 1943
Ich habe große Angst, von hier in ein anderes Lager zu kommen. Höchstwahrscheinlich fahren vor hier alle Polen in das Innere Deutschlands. Das wäre für mich nur schwer zu ertragen, denn mir fehlt die Kraft, in einem anderen, neuen Lager wieder ein neues Leben zu beginnen. Ich bin aber hoffnungsvoll. Hoffentlich geht der Krieg schnellstens zu Ende und Ihr alle würdet endlich Ruhe finden. Ich nehme an, dass es sogar in diesem Falle für uns von hier kein Entkommen gibt. Was bedeuten für die schon mehrere zehntausend Menschen, wenn Hunderttausende bereits ermordet worden sind.
Janusz Pogonowski

[undatiert]
Aber es ist noch immer ein Rätsel, warum wir überhaupt hier sind und es gibt noch immer keine Informationen darüber, wie es weiter geht. Wie lange wird das dauern?
William

[undatiert]
Denn wenn sie dir befehlen, die allernotwendigsten,

elementarsten, unentbehrlichsten Sachen abzugeben, heißt das, dass das Unentbehrliche entbehrlich und das Nützliche schon niemandem mehr nützlich sein wird.
Salmen Gradowski

Sola bei Auschwitz

2. TOD

21. August 1944
Es war ein hartes Ringen, dieses Leben, es geht ebenso hart und unerbittlich zu Ende, aber Du lebst und hütest unser Andenken in Liebe und Treue, und darum erfüllt sich das irdische Streben gut.
Willy Sachse

20. November 1943
Liebe Kinder und Mutter!
Bin zu schwach, um so lange auf den Tod mit dem Beil zu warten.
Verzeiht mir. Lebt wohl!
Euer Vater
Grüße an alle Verwandten und Freunde!
Macht es gut.
Geschrieben mit Blut am
20. November 1943
Mein letzter Wunsch:
Lasst meine Frau leben.
Ludwig Krall

Ludwig und seine Frau Klara Krall waren in der SPD und kämpften gegen den Faschismus und für ein Ende des Krieges. Klara Krall wurde wenige Tage nach dem Freitod ihres Mannes enthauptet.

28. März 1943
Mittags halb ein Uhr. Vier Mitmärtyrer wurden eben aus der Zelle geholt... So werde ich zwei bis dreimal in der Woche nahe an den Abgrund geführt, und während ich mich zwinge, ruhig hinabzuschauen, warte ich auf den kleinen Stoß, der genügt, mich hinabzustürzen...
Alfred Schmidt-Sas

22. Dezember 1942
Wenn Ihr hier wäret, unsichtbar seid Ihr's, Ihr würdet mich lachen sehen angesichts des Todes. Ich habe ihn längst überwunden. In Europa ist es nun einmal üblich,

dass geistig gesät wird mit Blut. Mag sein, dass wir nur ein paar Narren waren, aber so kurz vor Toresschluss hat man wohl das Recht auf ein bisschen ganz persönliche Illusion.
Harro Schulze-Boysen

Harro Schulze-Boysen und Dr. Arvid Harnack leiteten eine der wichtigsten illegalen Organisationen in der Zeit des zweiten Weltkriegs: die Schulze-Boysen/Harnack Gruppe.

14. Januar 1945
Wie lange ich nun hier warte, ob und wann ich getötet werde, weiß ich nicht. Der Weg von hier bis zum Galgen nach Plötzensee ist nur 10 Minuten Fahrt. Man erfährt es erst kurz vorher, dass man heute, und zwar gleich, „dran" ist.
Alfred Delp SJ

[undatiert]
Lieber Vater!
Vor dem Tod nehme ich Abschied von Dir! Wir möchten so gerne leben, doch man lässt uns nicht, wir werden umkommen. Ich habe solche Angst vor diesem Tod, denn die kleinen Kinder werden in die Grube geworfen. Auf Wiedersehen für immer.
Ich küsse Dich inniglich.
Deine J.
[unbekannt]

22. April 1944
Seit gestern hausen wir nun im Arbeitslager. Es ist die größte Schweinerei hier, überfüllte Baracken und obendrein ein offenes WC am Ende des Schlafsaales, und ich habe das unbeschreibliche Pech gehabt, dort einen Schlafplatz zu finden. Dieses Chaos, dieser Dreck, einfach unbeschreiblich, menschenunwürdig. Die katastrophalen Zustände bewirkten, dass ich in den letzten Tagen einfach nicht die Kraft fand für mein Tagebuch. In der ersten schlafen. Alles ist so irrsinnig, so hoffnungslos. Ich habe entsetzliche Angst, hier noch einen Winter bleiben zu müssen. Spätestens jetzt erkennen die letzten von uns, dass die Bezeichnung „Aufenthaltslager" nur eine arglistige Täuschung ist.
Unser Tagesablauf: Wecken um Viertel vor 5. Nach dem Morgenappell auf dem Appellplatz um 6 Uhr marschieren die Arbeitskolonnen in Fünferreihen zu ihren Arbeitsstellen, die sie gegen halb sieben erreichen. Mittagspause um 11:30 Uhr. In Marschordnung, unter dem Geschimpfe und Getobe der Kolonnenführer, geht es wieder zum Antreten, wo wiederum Zählappell ge-

halten wird. Dann Essenempfang. Um halb eins noch einmal Zählappell, Abmarsch zu den Arbeitsstellen, an denen wir bis 18:30 Uhr bleiben. Dann Rückmarsch zum Appellplatz, wo natürlich gezahlt werden muss. Wenn wir dann Glück haben und alles klappt, dürfen wir in die Baracken. Klappt das Zahlen nicht, stehen wir abends noch einige Stunden auf dem großen Appellplatz, mit leerem Magen, in der Kälte, die langsam in uns hineinkriecht. Doch irgendwann entlassen sie uns dann doch in die Baracken, und dann kommt dieses so wichtige Stündlein, in dem jeder versucht, „Mensch" zu sein, sich selbst zu finden – und nicht an den Hunger zu denken. Dieses Stündchen, in dem man spüren möchte, dass es für Menschen noch etwas anderes geben muss, als nur befohlen, getreten und beschimpft zu werden. Dieses ist auch die Stunde, in der man den Gedanken erlaubt davonzueilen, in der man davon zu träumen beginnt, es gäbe ein Ende des Krieges, ein Ende, das wir auch erleben. Männer und Frauen dürfen bis um 19:45 Uhr zusammenbleiben, was tatsächlich ein großer „Vorzug" dieses Lagers ist. Hat man dadurch doch die Möglichkeit, miteinander zu reden, dem anderen in Kleinigkeiten zu helfen und beizustehen.
Renata Laqueur

14. Juli 1942
Liebe Tante, Lalusia, Jędruś!
Heute erfuhr ich, dass man Euch über meinen Tod benachrichtigt hat. Es tut mir leid, dass Ihr sicher meinetwegen viele Schwierigkeiten hattet. Es ist sogar möglich, dass sie Euch meine Asche geschickt haben. Das kommt hier oft vor. Das Krankenrevier gibt versehentlich eine falsche Nummer an die Hauptschreibstube weiter, und die sind dort sicher, dass das gegebene Individuum tot ist. Also veranstaltet nicht zufällig mein Begräbnis, ich würde sonst weinen.
So Gott will, sehe ich vielleicht in Kürze meine Lieben gesund und munter zu Hause wieder. Es ist wirklich schwer, in diesen Verhältnissen, in denen ich mich befinde, durchzuhalten. Wenn ich aber nun schon über zwei Jahre durchgehalten habe, dann werde ich, Gott geb's, in den Schoß der Familie zurückkehren.
Was am Schlimmsten ist – wir haben oft empfindlichen Hunger. Das ist jedoch weniger unerträglich, als die Sehnsucht nach den Lieben und nach dem Heim. Man denkt nun schon nicht mehr an Feste und andere Lebensfreuden, sondern einzig an Euch, meine Teuersten, Liebsten. Mit jedem Transport, der hier ankommt, was häufig der Fall ist, befürchte ich, Andrzej, Vater

und sogar die Tante oder Irenka zu sehen. Hier leben hinter dem Stacheldraht schließlich auch Frauen, die nicht weniger geschunden werden als wir. Ich habe schon mehrere Bekannte getroffen. Hier kommen auch Transporte aus Frankreich an. Ich fürchte, hier auch den Vater wiederzusehen. In diesen Verhältnissen ist alles möglich. Bitte, schreibt mir, wo sich Vater wirklich befindet und ob er wirklich gesund ist. Jede Nacht denke und träume ich ununterbrochen an und von Euch. Der Tag ist hier für mich nicht ein Tag wie bei freien Menschen, das ganze Leben ist ein nächtlicher Alptraum. Nicht ein Moment Ruhe. Immer von den Peitschen der deutschen Banditen angetrieben und gejagt. Keine Rede von einem Versuch des Widerstands. Die kleinste Verletzung der Lagerordnung hat schreckliche Folgen. Auf jedem Schritt lauert der Henker, bereit zur Vollstreckung des Urteils. Wenn nicht der Hunger, dann bezwingt uns die Krankheit, wenn die glücklich vorüber ist, wartet ein unvermuteter Schlag mit der Schaufel oder einem anderen scharfen oder schweren Gegenstand. Manchmal kommt sogar der Moment, wo ich im Abendgebet Gott um Gnade, um den Tod bitte. Diese hat nicht nur einen, sondern schon Tausende von uns erlöst. Hier kann man sogar wohlhabend und gut leben, aber man muss den Anderen das Leben nehmen, zum Henker der eigenen Brüder, Vater, Schwestern oder Mütter werden. Das allerdings verträgt sich nicht mit der Ehre eines Polen. Nicht mit dem Mut und dem Stolz über unsere großartige nationale Vergangenheit. In letzter Zeit gehen von hier zahlreiche Transporte nach anderen Lagern, in das Innere des Reiches. Das ist das Eine, vor dem ich mich ein wenig fürchte. Sie wollen uns unbedingt fertigmachen, die Liebe und Treue zum geliebten Vaterland aus uns herausreißen. Es gibt auch solche, denen das Leben lieber ist als das Vaterland, sie erlauben sich verschiedene Gemeinheiten, doch die machen sich selbst schnell fertig, denn sie besitzen kein Lebensziel.

Vor drei Wochen ist hier in sehr schlechtem körperlichen Zustand unser sehr guter Bekannter, Herr Jaroszyński, gestorben. Einen Moment noch vor seinem Tode stand ich neben ihm und konnte sogar ein paar Worte mit ihm wechseln. Er beauftragte mich, seine Frau und Kinder ganz herzlich zu umarmen. Er wusste, dass er stirbt, aber er hoffte noch immer, die verlorene Freiheit wiederzugewinnen. Er starb mit den Worten „Lasst mich endlich zu meinen Nächsten, ich will noch für sie leben". Er war an Durchfall und allgemeiner Auszehrung erkrankt.

Der Tod ist hier für uns eine so gewöhnliche Sache, dass

sicherlich keiner große Angst vor ihm hat. Exekutionen finden fast täglich unter unseren Augen statt, ohne Rücksicht auf die Tageszeit. Hier kommen durch die Kugeln nicht einzelne oder dutzende, sondern tausende, wortwörtlich tausende Menschen um. Gestern, zum Beispiel, wurden im benachbarten Lager Rajsko (Birkenau - FP) 318 Polen und 834 Juden vergast. Sie wurden nicht zufällig, sondern einem speziell zu diesem Zweck gebauten Gebäude vergast. Nach dem Abendappell, um sechs Uhr, wurden auf dem Appellplatz öffentlich zwei Polen aufgehängt. Angeblich wegen Fluchtgedanken. Einer bettelte um Gnade, doch diese Bitte wurde von unseren Würdenträgern belacht. Der andere verhielt sich sehr heldenhaft und, den Kopf erhebend, damit man ihm die Schlinge umlegen konnte, rief er: „Seid tapfer, Polen, solange ihr lebt, war und ist Polen nicht verloren", Solche brauchen wir im Volk, und tatsächlich halten wir aus, und Polen wird als freier Staat wiederentstehen.

Ich bitte Euch um alles in der Welt – passt auf Euch auf, denn die Gestapo lauert auf jedem Schritt auf die Polen. Und nach Auschwitz ins Lager zu kommen, bedeutet sterben.

Ich umarme Euch, alle meine Teuersten, fest und herzlich

Euer Janusz

Janusz Skretuski-Pogonowski

1942

Wir liegen alle in einer Grube. Ich bin ganz sicher, dass Ihr alle den Ort unseres Begräbnisses erfahren werdet. Mutter und Vater halten es kaum aus. Meine Hand zittert, und es ist schwer, zu Ende zu schreiben. Ich bin stolz, Jüdin zu sein.

Ich sterbe um meines Volkes willen. Ich habe niemandem erzählt, dass ich vor unserem Tod einen Brief schreibe. Aber! ... Wie gern ich leben und etwas Gutes erreichen würde! Aber es ist schon alles verloren ... Lebt wohl. Eure Verwandte Fanja im Namen aller: Vater, Mutter, Sima, Sonja, Susja, Rasia, Chutza (Jecheskel). Und im Namen der kleinen Seldaleh, die noch gar nichts versteht.

Druja & Fanja

14. April 1944

Von unserer Ortschaft ist eine knappe Hälfte übriggeblieben. Und wozu ist sie überhaupt übriggeblieben? Es wäre besser, wenn es sie nicht gäbe, wenn es all das nicht gäbe, wenn ich nicht geboren wäre! [...]
Isjaslawl gibt es nur noch mich und Feldman, Kiwa,

unseren Nachbarn – sonst niemanden mehr von den 8 000 Menschen. Alle sind tot: meine liebe Mama und mein lieber Papa, mein lieber Bruder Sjama, Isa, Sarah, Boruch… Ihr lieben, guten Menschen, wie schlimm ist es euch ergangen!… […]

Ich bin dreimal aus dem Konzentrationslager geflohen und habe, als ich bei den Partisanen war, wiederholt dem Tod ins Auge gesehen. Lediglich die Kugel eines Fritzen hat mich kampfunfähig gemacht. Doch ich bin schon wieder gesund – das Bein ist ausgeheilt, und ich werde den Feind aufspüren, für alles Rache üben. Ich möchte mich mit Ihnen treffen, und sei es nur für fünf Minuten. […]

Das ist ein zusammenhangloser Brief geworden, ebenso zusammenhanglos, traurig und nutzlos wie mein Leben.

Sjunja Deresch

[undatiert]

Das ist die erste Begrüßung für die Neuankömmlinge. Alle sind wie betäubt und schauen sich um, wohin man sie denn gebracht habe. Gleich informieren sie uns, dass wir nun eine Probe des Lagerlebens hätten. Hier herrsche eiserne Disziplin. Hier befänden wir uns in einem Todeslager. Dies sei eine tote Insel. Der Mensch käme nicht hierher, um zu leben, sondern um früher oder später seinen Tod zu finden. Hier sei kein Ort, um zu leben. Es sei die Residenz des Todes.

[…]

Man begann die Neuankömmlinge zu tätowieren. Jeder erhielt seine Nummer. Schon bist du nicht mehr derselbe, der du früher gewesen bist, sondern eine wertlose, sich fortbewegende Nummer … Von diesem Augenblick an hast du dein „Ich" verloren und hast dich in eine Nummer verwandelt.

[…]

Die, die neben uns stehen, gucken uns an. Sie sehen auf unsere Nummern. Sie wundern sich über unser Aussehen, das offenbar zu gut fürs Lager ist. Aber als sie die Nummern genauer sehen, wird ihnen alles klar. Gestern erst gekommen. Das Lagerleben noch nicht versucht, die Arbeit nicht geschmeckt. Noch nicht die Lageratmosphäre geatmet.

Musik ist zu hören. Was ist da geschehen? Dass in dem Toten-Lager Musik, auf der Toten-Insel der Klang des Lebens zu hören ist. Dass auf dem Arbeits-Schlachtfeld noch die Gemüter mit den zauberhaften Tönen des früheren Lebens gereizt werden! Sollte man dich hier in dem großen Friedhof, wo alles Tod und Vernichtung atmet, noch an dein früheres Leben erinnern, dich mit

ihm reizen? Aber hier ist alles möglich.
Das ist die Harmonie der Barbarei.
Das ist die Logik des Sadismus.
Salmen Gradowski

15. März 1943
Als wir eines Abends aus der Küche 3 nach Hause kamen, bei dem geisterhaften Licht der meterhohen roten Flammen aus dem Schornstein des Krematoriums – übrigens trotz aller Schaurigkeit eine ästhetische Wahrnehmung – sahen wir Lastwagen vor dem Magazin stehen, die mit Kühen, Schafen oder Schweinen beladen zu sein schienen. Ich, naiv, fragte mehrere Male, was es für Tiere seien, die so brüllten, bis jemand sagte: Es sind Menschen. Die Autos setzten sich in Bewegung zum Krematorium und kamen später zurück, still. In der Ferne hörte man Menschen schreien. Ich weiß nicht, was genau geschehen ist und ob es war, was es schien. Der schwarze, hohe Schornstein des Krematoriums, auf den irgendein Häftling, vielleicht heimlich, ein unauffälliges Kruzifix gemalt hat und aus dem tagsüber Rauch und nachts Flammen kommen, ist der zentrale Gegenstand in Hamos Visionen nach der Gehirnerschütterung, die ihm im Stubben-Kommando geschlagen worden war.

23. März 1943
Zwei Tage Frühlingswetter haben das ganze Lager verwandelt. Bei den Häftlingen nebenan sieht man sogar welche, die ein Sonnenbad nehmen. Die Männer, die ordentlich in Fünferreihen nackt in der Sonne lagen, erweisen sich bei näherem Hinsehen jedoch als Leichen, die noch beim heutigen Appell mitzählen. Ich befinde mich auf der anderen Seite unseres Lagers und blicke auf das Ungarnlager hinüber, wo in großen Autos Gepäck und Decken desinfiziert werden. Frauen kleiden sich schon besser, man sieht viele Menschen Bettwäsche hinausschleppen, um sie zu kontrollieren. Die Sonne wird noch viele retten. Wie lange dauert dieser Krieg noch...
Loden Vogel

[undatiert]
Ich soll also nur die trockenen Fakten aufschreiben; so wollen es meine Freunde. Sie haben mir gesagt: „Je genauer und kommentarloser du dich an die reinen Fakten hältst, desto wertvoller wird der Bericht." Ich will es versuchen... Aber wir sind nicht aus Holz geschnitzt, schon gar nicht aus Stein gemeißelt, obwohl es manchmal war, als ob auch ein Stein angefangen hätte zu schwitzen. Hin und wieder will ich deshalb

auch einen Gedanken zwischen die Fakten streuen, der zeigen soll, was man gefühlt hat. Ich glaube nicht, dass dadurch die Beschreibung entwertet wird. Man war ja nicht aus Stein, obwohl ich die Steine oft beneidet habe; man hatte ein schlagendes Herz, oft schlug es bis zum Hals, und immer wieder gingen einem Gedanken durch den Kopf, die ich manchmal nur mit Mühe erfasste... Ich glaube wirklich, dass da und dort ein Satz zu diesen Gedanken nicht fehlen darf, wenn das Bild vollständig sein soll. […]

Wir wurden auf eine größere Gruppe Scheinwerfer zugetrieben. Unterwegs wurde einem von uns befohlen, zu einem Posten am Straßenrand zu laufen; ein kurzer Feuerstoß aus einer automatischen Waffe mähte ihn nieder. Zehn Mann wurden willkürlich aus der Gruppe herausgezerrt und als Kollektivstrafe für den von der SS inszenierten Fluchtversuche mit Pistolen erschossen. Die elf Leichen wurden dann mit Stricken an den Beinen hinterhergeschleift, die Hunde auf die blutigen Körper gehetzt. All das unter Gelächter und Scherzen. Wir kamen zu einem Tor in einem Stacheldrahtzaun, über dem Arbeit macht frei zu lesen stand. Erst später verstand ich, was das bedeutete. […]

Beim Appell durfte niemand fehlen. Wenn jemand nicht erschien, nicht weil er ausgebrochen war, sondern weil ein naiver Neuzugang sich versteckt hatte oder jemand einfach verschlafen hatte und die Zahlen nicht zur Häftlingsliste passten, wurde eine Suche eingeleitet, der Betreffende auf den Appellplatz geschleift und fast immer vor aller Augen getötet. Manchmal war ein Häftling auch abwesend, weil er sich irgendwo auf einem Dachboden erhängt hatte, oder einer ging während des Appells in den Draht. Man hörte dann Schüsse von den Wachtürmen, und der Häftling blieb kugeldurchsiebt liegen. Die Zeit, um in den Draht zu gehen, war der Morgen, wenn man die Qualen des Tages vor sich hatte; abends, wenn einige Stunden Erholung vor einem lagen, geschah es seltener. […]

Krankenmann war dafür zuständig, die fast täglichen Häftlingszugänge so schnell wie möglich umzubringen. Sein Charakter war für diese Aufgabe besonders gut geeignet. Wenn jemand versehentlich einige Zentimeter zu weit vorne stand, rammte ihm Krankenmann das Messer, das er im rechten Ärmel trug, in den Bauch. Wer davor so viel Angst hatte, dass er zu weit zurückwich, bekam von diesem Mörder einen Messerstich von hinten in die Nieren, während er durch die Reihen lief. Der Anblick des schreiend zusammenbrechenden Häftlings, dessen Beine im Sand scharrten, brachte Krankenmann in Wut. Er sprang dem Mann auf die

Brust, trat ihm in die Nieren und in die Genitalien und brachte ihn so schnell wie möglich um, während wir gezwungen waren, schweigend zuzusehen. Der Anblick traf uns wie ein elektrischer Schlag. [...]

Solche Augenblicke, wenn jemand vor einem umgebracht wurde, nutzte man bedenkenlos aus, wie ein Tier, um ein paar Minuten anzuhalten, etwas Luft zu schöpfen und das rasende Herz zu beruhigen. [...]

Bevor ich mich aber dem zuwende, was sich 1941 in Auschwitz ereignete, möchte ich gerne noch einige Bilder aus dem Lagerleben hinzufügen, die ins Jahr 1940 gehören.

Die Bestialität der deutschen Mörder, die die degenerierten Instinkte der Ausgestoßenen und manchmal Kriminellen – seit Jahren in Konzentrationslagern inhaftiert – noch unterstrichen, die in Auschwitz unsere Vorgesetzten waren, nahm die verschiedensten Formen an. In der Strafkompanie vergnügten diese Monster sich damit, Männern, hauptsächlich Juden, mit einem Holzhammer auf einem Brett die Hoden zu zerquetschen.

Im Industriehof II dressierte ein SS-Mann, der den Spitznamen Perelka (kleine Perle) trug, seinen Schäferhund auf den Mann, indem er ihn auf Häftlinge hetzte. Niemanden störte das.

Der Hund stürzte sich auf vorbeilaufende Häftlinge, riss die Geschwächten zu Boden, verbiss sich in sie, riss Stücke aus ihrem Körper, biss ihnen die Hoden ab und brachte sie durch Biss in die Kehle um. [...]

Neben der Grube standen drei SS-Männer, die sich wohl nicht trauten, sich zu entfernen, weil sie vor Palitzsch oder dem Lagerkommandanten Angst hatten, der an diesem Tag im Lager herumschnüffelte. Also hatten sie sich ein Spiel ausgedacht. Sie besprachen offensichtlich etwas, und alle drei legten Geldscheine auf einen Ziegel. Dann begruben sie einen der Häftlinge kopfüber bis zu den Hüften im Sand und schauten auf die Uhr, wie lange seine Beine noch strampelten. Eine neue Art Sportwette, dachte ich mir. Offenbar kassierte derjenige SS-Mann den Einsatz, der am genauesten voraussagte, wie lange der Häftling seine Beine noch bewegen konnte, bevor er starb. So endete das Jahr 1940. [...]

Ein anderes Mal war von Block 12 aus eine Familie zu sehen, die an der Klagemauer stand

Zuerst erschoss Palitzsch den Vater vor den Augen seiner Frau und der beiden Kinder.

Dann erschoss er das kleine Mädchen, das sich an die Hand seiner bleichen Mutter klammerte. Danach entriss er der Mutter den Säugling, den sie an ihre Brust presste. Er packte ihn an den Beinen und zerschmetterte sein Köpfchen an der Mauer.

Dann erschoss er die Mutter, die vor Schmerz kaum noch bei Bewusstsein war.

Dieser Vorfall wurde mir von mehreren Freunden, die Augenzeugen waren, genau identisch erzählt, so dass ich nicht daran zweifeln kann, dass dies wirklich geschehen ist. [...]

Nicht alle kämpften. Manche waren bewusstlos, andere stöhnten nur vor sich hin, wieder andere waren zu schwach. Neben mir lag ein bewusstloser älterer Insasse (aus dem Bergland). Sein Gesicht, wenige Zentimeter von meinem Kopf entfernt, werde ich nie vergessen können: Es war eine einzige Kruste bewegungsloser Läuse, die sich in seine Haut verbissen hatten. Der Häftling links von mir (Narkun) war gestorben. Man hatte ihm die Decke über den Kopf gezogen, die Bahrenträger würden bald kommen. Die Läuse auf seiner Decke merkten, was los war, und machten sich in meine Richtung auf. [...]

Die Transporte aus Warschau bekamen die ganze Härte des Lagers zu spüren; die Häftlinge wurden genauso geschlagen wie wir zu Anfang und starben zuhauf, täglich weiter von Kälte und brutaler Behandlung dezimiert.

Seit dem Frühling 1941 gab es eine Neuerung im Lager: das Orchester.

Der Lagerkommandant war Musikfreund, was dazu führte, dass im Lager aus den dort reichlich vorhandenen guten Musikern – man fand jeden Beruf im Lager reichlich vertreten – ein Orchester aufgestellt wurde. Als Musiker im Orchester hatte man eine gute Arbeit, deshalb ließ jeder, der zu Hause ein Instrument hatte, es sich sofort ins Lager schicken und meldete sich im Orchester an. Unter dem Knüppel des ehemaligen Küchenkapos Franz (Franciszek Nierychlo) wurden dann alle möglichen Kompositionen aufgeführt. Es war wirklich ein gutes Orchester, der Stolz des Kommandanten. Wenn ein bestimmtes Instrument nicht besetzt werden konnte, fand sich leicht ein Spezialist dafür, den man verhaften und ins Lager schaffen lassen konnte. Nicht nur der Kommandant, sondern auch die Kommissionen, die das Lager von Zeit zu Zeit inspizierten, waren begeistert. Für uns spielte das Orchester viermal täglich. Morgens, wenn wir zur Arbeit zogen, bei der Rückkehr zum Mittagessen, beim erneuten Ausrücken nach dem Mittagessen und bei der Rückkehr zum Abendappell. Die Bühne befand sich vor Block 9 (alte Nummerierung) nahe dem Tor, durch das die Arbeitskommandos marschierten. Das Grauen dieser Szene wurde einem so richtig deutlich, wenn die Kommandos abends einrückten. Die Marschkolonnen schleppten die Leichen ihrer Kameraden mit, die bei der Arbeit getötet worden waren. Manche der Toten sahen fürchterlich aus. Zum Takt schwungvoller Märsche, die extra schnell gespielt werden mussten, sodass sie mehr wie Polkas oder Volkstänze denn Militärmärsche klangen, wankten die zusammengesunkenen, erschöpften Gestalten durch das Tor. Sie versuchten krampfhaft im Tritt zu bleiben, und schleppten dabei die Leichen ihrer Kameraden, deren Leiber bereits mehrere Kilometer weit über gefrorenen Boden, durch Matsch und über Steine geschleift worden waren, wodurch sie teilweise entkleidet worden waren. Diese Marschkolonnen, ein Bild menschlichen Elends, waren von einem Ring aus Einpeitschern und Antreibern umgeben, die mit Schlagstöcken auf die Marschierenden einprügelten und sie zwangen, im Takt zu bleiben. Wer aus dem Tritt kam, bekam den Knüppel über den Kopf und wurde kurz darauf selbst von den Kameraden mitgeschleift. […] Das also waren die Geschehnisse, die, wie ich geschrieben habe, „nicht von dieser Welt" waren.

„Was meinen Sie denn? Die Kultur… das 20. Jahrhundert… und da werden so einfach Menschen umgebracht?

Und selbst wenn – so einfach kommt man damit heute nicht mehr davon!" Offensichtlich (obwohl wir doch im zivilisierten 20. Jahrhundert leben) schaffen es diese Angehörigen einer hochentwickelten Kulturnation eben doch, mit einem Krieg davonzukommen… und ihn sogar durch Notwendigkeit zu rechtfertigen. Und siehe da… Auf einmal wird sogar der Krieg, in den Gesprächen zivilisierter Menschen, „unvermeidlich und notwendig". Einverstanden, aber bis jetzt war, weil das Ermorden einer Gruppe im Interesse einer anderen möglichst kontrolliert geschehen sollte, das gegenseitige Töten immer einem bestimmten Zweig der Gesellschaft vorbehalten: dem Militär. Ja, es muss einmal so gewesen sein. Aber das ist jetzt leider Vergangenheit – eine bessere Zeit als unsere. Wie soll die Menschheit sich heute rechtfertigen – diese Menschheit, die doch auf ihren kulturellen und individuellen Fortschritt so stolz ist und das 20. Jahrhundert weit über alle anderen stellt? Können wir Menschen des 20. Jahrhunderts unseren Vorfahren in die Augen schauen und – es klingt lächerlich – beweisen, dass wir eine höhere kulturelle Stufe erreicht haben? Denn heute ist es so weit gekommen, dass der bewaffnete Arm einer Nation nicht mehr die Armee des Feindes vernichtet. Alle Grenzen der Vergangenheit sind weggewischt, und jetzt geht es unter

Einsatz der neuesten Technik gegen ganze Nationen und Gesellschaften wehrloser Zivilisten. Fortschritte der Zivilisation – unbestreitbar! Kultureller Fortschritt? – Dass ich nicht lache! Aber ich schweife ab, meine Freunde, ich schweife sehr weit ab. Schlimmer ist noch, dass es ohnehin keine Worte gibt, um es zu beschreiben... Ich würde gerne sagen, dass wir zu Tieren geworden seien ... Aber nein, wir sind noch viel schlimmer als Tiere! Ich habe ein Recht, das alles zu sagen, angesichts dessen, was ich gesehen habe, und angesichts dessen, was im folgenden Jahr in Auschwitz beginnen sollte.
Witold Pilecki

Polnischer Offizier und Widerstandskämpfer. Einzig bekannter Mensch, der sich freiwillig nach Auschwitz deportieren ließ. Ihm gelang die Flucht. Er wurde unter Stalin wegen angeblicher Spionage in einem Schauprozess zum Tode verurteilt und hingerichtet. Sein Bericht entstand 1945.

17. Juli 1933
Aber ich verzweifle nicht! In diesen Monaten habe ich oft an die Geschichte meiner Familie gedacht, wie sie mir vom Großvater und der Mutter überliefert wurde. Ich leide nicht mehr als meine Vorfahren. Diese traten vom Christentum in Spanien wie Tausende zum Judentum über, wurden im 13. Jahrhundert vertrieben, flüchteten nach den Niederlanden, mussten von dort wieder ihres Glaubens wegen im 16. Jahrhundert fliehen und fanden eine Heimat in Deutschland. Werden wir jetzt wieder vertrieben?
[unbekannt]

21. Oktober 1941
Denke nicht, Dein Bruder sei eine Beute der Furcht, der Verzweiflung (diese Worte scheinen mir ohne jeden Sinn): in meinen Augen sind keine Tränen; wenn Du mich sehen könntest, sähest Du nur Ruhe und Vertrauen. Ich lebe in einer Gesammeltheit, die Du beneiden müsstest; ich bin nicht egoistisch, wenn ich in mir wie eine Freude empfinde, die Freude, in einigen Stunden die Unendlichkeit kennenzulernen, welche Dich auch Deine Studien und Deine Gebete noch nicht verstehen lassen können, ich lebe keineswegs in einer Agonie, ich lebe schon ein neues Leben. […]
Der Tod gleicht die Gefühle aus, eint sie. Und ich verbringe meine letzte Nacht in einer anderen Zelle, die von einer Ruhe erfüllt ist, die, weit entfernt, mich zu erschrecken, mich vielmehr beruhigt und der Vision meines ewigen Morgen, das ein ewiges Heute sein

wird, noch mehr Größe gibt.
Camille Mogenet

17. November 1941
Als ich in die furchtbare, schwer vergitterte Todeszelle eingeschlossen wurde, bekam ich sogar einen Augenblick eine Anwandlung, laut zu singen.
Harmen van der Leek

[undatiert]
Während bei Euch zum Feiertag Wein ausgeschüttet wird, wird bei uns rotes Menschenblut vergossen…
Chulda

07. April 1943
Meine Teuren!
Bevor ich von dieser Welt gehe, will ich Euch, meine Liebsten, einige Zeilen hinterlassen. Wenn Euch einmal dieses Schreiben erreichen wird, sind ich und wir alle nicht mehr da. Unser Ende naht. Man spürt es, man weiß es. Wir sind alle, genau so, wie die schon hingerichteten unschuldigen, wehrlosen Juden, zum Tode verurteilt. Der kleine Rest, der von den Massenmorden noch zurückgeblieben ist, kommt in der allernächsten Zeit an die Reihe. Es gibt für uns keinen Ausweg, diesem grauenvollen fürchterlichen Tode zu entrinnen. Gleich am Anfang (im Juli 1941) wurden ca. 5 000 Männer umgebracht, darunter auch mein Mann. Nach sechs Wochen habe ich nach fünf Tagen langen Herumsuchens unter den Leichen (die vor der Ziegelei umgebracht und von dort nach dem Friedhof geschafft wurden) auch seine gefunden.

26. April 1943
In Petrikow schaut es so aus. Vor dem Grabe wird man ganz nackt entkleidet, muss niederknien und wartet auf den Schub. Angestellt stehen die Opfer und warten, bis sie dran sind. Dabei müssen sie die ersten, die Erschossenen, in den Gräbern sortieren, damit der Platz gut ausgenützt und Ordnung ist. Die ganze Prozedur dauert nicht lange. In einer halben Stunde sind die Kleider der Erschossenen wieder im Lager. Nach den Aktionen hat der Judenrat eine Rechnung von 30 000 Zloty für verbrauchte Kugeln bekommen, die zu bezahlen waren… Warum können wir nicht schreien, warum können wir uns nicht wehren? Wie kann man so viel unschuldiges Blutfließen sehen und sagt nichts, tut nichts und wartet selber auf den gleichen Tod? So elend, so erbarmungslos müssen wir zugrunde gehen. Glaubt Ihr, wir wollen so enden, so sterben? Nein! Nein!

Wir wollen nicht.
[unbekannt]

1942
I am alone now in my misfortune, my comrade in distress was caught by the murderers on the second day of Rosh Hashana, in full daylight; he had not been cautious enough. They tortured and then shot him. They searched for me, too, they even trod on me in the stack of straw where I was hiding. Yet, for the time being, they have not succeeded. Since then I have been wandering alone at night from village to village, from tent to tent, from forest to forest. But the forest, unfortunately, has started balding, and I also am naked and barefoot, hungry and sleepy. I am walking like a sleepwalker without seeing my own shadow, I am wandering – where to, I myself do not know. Shall I succeed in staying alive? I am not at all sure, it is very improbable. One can still manage somehow, though
Goodbye.
Chaim Prinzental

[undatiert]
Der Jasmin stand in voller Blüte und duftete wunderbar, als ein guter Kamerad, Oberulan 123 (Stefan Stępień), erschossen wurde (das heißt, er wurde durch einen Schuss in den Hinterkopf ermordet).
Ich sehe immer noch einen tapferen Mann mit fröhlichem Gesichtsausdruck vor mir. Kurz darauf wurde einer meiner besten Freunde, ein tapferer Offizier der 13. Ulanen, Oberleutnant 29 (Włodzimierz Makalinski), auf dieselbe Weise getötet.
Er hinterließ mir die Information, wo sich die seit 1939 versteckten Fahnen des 4. und 13. Ulanen-Regiments befanden.
Witold Pilecki

19. Oktober 1943
Unser Ort war eines der Täler des Mordens im Osten. Vor unseren Augen und vor den Fenstern unserer Häuser gingen vor etwa zwei Jahren viele, viele Tausend Juden aus Süddeutschland und Wien mit ihrer Habe und ihren großen Paketen vorbei zum Neunten Fort, etwa einen Kilometer von uns entfernt. Dort wurden alle mit höchster Grausamkeit ermordet. Wie wir anschließend erfuhren, hat man sie sicher in die Irre geführt und ihnen in ihren Heimatorten gesagt, dass man sie nach Kovna bringe, um sie bei uns im Ghetto anzusiedeln.
Elchanan

[undatiert]
Wir saßen drei Tage und zwei Nächte lang im Lagerraum hinter Holz, in einem Unterstand von 120 Metern Länge, 50 Metern Breite und 1,30 Metern Höhe, und der Tod stand uns zwei Mal vor den Augen, als sie hereinkamen und es ausgereicht hätte, wenn sie ein einziges Brett hochgehoben hätten…
Chulda

31. Juli 1943
Noch Anfang der Woche hatte ich von Ludek eine Baskenmütze bekommen, am Mittwoch 100 Złoty, und am Donnerstag haben sie ihn statt zu seiner Pritsche zusammen mit der ganzen Brigade über die Pilichowska-Straße zum Sandplatz geführt. […] Der Geruch der verbrannten Körper und Knochen hing noch nach zwei Tagen in der Luft. […] Ich bin auf diesen meinen letzten Weg vorbereitet. Ich habe keine Schulden und keine Verpflichtungen, ich habe gar nichts, und ich werde nichts hinterlassen […] nur ein bisschen Brandgeruch.
[unbekannt]

[undatiert]
Inzwischen wurden die Zustände im Lager von Monat zu Monat weniger grausam.
Das hieß allerdings beileibe nicht, dass wir nicht weiterhin Zeugen wirklich schlimmer Szenen geworden wären. Auf dem Rückmarsch von der Arbeit aus der Gerberei mit den 500 Häftlingen, die dort beschäftigt waren, sah ich eines Tages kurz nach Neujahr eine kleine Gruppe von Männern und Frauen vor dem Krematorium warten (das war das alte kohlenbefeuerte Krematorium im Stammlager). Es war vielleicht ein Dutzend, Junge und Alte beiderlei Geschlechts. Sie standen dort wie eine Herde Schlachtvieh vor dem Schlachthaus. Sie wussten, was sie erwartete… Unter ihnen war ein Junge von etwa zehn Jahren, der in unseren vorüberziehenden „Hundertergruppen" nach jemandem Ausschau hielt… vielleicht nach einem Vater oder Bruder… Beim Vorbeimarsch hatte man Angst, den Augen der Frauen und Kinder zu begegnen und darin etwa Verachtung ausgedrückt zu finden. Innerlich brannten wir vor Scham, aber nein! – Erleichtert erkannten wir schließlich in ihren Augen nur Verachtung – für den Tod! Beim Marsch durchs Tor sahen wir eine andere Gruppe an der Mauer stehen, den anrückenden Kolonnen den Rücken zugekehrt und mit erhobenen Händen
Manchen stand vor dem Tod noch ein Verhör bevor, anderen die Folter in Block 11, bevor Palitzsch, der Henker, ihnen eine Kugel in den Hinterkopf schießen

würde und ihre blutigen Leichen auf den Karren zum Krematorium geworfen würden. Als wir durchs Tor kamen, wurde die erste kleine Gruppe Häftlinge gerade ins Krematorium getrieben. Manchmal wollte die Lagerleitung für ein bloßes Dutzend Menschen kein Giftgas verschwenden. Man betäubte die Opfer mit einem Kolbenschlag und stieß die noch Lebenden in die Verbrennungsöfen. Von unserem Block (Nummer 22) aus, der dem Krematorium am nächsten stand, hörten wir manchmal, durch die dicken Mauern gedämpft, das furchtbare Schreien und Stöhnen der Gequälten im Todeskampf. Nicht alle nahmen beim Rückmarsch von der Arbeit diesen Weg. Wer nicht dort entlangging, musste die Gesichter der Opfer nicht sehen, trug sich dann aber ständig mit dem Gedanken: Vielleicht ist meine Mutter… meine Frau… meine Tochter… Aber das Herz eines Häftlings ist abgehärtet. Eine halbe Stunde später standen viele schon wieder in einer Schlange nach Margarine oder Tabak an und ignorierten einfach, dass sie dies neben einem Berg nackter Leichen taten, den täglichen Phenolopfern. Manchmal trat jemand auf ein bereits totenstarres Bein und schaute nach unten: „Nanu, das ist ja Stasio…" Aber was will man machen? Heute war er dran, nächste Woche vielleicht ich… Aber trotzdem verfolgte mich der suchende Blick des kleinen Jungen bis tief in die Nacht.
Witold Pilecki

26. Dezember 1942
Meine lieben Brüder!
Es ist sehr schwer, in dieser Situation zu schreiben, mit dem Gefühl, dass ich mein Leben jeden Tag durch die deutschen Mörder verlieren könnte.
Ich gehe in den Tod in dem Bewusstsein, dass Euch, meinen geliebten Brüdern, mein bitteres Schicksal erspart bleibt, und vielleicht habe ich all die Qualen, die ich hier erlitten habe, auch für Euch erlitten.
Denkt nach dem Krieg daran, den Tod Eurer Schwester zu rächen, die Euch in ihrem Leben nicht mehr wiedersehen durfte.
Dvorah

19. Juli 1942
Über meinen Aufenthalt hier schreibe ich nicht. Dieser Haufen übertrifft selbst die blühendste Phantasie. Schade, dass ich Dir nicht davon werde erzählen können.
Ich zwinge mich zu essen, damit ich nicht verhungere, denn vielleicht geschieht ja noch ein Wunder und ich komme hier lebend heraus.

Der Wärter sagte mir eben, dass ich morgen abgeholt werde. Sie wissen bereits alles. Es fällt mir schwer, mich zu konzentrieren. Meine Nerven sind bis zum Reißen angespannt. Ich habe den Eindruck, wenn sie mich holen werden, werde ich mich nicht beherrschen können.
[unbekannt]

[undatiert]
Montag früh
Gibt es auf der Welt jemanden, der versteht, was Todesschweiß ist? Jede Minute des Wartens und ein Zittern bei jedem Geräusch?
[unbekannt]

Sommer 1943
Es war Ende Sommer 1943. Ein Transport Juden aus Tarnów wurde gebracht. Sie fragten, wohin man sie führe. Man informierte sie darüber, dass sie in den Tod gingen. Sie waren schon alle entkleidet. Alle wurden ernst und schweigsam, daraufhin begannen sie mit gebrochenen Stimmen das Widduj zu sprechen und ihre Sünden zu bekennen, die sie in der Vergangenheit begangen hatten. Alle Gefühle verschwanden, alle waren wie von einem einzigen Gedanken beherrscht, der alle wie an einen Platz bannte und sie elektrisierte: Die Abrechnung ihres Gewissens vor dem Tode.
[unbekannt]

[undatiert]
Drei Menschen stehen und bereiten den Körper zu. Einer hat eine kalte Zange, schiebt sie in den schönen Mund und sucht nach einem Goldzahn, und wenn er einen findet, reißt er ihn mit Fleisch heraus. Ein zweiter schneidet die gelockten Haare ab – die Krone der Frauen, und der dritte reißt schnell die Ohrringe herunter, wobei oft Blut fließt. Und Ringe, die sich nicht leicht abziehen lassen, werden mit Zangen abgerissen.
[...]
Zuerst brennen die Haare. Die Haut läuft blasig auf und platzt in Sekundenschnelle. Die Hände und Füße bewegen sich – da ziehen sich jetzt die Adern zusammen und bewegen die Glieder. Der ganze Körper flackert schon stark, die Haut ist geplatzt, das Fett läuft aus und du hörst das Zischen im brennenden Feuer. Du siehst schon keinen Körper mehr, nur einen Raum voll höllischem Feuer, in dem irgendetwas ist. Gleich platzt der Bauch. Die Eingeweide und Gedärme treten aus und in Minuten ist nichts mehr von ihnen da. Am längsten brennt noch der Kopf. Aus den Augen züngeln blaue Flämmchen – da brennen jetzt die Augen mit dem Ge-

hirn aus, und die Zunge im Mund brennt auch noch. Zwanzig Minuten dauert die ganze Prozedur – und ein Leib, eine Welt ist Asche geworden.
Salmen Gradowski

[undatiert]
Wir sind alle von einer Manie ergriffen, vor dem Tod Briefe zu schreiben. Wenn jemand von uns Bekannte im Ausland hat – so schreibt er und glaubt, dass unsere Mörder eines Tages bestraft werden. […]
Chulda

[undatiert]
Aus einem gewissen Lager wurde eine Gruppe ausgemergelter, abgezehrter Juden gebracht. Sie zogen sich im Freien aus und gingen einzeln zum Erschießen. Sie waren schrecklich ausgehungert und flehten, ihnen im letzten Augenblick, solange sie noch lebten, ein Stückchen Brot zu geben. Man brachte viel Brot; die Augen dieser Leute, die vom langwierigen Hungern tief eingesunken und erloschen waren, entflammten jetzt mit wildem Feuer in rasender Freude, und sie ergriffen mit beiden Händen die ganzen Brotscheiben und verschlangen sie gierig, während sie gleichzeitig die Stufen direkt zum Erschießen gingen. Sie waren dermaßen vom Anblick und Geschmack des Brotes geblendet, dass ihnen der Tod leichter wurde. So versteht der Deutsche, Menschen zu quälen und ihren Seelenzustand zu beherrschen.
[unbekannt]

14. Juli 1942
Heute erfuhr ich, dass man Euch über meinen Tod benachrichtigt hat. Es tut mir leid, dass Ihr sicher meinetwegen viele Schwierigkeiten hattet. Es ist sogar möglich, dass sie Euch meine Asche geschickt haben. Das kommt hier oft vor. Das Krankenrevier gibt versehentlich eine falsche Nummer an die Hauptschreibstube weiter, und die sind dort sicher, dass das gegebene Individuum tot ist. Also veranstaltet nicht zufällig mein Begräbnis, ich würde sonst weinen.
21. April 1943
In letzter Zeit habe ich viel Leid gehabt. Vor einem Monat wurde mein bester Freund für ein kleines Vergehen hier im Lager erschossen. Das erwartet gegenwärtig jeden für irgendeine Dummheit. Ich habe ständig große Angst um Andrzej. Hoffentlich wird nichts über ihn heraufbeschworen.
Janusz Pogonowski

26. November 1944
Wir gehen jetzt zur Zone. Die 170 übriggebliebenen Männer. Wir sind sicher, dass sie uns in den Tod führen werden.
[unbekannt]

[undatiert]
Diejenigen, die mit den Autos wegfuhren, wurden sofort in den Tod geführt, und die, die zu Fuß gingen, gingen ebenso – die einen einen längeren, die anderen einen kürzeren Weg – in den Tod.
[unbekannt]

[undatiert]
Als die Transporte aus Będzin und Sosnowiec eintrafen, war darunter ein Rabbiner in vorgerücktem Alter. Ein enger Kreis wusste, dass sie zum Tode fuhren. Der Rabbiner ging in den Auskleideraum und dann in den Bunker, indem er tanzte und sang. Er hat einen rühmlichen Tod für seinen Glauben gefunden.
Zwei ungarische Juden fragten ein Mitglied des Sonderkommandos: „Sollen wir das Widduj (Sündenbekenntnis) hersagen?" Jener antwortete, dass ja. Da zogen sie eine Flasche Schnaps heraus und tranken ihn in großer Freude den „Lechaim" zum Wohle, worauf sie ein Mitglied des Kommandos inständig zu nötigen begannen, mit ihnen zusammen zu trinken. Dieser, aufs tiefste beschämt, wehrte sich und wollte nicht trinken. Aber sie ließen ihn nicht in Ruhe: „Du musst unser Blut rächen, du musst leben, also zum Wohl!", „Wir verstehen dich". Und lange sprachen sie ihm ihre Wünsche aus. Da trank er mit ihnen zusammen und war dabei so tief gerührt, dass er schrecklich zu weinen begann. Aufgeregt lief er vor das Krematorium und weinte lange Zeit bitterlich. „Zu lange, Kameraden, haben wir gewartet, schon allzu viele Juden hat man verbrannt, zerstören wir alles und sterben wir für unseren Glauben!"
[unbekannt]

Mit Bunker ist hier die Gaskammer gemeint.

3. Kinder

[undatiert]
Kämpfe in meinem Sinne trotz allem weiter, der Endsieg wird doch unser sein. Das ist mein letzter Wunsch...
Richard Jatzek

Auf das Bild seines Sohnes geschrieben.

1944
Nun bitte ich Dich, lieber Bruder, Dich Ursulas später anzunehmen, dass sie einmal ihren Vater kennen wird, dass sie einmal verstehen wird, wer ihr Vater war und warum er starb. Wenn Du ihr dann einmal später diesen Abschiedsbrief an Dich zeigen kannst oder mit ihr davon sprechen wirst und sie mich dann versteht, bewusst versteht, und nichts weiter an ihrem Vater findet als Gleiches in ihr, dann, lieber Bruder, wirst Du meine letzte Bitte erfüllt haben und meine Tochter Fortsetzung meines Lebens sein.
Denn so schwach ich auch oft im Leben in persönlichen Dingen gewesen bin, so unbeugsam war ich doch in einem: meiner Pflicht, so wie ich sie mir selbst gestellt, in der grundsätzlichen Haltung meiner Lebensauffassung.
Eins noch gibt mir die unendliche innere Ruhe zum Ertragen meines Schicksals, ein freies, unbelastetes Gewissen. Ich habe niemanden etwas Schlechtes zugefügt, habe nicht die geringste Schuld am Schicksal anderer. Ich werde sterben in der ruhigen Gewissheit, dass niemand mir fluchen wird, dass mich keine Schuld trifft am Leiden anderer, dass ich in jeder Beziehung unbelastet blieb, und wenn man meiner gedenken wird, dann nur im Guten.
Ernst Knaack

31. Juli 1933
Liebe Kinder!

Wenn Ihr diesen Brief erhaltet, ist Euer Papa nicht mehr, dann wurde er erledigt, laut Urteil; also wir sollten uns nicht mehr sehen, aber wenn Ihr größer seid und die Weltgeschichte studiert habt, dann werdet Ihr begreifen, was Euer Papa war, warum er kämpfte und starb, auch werdet Ihr begreifen, warum Euer Papa so und nicht anders handeln konnte; nun lebt wohl und werdet Kämpfer.
Es grüßt Euch Euer Papa
August Lüttgens

1944
Ich bitte Euch also, wenn das Schlimmste eintreten sollte, nehmt Euch des Kindes an, seid ihm Vater und Mutter und erzieht es zu einem rechten Menschen. Vergesst aber nie, unserm Kind, wenn es einmal in ein verständiges Alter gekommen ist, vom Leben und Sterben seiner Eltern zu erzählen.
Vielleicht wäre es besser gewesen, das Kindchen wäre mir nie geschenkt worden.
Gertrud Lutz

14. September 1942
Heute Abend 7 Uhr ist mir zu meiner größten Überraschung durch den Oberstaatsanwalt die Gewissheit zuteil geworden, dass morgen früh 5 Uhr das Urteil vollstreckt wird. Was für mich Erlösung bedeutet, ist für Euch schmerzliches Leid. Es ist mein letzter Wille und mein letzter Wunsch, dass Ihr Euch nicht vor Kummer und Schmerz aufzehrt. Millionen junger Menschen sterben den Soldatentod. Tausende unschuldiger Zivilisten fallen den Fliegerbomben zum Opfer; ich sterbe, weil es das Gesetz will.
Meine lieben Kinder!
Es soll und kann nicht mehr sein, dass ich Euch nochmals in meine Arme schließe. Seid tapfer, seid stark und verkümmert nicht in endloser Trauer. Eure liebe, gute Mama bedarf nun Eurer ganzen Liebe. Muntert sie auf, so gut Ihr könnt, denkt immer daran, dass es mein letzter Wille und mein letzter Wunsch ist, dass die Familie nicht an mir zugrunde geht.
Rudolf Maus

4. September 1942
Meine liebe Hedi,
auf der Fahrt nach dem Osten sendet Dir von Montauban noch viele innige Abschieds-Grüße,
Deine liebe Mutti
Gaby Epstein

24. Juli 1941
Zum letzten Male schreibe ich heute an Dich, mein Liebling. Du wirst Deinen Vater in diesem Leben nicht mehr wiedersehen. Du bist immer mein Augapfel und meine Herzensfreude gewesen, wie haben wir beide uns gefreut und lieb gehabt, wenn Deine Arme um meinen Hals lagen, Du weißt, wie Dein Papa Dich da lieb hatte.
Otto Nelte

23./24. Februar 1943
Seid mutig, dem Mutigen gehört die Welt.
Bruno Rüffer

12. Januar 1945
Meine liebe kleine Tochter Michaela!
Heute muss Deine Mutti sterben. Ich habe nur zwei große Bitten an Dich, kleines Dirnlein. Du musst ein braver und tüchtiger Mensch werden und den Großeltern viel Freude machen. Meine besten Wünsche gebe ich Dir mit auf Deinen Lebensweg und bitte Dich, mich liebzubehalten und nicht zu vergessen.
Gertrud Seele

08. März 1943
Auch die schrecklichen Minuten gegen 13 Uhr, wenn man die Abendopfer aus den Zellen holt und das Haus den Atem anhält, auch diese Minuten sind für heute vorüber, und der Tag kann als gewonnen gebucht werden…

21. März 1943
Morgen ist wieder ein kritischer Tag erster Ordnung, und niemand weiß, ob ich in vierundzwanzig Stunden noch in dieser Zelle und in dreißig noch am Leben bin. Aber dem Tode ist alle Bitterkeit genommen – nicht die Traurigkeit natürlich, aber ist sie nicht beinahe süß? […] Ich saß auf meinem harten Stuhl in der Zelle wie die hundert und hundert Stunden vordem und steckte doch ganz und ungeteilt in allem: in Natur, Mensch, und Kunst. Die Unterschiede zwischen Tod und Leben verschwanden über der Freude: zu sein…

04. April 1943
Ich nähere mich wieder einer Dämmerung… es ist die Dämmerung, die den Morgen und den neuen Tag verkündet. Diesen vermag ich mir nicht anders vorzustellen als mit Dir, an Dir, in Dir… Es ist fünf Stunden später; eben bin ich nach sieben verlegt worden, d.h. heute Abend, in weiteren fünf Stunden, werde ich hingerichtet.
Letzter Brief

Am hohen blassblauen Frühlingshimmel stand eine kleine weiße Wolke. Einige Atemzüge später hatte sie sich im All aufgelöst. War sie deshalb weniger da als vorher? Nichts kann vergehen, was einmal war. Es bleibt im Weltgesicht! […]
Und eine gnadenvolle Fügung war Dein letzter Besuch, unsere letzte sinnlich-sichtbare Vereinigung; wenn wir die Zukunft gewusst hätten, wären wir wohl nicht stark genug gewesen. So sehe ich Dich bei mir als Bild glückseligster Hoffnung und ich sterbe, als ob ich im Kuss an Deinen Lippen hinge. […]
Meine Bitte: Verschließ Dich nicht der Schönheit dieser Welt, gib Dich dem Leben hin, bringe durch Dein Wesen, Deine Kunst, durch Deine Stimme Freude, Glück, Güte und Friede. Wie gern wollte ich Dir dabei helfen! Lass alle wissen, die mit an mir gebaut haben, dass die letzten Stunden und der Tod die Krönung meines Lebens sind, dass ich bleibe ganz der Deine!
Alfred Schmidt-Sas

Mit gefesselten Händen geschrieben.

01. September 1943
Seid stark und mutig, so wie ich bis zur letzten Stunde meines Lebens. Ich schließe Euch an mein Vaterherz, drücke und umarme Euch. Nehmt von mir als letztes die heißesten Küsse und viele tausend väterliche Grüße. Lebt wohl!
Josef Wagner

[undatiert]
Meine Mutter, meine herzgeliebte Mutti!
Nun ist es bald so weit, dass wir Abschied nehmen müssen für immer. Das Schwerste, die Trennung von meinem kleinen Hans, habe ich hinter mir. Wie glücklich hat er mich gemacht! Ich weiß ihn gut aufgehoben in Deinen treuen, lieben Mutterhänden, und um meinetwillen, Mutti, versprich es mir, bleibe tapfer. Ich weiß, dass Dir das Herz brechen möchte, aber nimm es fest, ganz fest in Deine beiden Hände. Du wirst es schaffen, wie Du es immer geschafft hast, mit dem Schwersten fertig zu werden, nicht wahr, Mutti? Der Gedanke an Dich und das Herzeleid, das ich Dir zufügen muss, war und ist mir der unerträglichste; dass ich Dich allein lassen muss, in dem Alter, wo Du mich am nötigsten brauchst. Kannst Du mir das je, jemals verzeihen? Als Kind, weißt Du, wenn ich immer so lange wach lag beseelte mich der eine Gedanke: vor Dir sterben zu dürfen. Und später hatte ich den einen Wunsch, der mich ständig bewusst und unbewusst begleitete:

Ich wollte nicht, ohne ein Kind zur Welt gebracht zu haben, sterben. Siehst Du, diese beiden großen Wünsche haben sich erfüllt, also somit mein Leben. Ich gehe nun zu meinem großen Hans. Der kleine Hans hat – so hoffe ich – das Beste von uns als Erbe mitbekommen. Und wenn Du ihn an Dein Herz drückst, ist Dein Kind immer bei Dir, viel näher, als ich Dir jemals sein kann. Der kleine Hans – so wünsche ich – soll hart und stark werden mit einem offenen, warmherzigen, hilfsbereiten Herzen und dem grundanständigen Charakter seines Vaters. Wir haben uns sehr, sehr lieb gehabt. Liebe leitete unser Tun. „Wer immer strebend sich bemüht, den können wir erlösen."
Meine Mutter, meine einzige gute Mutter und mein kleines Hänschen, all meine Liebe ist immer ständig um Euch, sei tapfer, wie ich es auch sein will.
Immer
Deine Tochter Hilde
Hilde Coppi

Mit ihrem Mann, Hans Coppi, wegen Zugehörigkeit zu einer sozialistischen Widerstandsgruppe im September 1942 verhaftet. Im Gefängnis wird der Sohn Hans geboren, einen Monat darauf wird der Vater, acht Monate später, am 5. August im Alter von 34 Jahren, die Mutter hingerichtet. Ein Gnadengesuch wurde im Juli 1943 von Adolf Hitler abgelehnt. Die Hinrichtung wurde bis in den August aufgeschoben, damit sie ihr Kind stillen konnte.

08. Februar 1943
Min leiv Vater und Mudding!
Draußen lacht die Sonne vom strahlend blauen Himmel, und ein frischer Ostwind jagt über die frühlingsahnende Erde. Wen die Götter lieben, den nehmen sie jung zu sich! Und die Götter und das Glück waren trotz allem mir noch bis zum Schluss treu. Ich habe Euch noch einmal sehen dürfen, und an meinem letzten Tag bescherten sie mir noch dieses herrliche Wetter. Ein Omen soll mir das sein, dass die Liebe und das Licht den Tod überwinden.
Ich weiß, dass es viel schwerer ist zu überleben als sich zu opfern! Ich weiß, dass das Schicksal Euch schwer zu tragen gibt, aber ich weiß auch, dass Ihr es tragen und mich und mein Leben verstehen werdet. Man kann vom Leben nicht alles verlangen. Ihr habt alles getan, um mir das Leben schön und leicht zu machen. Eure Sorge und Liebe haben mir in schweren Stunden beigestanden. Ich habe mir mein Leben selbst gestaltet. Wir Thews waren immer einer großen Leidenschaft fähig gewesen. Wir sind nicht von Blume zu Blume geflogen. Wo wir einmal ja gesagt hatten, haben wir unsere ganze

Leidenschaft mit Herz und Seele freudig gegeben. Mein Leben war reich an Höhen und Tiefen, es war schön. Man kann nicht alles erleben, und ich glaube, dass es ein großes Glück ist auf der Höhe seines Lebens, in seiner Kraft gehen zu dürfen.

Sicher hätte auch ich gern noch manches erfüllt. Gern Familie und Kinder gehabt. Nun, es hat nicht sollen sein. Darum wollen wir nicht rechten und hadern mit dem Schicksal. Die nach uns kommen, werden es vollenden.

So danke ich Euch heute, wie nur ein Sohn seinen Eltern danken kann. Wenn ich heute so ruhig und freudig meinen letzten Weg gehe, so doch nur, weil ihr mir das Rüstzeug fürs Leben in jeder Lage gegeben habt.

Min leiv Mudding, möchte Dir noch manches viele sagen. Aber Du weißt ja, dass meine Liebe Euch gehört. In Gedanken lege ich meinen Kopf in Deine lieben, lieben Hände, damit sie mich segnen. Deine Hände, die jahraus, jahrein für uns geschafft haben. Deine Hände, die mich so oft getröstet und mir als Kind die Tränen getrocknet haben. Liebe, heilige Hände meiner Mutter.

Min leiv Vater, ich umspanne in Gedanken Deine Hand und sehe Dir in die blanken Augen. Schöpfe aus Deinen klaren Blicken Kraft und Stärke. Hol – fast! Und wenn die See auch grob und hart ist. Kiek ut! Mögen alle Thews nach uns sich unserer und unserer Zeit nur mit Stolz erinnern.

Lasst Euch umarmen und fest und stark ans Herz drücken. Was von uns unsterblich ist, wird sich zu der großen Symphonie der Liebe und Freude vereinen. Unser Leben war die Überwindung des Bösen. „Ich hab's gesagt und nehme es nicht zurück. Leben heißt lieben, lieben ist Glück."

Lebt wohl und trotz allem lasst uns das Leben und das Lachen nicht verlernen. Ich bleibe mit meinem Geist und meiner Seele bei Euch und unter Euch.

Euer tiefdankbarer Sohn Wilhelm

Wilhelm Thews

21. Oktober 1942
Meine geliebte Mutti!
Vor allem anderen: Hab' Dank und nochmals Dank für Deine starke Kraft der Gedanken und des Mitempfindens! Ich war in den ersten schweren Tagen geradezu wie getragen davon. Deine Liebe, Deine ständige Nähe sind etwas so Großes für mich, das ich nur innerlich hoffe, es Dir noch einmal im Leben lohnen zu können. Bitte lass keinen Augenblick nach damit. Die Zeit macht die Dinge nicht leichter, sondern eher schwerer, weil man sie mehr und mehr begreift. Das Vertrauen

nie allein zu sein, hilft so unendlich viel! [...]
Und noch ein Trost: Alle sind gut zu mir, mit denen ich zusammenkomme. Du kannst Dir denken, wieviel das wert ist! – Übrigens habe ich auch das Dichten wieder begonnen – langsam schält sich der alte Kern heraus – das wird Dich froh machen! Wieviel gäbe es noch zu schreiben, aber gottlob verstehen wir uns auch ohne Worte. Hab nochmals Dank für Deine Liebe, Dein Vertrauen, Deine Kraft. Grüße alle, die an mich denken, und danke ihnen in meinem Namen dafür.
In unsagbarer Liebe immer
Dein Kind

22. Dezember 1942

Meine unbeschreiblich geliebte Mutti! Da ich bereits in einem Traum lebe, aus dem ich, glücklich wie ich bin, zu keiner grausamen Wirklichkeit mehr erwachen muss, fallen mir Worte schwer. Du bist im Herzen bei mir, ach, könnte ich Dich doch ganz mitnehmen, um Dir das Leid zu sparen, das ich überwunden habe.
Es kam rasch und unerwartet, aber die Stunden vor Gericht und jetzt noch und dazwischen waren so groß, dass ich fühlte, Größeres gibt es nicht mehr. [...]
Gram Dich nicht um Dinge, die vielleicht noch hätten getan werden können, um dies und das – das Schicksal hat meinen Tod gefordert. Ich habe ihn selbst gewünscht...
Ich habe als letzten Wunsch gebeten, dass man Dir meine „Materie" überlässt. Begrabe sie, wenn es geht, an einem schönen Ort mitten in der sonnigen Natur...
So, mein Liebling, die Stunde schlägt.
In unendlicher Nähe und Freude –
alle Kraft und alles Licht...
Dein Kind

Zweiter Abschiedsbrief

Ja, mein Liebling, meine starke, einzige Mamuschka. Was ich in diesen letzten Tagen erleben durfte, ist so groß und wunderbar, dass es Worte kaum mehr schildern können...
Ich weiß jetzt auch um die letzten Dinge des Glaubens, und ich weiß, dass Du in dem Bewusstsein unserer ewigen Verbundenheit stark bist und froh.
Dein Engel, der den Bösen ersticht (Du schicktest ihn mir zum Geburtstag) steht vor mir... Wenn ich Dich um eines bitten darf: Erzähl allen, allen von mir. Unser Tod muss ein Fanal sein.
Ihr, Du, mein Schwesterlein, mein Brüderlein, die Kinderchen – Ihr, die Ihr so nahe seid, in Euch lebe ich ja weiter und sage Euch mit dem tiefen Ernst der Stunde: Ich fand meine Vollendung, meinen eigenen Tod, mir hätte keine größere Gnade zuteil werden können als

dies. Und: macht es mir Drüben nicht schwer mit Tränen, freut Euch mit mir. Ich habe es gut.
Dein Kind
Libertas

Diese Zeilen wurden in den letzten Lebensstunden geschrieben, da Libertas nicht sicher war, ob der andere Abschiedsbrief durch das Kriegsgericht ausgehändigt werden würde. Der Brief wurde später auf heimlichem Wege zugeführt.

26. September 1942
Wir brechen morgen auf, mit unbekanntem Ziel. Ich drücke euch an mein Herz unter Tränen. Ich hätte euch so gerne noch einmal umarmt, meine armen Kinder, ich werde euch nicht wiedersehen.
Suzanne Burinovici

07. November 1942
Manchmal denke ich, dass Gott mich prüfen will. Ich muss mich selber vervollkommen ohne Vorbild und ohne Hilfe, dann werde ich später stark und widerstandsfähig sein. Wer außer mir wird später diese Briefe lesen? Wer kann mir helfen? Ich brauche Hilfe und Trost. Oft bin ich schwach und bringe nicht fertig, das zu sein, was ich so gern sein möchte. Ich weiß es und probiere immer wieder, jeden Tag von neuem, mich zu bessern.
Ich werde ungleichmäßig behandelt. Den einen Tag gehöre ich zu den Großen und darf alles wissen, und am nächsten Tag heißt es dann wieder, dass Anne noch ein kleines dummes Schäfchen ist, die denkt, aus Büchern viel gelernt zu haben, aber natürlich noch nichts Rechtes weiß.

23. Juli 1943
Was wir uns alle zuerst wünschen, wenn wir wieder frei sind. Margot (Schwester) und Herr v. D. (Mitbewohner) möchten zuerst ein heißes Bad voll bis obenhin nehmen, in dem sie mindestens eine halbe Stunde bleiben wollen. Frau v. D. will am liebsten gleich in irgendeiner Konditorei ordentlich Torte essen, Dus. kennt nur eins: Das Wiedersehn mit seiner Frau, seinem Lottchen; Mutter sehnt sich nach einer Tasse Kaffee. Vater besucht als erstes Herrn Vossen, Peter will gleich in die Stadt ins Kino – und ich?? Ich würde vor Seligkeit nicht wissen, was ich zuerst anfangen soll.

29. Oktober 1943
Mir geht es ganz gut, nur habe ich gar keinen Appetit. Immer wieder heißt es: Du siehst so schlecht aus! Ich muss sagen, dass meine Familie sich die größte Mühe gibt, um mich gesund und kräftig zu erhalten. Leider

bin ich nicht immer Herr über meine Nerven. Sonntags empfinde ich das am meisten. Dann ist die Stimmung im ganzen Haus gedrückt, so schläfrig und oft bleischwer. Man hört kaum Geräusche von draußen, und eine beklemmende Schwüle liegt über allem. Dann ist es, als ob schwere Gewichte mich tief herunterziehen. Vater, Mutter und Margot sind mir dann sogar gleichgültig. Ich irre im Haus herum, von einem Zimmer zum anderen, treppauf, treppab. Ich fühle mich wie ein Singvogel, dem man die Flügel beschnitten hat und der im Dunkeln gegen die Stangen seines engen Käfigs anfliegt. „Heraus, heraus", schreit es in mir, „ich habe Sehnsucht nach Luft und Lachen!"
Aber ich weiß, dass es keine Antwort darauf gibt, und dann lege ich mich schlafen, um über diese Stunden mit ihrer Stille und Angst hinwegzukommen.
08. November 1943
Es ist dumm, dass ich hier im Hinterhaus so abhängig bin von Stimmungen. Aber ich bin es nicht allein, wir sind es alle. Lese ich ein Buch und stehe stark unter seinem Eindruck, muss ich mich immer erst zur Ordnung rufen, ehe ich mich wieder sehen lasse, sonst würden die anderen denken, ich sei ein bisschen verdreht. Du merkst sicher, dass ich mich wieder in einer ganz niedergeschlagenen und mutlosen Periode befinde. Warum, kann ich Dir wirklich nicht sagen, denn es liegt kein Grund vor, aber ich glaube, es ist eine gewisse Feigheit, die ich eben zeitweise nicht überwinden kann. Heute Abend wurde andauernd und scharf geschellt. Ich wurde weiß wie ein Tuch, bekam Leibschmerzen und Herzklopfen und verging beinahe vor Angst. Wenn ich abends im Bett bin, habe ich schreckliche Visionen. Dann sehe ich mich allein im Gefängnis ohne Vater und Mutter. Manchmal irre ich irgendwo herum, oder unser Hinterhaus steht in Flammen, oder sie kommen des Nachts, um uns wegzuholen. Ich fühle das alles wie Wirklichkeit und komme nicht von dem Gedanken los, dass gleich etwas Schreckliches passieren muss.
Anne Frank

[undatiert]
Ich öffne die Augen, stütze mich auf die Ellbogen. Ich frage ihn, was er früher gemacht habe, ob er im Gymnasium gewesen sei. Ich frage ihn, wie ich jeden anderen Jungen gefragt hätte. Er sei Optikerlehrling gewesen und verstehe nicht, was ich daran so komisch finde. Ich weiß es selber nicht, ich muss einfach wie verrückt lachen. […]
„Du bist wirklich eine Nervensäge", sagt er, „ich habe niemand getötet… Doch einmal", verbessert er sich mit

finsterer Miene.
„Wen?"
„Jurek hat seine Schwester getötet, auf ihre eigene Bitte hin. Man wollte sie in ein Soldatenbordell an der Front bringen. Er verdankt sein Leben einem Wunder, wie fast alle. Er war fünfzehn. Fünf gleich große Jungen wurden hintereinander aufgestellt, so dass sie einander genau deckten. Auf diese Weise übte sich der Kommandant im Zielschießen. Die Leistung bestand darin, alle fünf Herzen mit einer einzigen Kugel zu durchbohren. (Damals eine sehr beliebte Sportart.) Aber dieser Junge hatte keine Lust, sich durchlöchern zu lassen. Er trat aus der Reihe und stellte sich vor den Kommandanten:
„Mein Herr", sagte er, „ich bin jung, ich will leben."
Die Antwort war eine Ohrfeige, die einen Ochsen umgehauen hätte. Aber Jurek regte sich nicht, er sah dem Eliteschützen gerade in die Augen.
‚Dieser Taugenichts ist wirklich aus Eisen', sagte der Kommandant.
Bravourös durchlöcherte er die verbliebenen Herzen und stellte Jurek als Stallburschen ein."
„Der arme Junge", seufzt der Fotograf, „was hat er von der Welt gesehen? Das Getto, das Lager und die Aktionen. Der Kommandant ist sein zweiter Vater und die Zwergin seine Ziehmutter. Was ist von solchen Eltern zu erwarten? Stell dir vor, er war noch nie im Kino."
Der Traum seines Lebens war, Kameramann zu werden. Sollte der Herrgott ihm eines Tages erlauben, nach Hause zurückzukehren, will er sich darin versuchen.
Ich höre ihm nur mit einem Ohr zu. Eine andere Geschichte geht mir durch den Kopf:
„Es war einmal ein kleiner Optikerlehrling… und man hat ihn umgebracht." Das ist die ganze Geschichte.
Ana Novac

21. April 1942
Mein liebster Junge,
heute müssen wir unser Zuhause verlassen und zu einer Sammelstelle gehen. In drei oder vier Tagen werden wir demselben Schicksal folgen wie die anderen unglücklichen Menschen, die seit letztem Oktober nach und nach aus ihrem Zuhause vertrieben, ihres gesamten Besitzes beraubt und in Konzentrationslager gebracht wurden. All das widerfuhr auch uns; wir mussten alles zurücklassen, alle Möbel. Diese Wohnung war uns stets ein warmes Heim gewesen. Nun werden wir nur die notwendige Kleidung mitnehmen können, wenn wir uns auf diese Reise begeben, und wir kennen nicht das Datum unserer Rückkehr, oder ob und wann wir uns je wiedersehen werden. Ich bin mir nicht si-

cher, ob ich Dich jemals wiedersehe, und so entschied ich mich diese Zeilen als mein Lebewohl an Dich zu formulieren. … Du warst immer ein guter Junge und wir sind so stolz auf Dich. Ich wünsche Dir, dass Du immer zufrieden sein wirst in Deinem Beruf. Das Heilen soll Dir aber nicht einfach ein Weg sein, um Geld zu verdienen, sondern Du sollst das Leiden des Menschen lindern.
Mit innigsten Küssen und Grüßen sende ich Dir und Ruth ein Lebewohl. Ich bleibe stets Dein Dich liebender Vater – ‚Tata'
Arnošt Holzer

[undatiert]
Dear Cousins,
I am writing to you at the tragic moment of our deportation. I have left our daughter Marisa in the care of friends. If we won't be among the living any more after the war, please take her in your care! Farewell and do not forget her.
Henia und Shmuel Perlberger
My dear ones, I am not able to write at this terrible moment, I am just begging you to find our only child if possible and to take care of her.
Shmuel

1942
Liebes Kind, Dir wird noch viel Glück blühen. Sehne Dich nicht nach Vergangenem! Was war, kommt nie wieder. Zurücksehnen ist zwecklos und lähmt nur Deine Kräfte. Aufwärtsblicken, vorwärtsdringen…. Tu immer das, was Du für richtig hältst, lass Dich nicht gegen Deine innere Überzeugung überreden, Dinge zu tun, die Du für unrichtig hältst. Tu das Notwendige immer sofort, ohne Zögern, schiebe nichts auf! Es rächt sich jede Unentschlossenheit! Sei immer in der Gegenwart mit Deinen Gedanken, verliere Dich nicht in Träumereien. So wertvoll und notwendig Phantasie ist, zu viel davon hemmt die Wirklichkeit Deiner Gedanken, führt in Sackgassen. Liebes, liebes Bucker!! Der Sinn des Lebens ist eben: leben. So gut wie möglich leben. Den weiteren Sinn musst Du selbst Deinem Leben geben. Glaube mir: der Mensch, der für sich lebt, nur sein Glück allein sucht, der lebt nicht richtig und auch nicht glücklich. Der Mensch braucht etwas, das über den Rahmen seines „Ich" hinausgeht, über ihm steht. Das „Wir" ist mehr als das „Ich", wenn Du einsiehst, ein Unrecht getan zu haben, so schäme Dich nicht, alles zu tun, um es wiedergutzumachen. Siehst Du, darauf kommt es an: immer bereit sein, zu lernen, bereit sein,

seine Fehler zu erkennen und, was noch wichtiger ist, seine Fehler zu bekämpfen! Also, sei fest, verzage nicht, und trage das Unvermeidliche mit Mut und verlerne nicht Dein liebes, liebes Lachen. Es grüßt Dich, küsst Dich und drückt Dich voll inniger Liebe ans Herz aus voller Seele
Dein Vater Rudi
Rudolf Fischer

07. Juli 1944
My sweetheart! I want you to read this, when, by God's will, you are grown up and mature and able to criticize our behaviour toward you. I desire, my dear and beloved child, that you should not condemn us, that you should love our memory and our entire loathed people from which you originate. It is my desire that you should neither be ashamed of your provenance nor deny it. I want you to know that your father was a person of rare qualities – there are not many like him in the world – and that you can be proud of him. He dedicated his whole life to doing good to other people; may God bless every step of his, protect him, and allow him to regain you! My beloved treasure, you are your father's whole world, his only ambition, his only satisfaction for all his sufferings and pain. Therefore I wish you to keep a good memory of him, if fate should prove unfavourable to us… I want you to remember your grandfathers and grandmothers, your aunts and uncles – people of great value – and the whole family. Remember us and do not blame us! As for me, your mother – forgive me… Forgive me, my dear child, for having given birth to you… I wanted to bear you for our and your pride and joy, and it is not our fault that things took a different course. Thus, I implore you, my one and only darling, don't blame us. Try to be as good as your father and your ancestors. Love your foster parents and their family, who surely will tell you about us. I ask you to appreciate the self-sacrifice of your foster parents and to be their pride, so that they should never have any reason to regret the commitment which they have taken on voluntarily. There is one thing more I want you to know that your mother was a proud person, despite our enemies' scorn and mistreatment, and, when she was going to die, she did so without moaning and crying, but with a smile of contempt for the enemy on her lips!
I hug and kiss you affectionately; receive all the blessings of my heart.
Your loving Mother
What can I say to my only child, truly the person dearest to me in the world? One should open one's heart and

reveal its inside – no pen is able to describe what goes on in there just now. But I believe firmly that we will all survive and offer our hearts to one another.
Your Father
Sara und Yehiel Gerlitz

08. September 1943
A curious coincidence: I am going to die on our little Daniel's birthday. So in future you will be able to commemorate, on 9 September, a double anniversary. In this way my little boy will be able to continue my life without interruption.
Samuel Potasznik

[undatiert]
Ich hatte intensiv versucht, Hauptmann 30 (Eugeniusz Triebling) zu retten. Er war immer guter Dinge, hielt die Menschen mit seinem Sinn für Humor und seiner Schüssel mit Nachschlag bei Laune; er kümmerte sich beständig um mehrere Mitgefangene, die dadurch überlebten.
Vor dem Typhusausbruch zog er sich plötzlich eine Blutvergiftung zu, die er überlebte: Dr. 2 (Wladyslaw Deting) führte eine Notoperation an seinem Arm durch und beseitigte die Gefahr.
Nur eine Woche später hatte er Typhus, ging in Block 28 und lud gastfreundlich alle seine Freunde ein, ihm dort beim Verspeisen von Delikatessen aus „Kanada". Gesellschaft zu leisten. Er rief laut: Gott hat's gegeben, gute Menschen haben's gebracht, also esst gefälligst auf!
Er hatte hohes Fieber und redete ununterbrochen. Mit Galgenhumor verkündete er, er müsse unbedingt überleben, er werde aus Auschwitz herauskommen, und sei es mit dem Kopf unter dem Arm, denn er habe in Hamburg Furchtbares durchgemacht und müsse seine Jasia wiedersehen. Dann bekam er eine Hirnhautentzündung.
Er wurde nach Block 20 verlegt, wo man eine Rückenmarkpunktion durchführte. Er wurde gut versorgt, aber es war zu spät.
Er kam tatsächlich aus Auschwitz heraus, aber nur als Rauch aus dem Schornstein
Er hat mir eine Botschaft hinterlassen: „Isjago". Falls irgendjemand weiß, was es bedeutet, setze er sich bitte mit mir in Verbindung.
Witold Pilecki

Januar 1942
Mein liebes Kind!
Ich fürchte, dass Ihr Euch jetzt sehr um uns sorgt.

Leider gibt es Grund für diese Sorge. Bis heute ist uns nichts geschehen. Wir müssen damit rechnen, dass wir auch evakuiert werden. Schon sind die Provinzgemeinden an der Reihe, vermutlich zunächst Pilsen, dann Budweis.
[unbekannt]

02. Februar 1942
Meine Hauptsorge richtet sich auf die Zukunft – nein, meine Hauptwünsche – dass Du ein freies und lichterfülltes Leben leben sollst. Es muss kein leichtes Leben sein, das ist nicht wichtig. Ich umarme Dich, unser liebes Kind,
Vater
Emil Elieser Wochl

14. Juni 1943
Geliebte Kinder, bekommt gutes Geld, teilt es ehrlich auf, und lebt in Frieden und Eintracht, denn meiner Meinung nach hat diese fehlende Einheit und fehlende Ehrlichkeit zwischen meinen Brüdern zu all unserem Leid geführt. Wir sind selbst schuld – wir hätten längst alles auflösen und auswandern können. Gott ist mein Zeuge, dass es nicht meine Schuld ist, und damit gehe ich in mein Grab, wenn ich diesen verfluchten Krieg nicht überlebe.
Mosche Ecker

09. August 1942
Denkt an Eure Gesundheit und an die der Kinder, Vergesst uns, das halte ich für das Richtigste. Wenn wir uns wiedersehen, könnt Ihr Euch wieder an uns erinnern.
Esther & David Lamm

[undatiert]
Pierre, kleiner Pierre, warum endet alles so?
Ich finde keine Worte mehr. Habe ich Angst? Kaum. Vielleicht nur vor dem Schmerz – aber leben ... leben ... ich würde gern noch lange leben.
[unbekannt]

[undatiert]
Und wenn ich nur kann, werde ich weiter an Dich schreiben. Wenn ich am Bahnhof Juden treffe, werde ich bitten, dass auch andere in meinem Namen schreiben, denn an anderen Bahnhöfen wartet man auf uns ... Sie geben uns etwas zu essen. Sie waren heute schon hier.
[unbekannt]

03. März 1943
Ich hoffe, mein Kind, dass Du Dich wie ein freier Mensch zu benehmen wissen wirst, obwohl Du vorläufig ohne Deine Eltern bleibst. Vergiss nicht, dass Du überleben musst und nicht vergessen darfst, Jüdin zu sein und auch Mensch. Sage das auch Simon weiter. Bleibt freie Menschen und betrachtet alles mit offenen Augen. Lasse Dich nicht vom ersten Blick beeinflussen. Wisse, dass man den Menschen nicht aufmachen kann, um hineinzuschauen, in seine verborgenen Gedanken, auch wenn er ein ernstes Gesicht hat oder wenn er lacht oder wenn er schön ist. Ich meine nicht nur etwas Bestimmtes, sondern alles, was um Dich herum lebt und alles, was Du siehst. Die lügnerischen Gedanken und auch die ehrlichen Gedanken sind manchmal verwischt, und Du musst sehen, wie der Mensch sich in Deiner Gegenwart verhält. Die Lügen oder die Wahrheit des Menschen erkennt man nicht an einem Tag. Du verstehst, dass ich es gut mit Dir meine. Vergiss nie diese Gedanken. Mein liebes Kind, mir scheint, dass dieser mein letzter Brief sein wird, denn wir nähern uns Paris.
[unbekannt]

[undatiert]
Barmherzige Leute,
rettet das Kind, Gott vergelte es Euch, liefert das Kind nicht an die Mörder aus! Alles wird bezahlt werden, er hat in Luków zwei Grundstücke, alles wird bezahlt werden.
Erbarmt Euch des unglücklichen Kindes!
Darum bittet eine Mutter, die nicht anders handeln konnte.
H.P.

1940
Ja, Du hast geweint, sowie Du auf die Welt kamst. Andere Kinder weinen sofort (vielleicht) um zu weinen, Du hast wirklich geweint, denn zu Deiner Zeit war es sicherlich schon besser, der Mensch wäre nicht erschaffen worden, als dass er erschaffen wurde.
[unbekannt]

07. Juli 1944
Wir fahren am Montag und heute ist Freitagabend. Dein Vater, Pola, ich und weitere Leidensgenossen werden an ein unbekanntes Ziel fahren. Ich weiß nicht, mein liebes Kind, ob ich Dich noch einmal sehen werde. Ich nehme mit mir Dein geliebtes Bild, wie Du zu Hause warst, Dein kindliches, süßes Geplappere, den Geruch Deines reinen Körpers, den Rhythmus Deines

Atems, Dein Lächeln und Dein Weinen. Ich nehme mit mir die schreckliche, unendliche Angst, die das Herz Deiner Mutter auch nicht für einen Moment beruhigen konnte. Ich nehme mit auf meinen Weg das Bild von Dir am 13. Dezember 1943, mit Deinem vorzeitig reifen Blick, den Geschmack Deiner honigsüßen Küsse und die Umarmung Deiner kleinen Arme, mein Küken. Dies ist das Gepäck, das ich mit auf den Weg nehme, vielleicht erlaubt uns die Vorsehung, diesen Alptraum heil zu überstehen und bringt Dich, mein Schatz, in unsere Arme zurück. Wenn dies geschieht, so werde ich Dir viele Dinge erklären, die Du noch nicht verstehst und von denen anzunehmen ist, dass Du sie niemals verstehen wirst, wenn Du in einer anderen Umgebung und in einer Atmosphäre der Freiheit erzogen wirst. Mein kleines Mädchen, ich möchte, dass Du diesen Brief liest, wenn, so Gott will, Du groß und reif genug und in der Lage sein wirst, unsere Taten Dir gegenüber kritisch zu betrachten. Ich wünsche mir mit meinem ganzen Sein, mein geliebtes Kind, dass Du uns nicht verurteilst, dass Du das Andenken an uns liebst und das Andenken an dieses ganze so verhasste Volk, in dem Du verwurzelt bist. Mein Küken, ich möchte, dass Du Dich Deiner Abstammung nicht schämst und sie nicht verleugnest, ich möchte, dass Du weißt, dass Dein Vater ein beispielloser Mensch war, wie es nur wenige auf der ganzen Welt gibt, und dass Du nur Stolz für ihn empfunden hättest. Sein ganzes Leben hat er damit verbracht, anderen Menschen Gutes zu tun, gute Taten zu vollbringen, möge Gott seinen Weg segnen, wo immer er hingeht, und ihn behüten, und möge es ihm vergönnt sein, Dich wieder in sein Herz zu schließen. Du, mein Schatz, bist die ganze Welt Deines Vaters, all sein Streben, die einzige Entschädigung für all das Leid und die Qualen, daher möchte ich, dass Du ihn in guter Erinnerung behältst, falls uns das Schicksal nicht wohlgesinnt sein sollte. […]
Und was mich, Deine Mutter, betrifft, so verzeih mir, mein liebes Kind, dafür, dass ich Dich geboren habe. Ich halte Dich an mein Herz, küsse Dich heiß, und segne Dich mit aller Macht des Herzens und der Liebe einer Mutter.
[unbekannt]

[undatiert]
Meine Lieben!
Es ist kurz vor dem letzten Gang. Es wird mir besonders schwer, wenn ich an meinen Sohnemann denke, ich hoffe aber, dass er weiß, was er uns schuldig ist, und bitte Euch, alles zu tun, dass er ein vernünftiger Mann

wird. Ihr alle wisst, was ich im Leben gewesen bin, und darum ist mir alles so unfassbar. Aber, „wenn etwas gewaltiger als das Schicksal ist, so ist's der Mut, der's unerschüttert trägt". Haltet Euch das immer vor Augen, dann ertragt Ihr auch dieses ganze Schwere.
Mein lieber Sohnemann, vergiss niemals, was wir Dir waren. Immer, wenn Dich etwas anficht, denke an uns. Ich wünsche Dir noch ein recht gutes, arbeitsreiches Leben, auch alles Gute für Deine Frau, die Du Dir mal nimmst. Liebes, sei nicht traurig und weine nicht, Zähne zusammengebissen und durch. Heute vor acht Tagen warst Du noch bei mir. Es ist mein letzter Gedanke, der Dir gilt. Also nochmals, sei immer vernünftig.
Es küsst Dich ganz lieb immer Deine Mutti
Charlotte Garske

17. April 1938
Ich lese gerade wieder ein schönes Buch von Stifter, auch sonst geht es mir, wie immer, gut. Es ist ja sehr schön, dass der Walter sich so gut allein beschäftigen kann, und der Garten ist ja wohl für einen so kleinen Kerl groß genug. Überhaupt der Garten, der hat mir's, glaub' ich, am meisten angetan. Darum hat mir auch sicher der Nachsommer von Stifter so gut gefallen, weil er auch besonders von einem sehr schönen Garten handelt.
Ich hatte ja schon beim letzten Besuch einiges davon erzählt, was ich daraus gelernt habe: wie man die Obstbäume im Frühjahr mit Seifenwasser bürstet, den Vögeln, die das schädliche Ungeziefer fernhalten, Nistmöglichkeiten aus Dornengestrüpp in Büschen oder ovale zweiteilige Kästchen aus Holz, die man im Frühjahr ausscheuern muss, die sicher netter als die ungeschickten Starenkästen sind, gibt und dass man ihnen dann auch immer einiges Zusatzfutter reichen muss, falls die Raupen knapp sind und wegen der Kirschen. – Der Zoo wird Euch und den Kindern im Sommer sicher viel Freude machen, und ich würde mich sehr freuen, wenn Ihr mir beim nächsten Besuch einige von den dort gemachten Tierbildern zeigen könntet. Wie schön man mit dem Apparat Blumenbilder aufnehmen kann, habe ich ja im vorigen Jahr an der Fliederknospe gesehen.
Nun danke ich Euch herzlich für Eure guten Wünsche für mich und hoffe, dass sie zu Eurer Freude auch in Erfüllung gehen werden.
Neulich las ich in einem Buch über indische Denker einige Worte Buddhas: „Wenn einer seine Mutter auf der einen Schulter und seinen Vater auf der anderen Schulter herumträgt und so hundert Jahre alt würde, so

hat er damit immer noch nicht den Eltern Dank gezeigt und deren Wohltat vergolten."
Eure Lilo
Liselotte Herrmann

1943
Diese Sache ereignete sich am Anfang des Jahres 1943. Die Kammer war mit Juden vollgestopft, aber ein jüdischer Knabe war außerhalb geblieben. Zu ihm trat ein gewisser Unterscharführer und wollte ihn mit Hilfe seines Stockes erschlagen. Er massakrierte ihn auf bestialische Weise, Blut troff von allen Seiten, da sprang der misshandelte Junge, der schon regungslos dagelegen hatte, plötzlich auf die Beine und machte sich ruhig und schweigend daran, seinen grausamen Mörder mit seinem kindlichen Blick zu betrachten. Der Unterscharführer begann zynisch laut zu lachen, zog seinen Revolver hervor und erschoss den Knaben.
[unbekannt]

[undatiert]
Meine geliebte kleine Tochter! Meine liebe, kleine, beste Kameradin!
Ich habe den Wunsch, Dir noch einiges besonders ans Herz zu legen. Zunächst Dein Beruf. Du möchtest Kindergärtnerin werden. Ich billige Deinen Wunsch von ganzem Herzen. Aber denke dabei stets an Deine eigenen Erfahrungen, mein Liebes, und vergiss manchmal, was Du gelernt hast, was Dir beigebracht wurde. Vor allem lass Dich stets von der Liebe leiten. Die Fehler, die man aus wahrer Liebe begeht, sind niemals Sünden, sondern immer wiedergutzumachende Irrtümer.
Du musst nun einen großen Schmerz tragen. Vergrab Dich nicht darin. All die Freude, die ich Dir nicht mehr bereiten kann, mein Liebling, versuche anderen, z. B. Deinen kleinen Schützlingen, zukommen zu lassen. Die Freude, die man anderen bereitet, strahlt stets auf einen selbst zurück. Sie wird Dir helfen, all das Schwere zu tragen, und Dich trösten.
„Freude, schöner Götterfunken" ist Beethovens schönstes Werk. Und doch schrieb er es in einer Zeit, da er sehr elend war. Lies einmal über sein Leben nach.
Ich muss jetzt Schluss machen. Bleib stark und tapfer, mein Geliebtes. Ich weiß, Du wirst niemals verlassen sein. Grüß alle Lieben. Ich selbst werde alles mit innerer Ruhe und Gefasstheit ertragen.
Lebe wohl und sei noch einmal in Gedanken geküsst und umarmt von
Deiner Mutti
Judith Auer

17. März 1944
Mein lieber, guter Papa!
Ich muss heute meinen schwersten Gang im Leben tun. Den Weg in den Tod. Seid tapfer und überwindet bald den Schmerz.
Mein lieber Papa! Bleibe mit Deinen Kindern zusammen und haltet mich in gutem Andenken, vergesst mich nicht! Bleibe gesund und lebe mit Deinen Kindern noch viele glückliche Jahre. Mein letzter Atemzug gehört Euch, meine Lieben alle, denn wir haben immer sehr gut zusammen gelebt. Meine lieben guten Kinder, nehmt Euch viel Eures Papas an, damit er darüber wegkommt und Euch noch lange erhalten bleibt.
Erzieht Eure Kinder zu ordentlichen Menschen. Seid alle recht herzlich geküsst und gegrüßt von Eurer Euch bis zum allerletzten Atemzug liebenden
Frau, Mutter und Oma.
Lieber Papa, gib Horstchen noch mal einen Kuss von seiner lieben Oma.
Anna Ebermann

[undatiert]
Aus den Fenstern der Waggons blicken abgemagerte und erschreckte Kinder des zu Tode verurteilten Volkes.
Salmen Gradowski

[undatiert]
Mein liebes, schwergeprüftes Friedelchen!
Gewaltige Ereignisse von einschneidender Bedeutung gehen heute an allen Menschen vorüber, nicht ohne rücksichtslos tiefste Spuren zu hinterlassen. Es bleibt kaum einer von diesen Vorgängen verschont. Überall werden Menschen, die sich liebhaben, auseinandergerissen. Fürchterliche Leiden, wohin man sieht, und der Schrecken ist noch nicht zu Ende.
Zehn Jahre Trennung sind keine Kleinigkeit. Ob ich diese Jahre nun bei mir nehme: Zuchthaus – Moor – Bomben – Lager – Hunderte, ja Du wirst es kaum glauben, Tausende von Leidensgenossen sind um mich verreckt. Oder ich nehme sie auf Deiner Seite: Sorge um die Existenz, der Kampf ums Dasein in seinen mannigfaltigen Variationen, die Auseinandersetzungen mit der Gestapo, die Pflicht dem Kind gegenüber, die ständige Angst um mich, dazu auch Bombengefahr, Krankheit und die Reibungen des täglichen Lebens. Alle diese Jahre haben uns keine Freude gebracht und konnten ohne Mühe ein Gemüt, eine Seele zerstören.
Mein liebes Friedelchen! Hattest Du mich jemals aus tiefstem Herzen lieb, so musste ja eine längere Trennung von mir Deinen halben Tod bedeuten. Und das

spricht unzweideutig aus allen Deinen Zeilen. Die schönsten Jahre des Lebens zum Opfer gebracht! Wofür? Das ist eine verhängnisvolle Frage. Der Verstand kann sie beantworten. Er geht an die Beantwortung heran, wie der Arzt mit dem Messer an eine Wunde. Ihn schmerzt der Schnitt nicht, er weiß, dass und wie er vollzogen werden muss. Auch der große Schnitt musste sein, Friedel! Uns zwar schmerzte er, konnte tödlich sein, vor allem im Herzen. Und nun fragst Du, warum gerade wir? Nein, alle! Alle, auch die, die nicht wollten oder konnten, bekommen die Rechnung vorgelegt. Das beweist jetzt die Geschichte mit Stahl und Eisen. So sagt der Verstand.

Antwortet aber das Gefühl, dann wird es furchtbar. Und glaube etwa nur nicht, dass ich mein Empfinden eingesperrt hätte, während man mich eingesperrt hat. Die Vorstellung Deiner Leiden und Qualen und die eines unschuldigen Kindes, das nicht einmal ahnt, welch ein Anrecht es auf die Liebe, Sorge und Hilfe des Vaters hat. Um alles das und um die Harmonie glücklicher Eltern unwissend betrogen, es wirft mich fast um. Lass die knappen Worte meiner Sprache auf Dich wirken, wie sie sind. Genauso denke ich. Nur kann ich nicht alle die Empfindungen und Gedanken, die mich nie loslassen, in Worte kleiden.

Zum Schluss, Friedelchen! Es dauert nicht mehr lange. Verlass Dich darauf. Eine andere, schönere Zeit steht vor der Tür. Wir nähern uns ihr sprunghaft. Es wäre mir fast unvorstellbar, wenn jetzt, da die Umrisse dieser besseren Zeit für uns schon zu erkennen sind, der eine oder andere versagen sollte.

Alles rings um mich hätte mich schon längst ruiniert, wenn nicht das Wissen um die Dinge der Entwicklung und meine tiefe Liebe zu Dir und dem Kind mir immer wieder die Wege gewiesen hätten, die einzig und allein richtig sind. Voraussetzung ihres zielbewussten Beschreitens sind Kraft und Mut und Ausdauer. Sei tausendmal gegrüßt und geküsst
von Deinem Erich
Erich Egerland

Dezember 1942
Mein lieber Sohn! […]
Mein letzter Wunsch und meine letzte Bitte an dich: Gehe immer geradeaus durchs Leben, sein aufrichtig und suche niemals bei der Lüge Zuflucht, schaffe und strebe, lerne und gib du dir große Mühe im Kampfe des Lebens nicht stehen zu bleiben, immer sei dein Sinn weiter, weiter und weiter. Was du an Wissen in dir hast, kann dir nur der Tod nehmen. […]

[S]age niemals dir selbst, „Ich habe es geschafft", nein, sondern nur, "Ich habe eine Sprosse in der Lebensleiter überschritten", es gibt kein vollkommenes Lebensziel.
Friedlich Grießl

23. Dezember 1944
Möchte dich bitten, der Sieglinde nichts zu sagen, wenn sie einmal versteht, dass ich geköpft worden bin. Du sagst einfach, ich bin im Gefängnis gestorben.
Hubert Krenn

[undatiert]
Nur ein einziger Gedanke erfüllt sie: Was wird aus ihrem kleinen, teuren und geliebten Kind. Für sie ist dieses Kind das größte Glück und die größte Freude, das gemeinsame Ideal des Lebens. Aber für diese Banditen ist es ein unnötiges Spiel zeug ohne jeglichen Wert und ohne das Recht zu leben.
Salmen Gradowski

1943
Dies geschah Ende des Jahres 1943. Man brachte einen Transport, der sich ausschließlich aus Kindern zusammensetzte. Sie stammten aus Schaulen in Litauen, wo man sie aus dem mütterlichen Hause, in Abwesenheit der Väter, die bei der Arbeit waren, zu den Autos abgefangen hatte. Der Kommandoführer schickte sie in den Entkleidungsraum, um die kleinen Kinder auszuziehen. Und da steht ein kleines Mädchen von fünf Jahren und zieht sein einjähriges Brüderchen aus. Einer aus dem Kommando nähert sich, um es zu entkleiden. Das Mädchen ruft laut: „Weg du jüdischer Mörder! Lege deine mit jüdischem Blut befleckte Hand nicht auf mein schönes Brüderchen! Ich bin jetzt sein gutes Mütterchen und es wird auf meinen Armen mit mir zusammen sterben."
[unbekannt]

4. Angehörige

09. Oktober 1944
Mein liebstes Frauchen und liebe Kinder!
Heute um 12:30 Uhr muss ich sterben. – Habe am Sonntag auf Sprechstunde gewartet, leider bist Du nicht gekommen. Hast Du keine Sprechstunde bekommen, oder hast Du keine Kraft gehabt?
Sonst gehe ich in den Tod so unschuldig und wie ein Held stirbt. Sei stark, mein liebstes Frauchen und meine lieben Kinder. Ihr müsst stolz sein, das ich sterben muss, denn das Schicksal wird Euch Euren Lohn geben. Ich bin nicht tot, ich lebe weiter im Geiste meiner Kinder und meiner lieben Frau.
Lebt wohl, Ihr meine Lieben. –
Und an meinem Grabstein soll das Gedicht von dem Freiheitsdichter Uhland angebracht werden:
Der Dienst der Freiheit ist ein strenger Dienst, er trägt nicht Gold, er trägt nicht Fürstengunst, er bringt Verbannung, Hunger, Schmach und Tod, und doch ist aber dieser Dienst der höchste Dienst. Die letzten Grüße und Küsse sendet Dir
Dein Paul und Euer guter Papa
Grüße meine Schwester, Mutter,
Es ist 5 Minuten vor 12 – bald kommt die Freiheit!
[unbekannt]

29. März 1943
Liebe Mutti, eine Bitte habe ich noch an Dich. Hole mich bitte nach Hause, damit ich wenigstens im Tode bei Dir bin. Grüß bitte alle noch recht herzlich, sie mögen mir ein gutes Andenken bewahren. Sei auch Du nicht böse, dass ich Dir so viel Qual bereiten muss, und vergiss Deine kleine Schnude, welche Dich unsagbar lieb hatte, nicht ganz.
Hertha Lindner

1943
Mich wird bald keine Sorge mehr quälen, aber Du

bleibst ja so allein hier, und das ist das, was mir weh tut. Wie gerne hätte ich noch einige Jahre mit Dir und unserem Kinde zusammen verbracht, aber es sollte eben nicht sein. Darum habe ich noch eine Bitte an Dich, eine recht innige. Lebe das Leben so, wie Du es kannst. Was und wo Du auch hingehen wirst, liebe Mama, wenn es dort schön ist, so denke, auch wir, ich und die Schnude, sind bei Dir.
Heinrich Lindner

———————

Wenige Tage nach der Hinrichtung seiner Tochter Hertha wurde auch er zur Richtstätte geführt.

August 1944
Sei nicht traurig und sieh zu, dass Dein Leben noch weitergeht. Wechsel ist der Weg des Lebens. Es heißt „Stirb und Werde". Mit meinem Sterben beginnt auch gleichzeitig ein neues Leben. Man kann meinen Leib töten, aber nicht meinen Geist. Wer für sein Ziel stirbt, der stirbt nicht umsonst. Ich werde im Geist stets bei Dir sein und Dich segnen. Wer Mut zum Leben hatte, hat auch Mut zum Sterben, und den habe ich.
Franz Mett

26. Juni 1944
Heute, Montag, 15 Uhr, wird meinem Leben ein Ende gesetzt. Ich habe es nicht so schwer wie Du und der Junge. Es ist traurig, dass ich nicht mehr erfahren habe, wie es dem Jungen geht, ob seine Verwundung schwer ist. Ich weiß nicht, ob Du noch lebst, denn ich habe von Dir ja auch schon 7 Wochen keine Nachricht.
Sollten die letzten Zeilen Dich noch lebend erreichen, so bitte ich Dich, sei nicht traurig, ich habe dann alles überstanden.
Kurt Müller

01. November 1944
Und wenn ich den Kelch des Leidens und des Lebens bis zur Neige austrinken muss, so hoffe Ich nur, dass Ihr stark bleibt und dass Euch in Eurem Leben noch einmal die Sonne scheint. Vor allem Du, mein geliebtes Mädel, musst in der großen Aufgabe, die ich Dir überlasse, meinem, unserem Jungen das Leben zu gestalten, Vergessen suchen. Und es ist im Leben ja so, dass die Pflicht und die Zeit allen Schmerz stillt.
In meinen stillen Stunden hier habe ich in Gedanken mein Leben in Eurem Kreis zu Ende gelebt. Ach, wie schön hätte es werden können. Aber liebes Mädel, wenn es nicht sein sollte, so hoffe und bitte ich Dich: Lebe weiter für meinen kleinen Liebling und versuche, ihm

ein schönes Leben zu geben. Das ist meine letzte Bitte an Dich.
Erwin Nöldner

14. August 1944
Grüße mir die Kinder und erzähle ihnen später alles. Ich habe gehofft und gewartet auf Dich diese Tage, um Dich noch einmal zu sehen, das konntest Du aber nicht wissen, sei's drum. Nun muss man sich noch beeilen, dass man fertig wird. Muttchen, ach mein liebes Muttchen, wird sie weinen um ihren Sohn, tröste sie, liebe Margot, und rede ihr gut zu, ja?... Sag der Mutter, dass ich ja gestorben bin, wie sie es immer gewünscht hatte. Auch sterben muss man können, Margot, es geht nicht anders, es muss sein!...
Johann Pierschke

03. September 1944
Ich wäre unendlich gern an diesem Tage bei Dir, um einmal Deine Hände zu drücken und Deine Lippen zu fühlen. Ja, Mutter, meine Sehnsucht ist groß, und ich bin hungrig nach Liebe, Güte und Freiheit. Lass Dich an Deinem Geburtstag in Gedanken umarmen und küssen und Trost geben. Ich bin mit meinem festen Glauben an die Zukunft bei Dir.
Heinz Priess

24. Oktober 1944
Und Du, mein so heißgeliebtes Mädel, musst nun den Weg allein gehen, ich weiß, dass dies nicht so leicht sein wird, der Schmerz um den Liebsten ist zu schwer. Und doch, Du musst so gefasst wie ich selbst meinen Tod aufnehmen. Nicht eine Bürde soll es sein, sondern mit dazu beitragen, Dir alles leichter und klarer zu meistern.
Otto Schmirgal

04. November 1937
Mein Lieb! Mein braver kleiner Kamerad!
Weine nicht, sei stark mein Lieb. Du warst meine tapfere Kameradin, meine liebe gute Lebensgefährtin. Seit dem Tage, da wir uns zum Lebensbunde die Hände reichten, gingen wir Hand in Hand, im tiefsten Herzen glücklich, unserem Lebensziel entgegen. Wie lieb hatten wir uns, wie reich war der Inhalt unseres Bundes, wie schön unser Gleichschritt.
Nun fordert das Schicksal meinen Tod, aber für Dich werde ich weiterleben. Denke darum nicht an meinen

Tod, denke an mein Leben.
Robert Stamm

13. Mai 1943
Mutter, meine liebe Mutter, oh, es ist so schwer, Dir nun zu schreiben, das Schwerste von allem, Mutter. Ich muss es sagen; wenn Du diesen Brief in Deinen lieben Händen hältst, dann ist für mich alles vorüber, und mein Lebensweg hat geendet. Ach, wie könnte ich nur Dir das Grausige mildern. Ich bin dem Schicksal so dankbar, dass ich Dich noch einmal habe sehen können, Dich umarmen und Dich streicheln und küssen. Es war unendlich schön.
Heinz Strelow

23. Dezember 1943
Ich bin in großer Sorge, wie Du den Heiligen Abend verleben wirst. 1897 verloren wir Weihnachten den Vater, vor zwei Jahren rief Gott gerade zu Weihnachten unsere geliebte Mutter heim. In diesem Jahr ist Dir der Bruder genommen, der auf Erden unter allen Menschen nur Dich geliebt hat und jetzt hoch verehrt. Bei mir ist der Rahmen des Festes klar umgrenzt: die Kerkerzelle. So arm wie in diesem Jahr habe ich noch nie an der Krippe gekniet. Mir ist alles abgesprochen, mein Heim, meine Ehre, mein Leben. So will ich an der Krippe dessen knien, der nichts hatte, wohin er sein Haupt legen konnte, der als Freund seines Volkes zum Tode verurteilt wurde, der sein Blut als Trankopfer ausgoss für das Heil seines Volkes und der ganzen Welt.
Als Gabe trage ich zur Krippe: Hunger und Kälte, Einsamkeit und Verlassenheit. Mein einziger Schmuck sind die blanken Fesseln.
Alfons Maria Wachsmann

8. Februar 1943
Min leiv Mudding, möchte Dir noch manches Viele sagen. Aber Du weißt ja, dass meine Liebe Euch gehört. In Gedanken lege ich meinen Kopf in Deine lieben, lieben Hände, damit sie mich segnen. Deine Hände, die jahraus, jahrein für uns geschafft haben. Deine Hände, die mich so oft getröstet und mir als Kind die Tränen getrocknet haben. Liebe, heilige Hände meiner Mutter.
Wilhelm Thews

16. Oktober 1944
Meine liebe Romai!
Zum Sonntag kam Dein Brief. Welcher Glanz kam damit zu mir. Wie oft habe ich jede Zeile gelesen, jedes Wort. Und welcher Schatz dabei die Bilder von Euch,

die ich seit meinem Geburtstag bei mir habe. Ich versuche mir auch das äußere Geschehen vors innere Auge zu holen, um von fernher ein wenig daran teilzunehmen. Dann sehe ich Renate mit ihrer Geige oder die ersten englischen Vokabeln übend. Roland ernsthaft beim Lesen, Katrin mit ihrer Schiefertafel und Sabinchen mit der Puppe. Und nachmittags alle draußen im sonnigen Herbst. Und dieses ganze Leben wird von Deiner festen Hand gelenkt das erscheint mir gerade jetzt als ein großes Geschenk und ist eine wirkliche Beruhigung. Ich weiß, Du machst es gut. Wenn ich durch Dich noch allen danken könnte, die Dir bei Deinen Lasten und Sorgen helfen! […]
Dass meine Gedanken auch immer wieder um das eigene Leben kreisen, brauche ich kaum zu sagen. Aber darüber lässt sich kaum jetzt schreiben, so wohltuend es auch wäre. Das eine drängt sich beim Überfliegen der Jahrzehnte auf: wie reich und schon diese Zeiten für mich gewesen sind. Das Schwere etwa des vorigen Krieges tritt ganz dahinter zurück. Um so stärker strahlt die ländliche gesunde, ungebundene Jugend, die zehn Jahre im Wandervogel mit den weiten und nahen Fahrten, die Jugendfreundschaften, die glückliche Studienzeit in Frankfurt und Marburg mit neuen unzertrennlichen Freundschaften, dann das mit Begeisterung erfüllte Berufsleben in der Volksbildung die seltenen Lebensgeschenke meiner Reisen in Europa, Amerika, Ostasien, die vier Jahre Fliegen und Welt aus der Vogelperspektive, dazwischen die wissenschaftlichen Arbeiten, die Nächte wie Tage kosteten und schließlich das Schönste und Reichste: die zwölf Jahre mit dir und den Kindern. Wie viel Anlass dankbar zu sein.
Dir vor allem Dank und Liebe!
Dein Edolf
Adolf Reichwein

[undatiert]
Meine Lieben! Wie Ihr wohl schon wisst, änderte ich meinen Wohnort. Am 23. August in Bautzen erwartete ich gerade Euren Brief und erhielt stattdessen eine Einladung nach Berlin. Am 24.8. früh war die Gerichtsverhandlung und zu Mittag war schon alles fertig. Es fiel nach Erwarten aus. Jetzt sitze ich noch mit einem Kameraden in der Zelle in Plötzensee, wir kleben Tüten, singen uns eins und warten, wann die Reihe an uns kommt. Es bleiben uns noch einige Wochen, manchmal sind es auch Monate. Die Hoffnungen fallen leise und weich ab, wie welke Blätter. Lyrische Seelen, die das anschauen, verfallen manchmal der Sehnsucht. Der Winter bereitet sich den Menschen vor wie einen

Baum. Glaubt mir: Nichts, gar nichts hat mir das von meiner Freude genommen, die in mir ist und sich täglich mit irgendeinem Motiv von Beethoven meldet.
Der Mensch wird nicht kleiner, auch wenn er um einen Kopf kürzer ist. Und ich wünsche mir brennend, dass Ihr, wenn alles vorbei ist, Euch meiner nicht in Trauer erinnert, sondern mit der gleichen Freude, mit der ich immer lebte.
J. F.
Julius Fucik

09. September 1944
Du meine Änne!
Ich wollte immer nur das Gute. Der Höhepunkt unseres persönlichen Lebens ist unser Kennenlernen vor dreieinhalb Jahren und unser reifes Genießen, unsere schöne Zeit. Nur die Dichtkunst kennt wolkenloses Glück und ewige Jugend. Unsere Wolken waren kriegsbedingt, waren Wolken der Sorge, Freud und Leid, so wie es war, ist die Einheit unserer kurzen, großen, reifen Liebe. Nur ich weiß, dass unsere Bärbel ein bewusstes Kind dieser großen, mächtigen Liebe ist. Gerade weil ich Dich kenne, ist mir nicht bange um Ernährung und Erziehung unserer Tochter.
Mutti! Fühle Dich umarmt und fühle Dich geküsst wie in den schönsten Tagen. Grüße alle Menschen, die mich schätzen und lieben. Lebet wohl! Immer bin ich, bis zu Deiner letzten Stunde,
Dein Anton
Anton Saefkow

26. Juni 1944
Denke immer daran, dass die Liebe das einzigste Unsterbliche beim Menschen ist und dass ich so doch immer bei Euch sein werde; dessen sei gewiss. Ich werde immer um Euch sein, und ich weiß auch, dass Ihr mich nicht vergessen werdet, und ich will Dir noch besonders danken für alles das, was Du mit mir im Leben geteilt hast. Für die guten, ach so schönen Stunden und auch für das Schwere. Nun, geliebte Frau, geh Deinen ferneren Lebensweg tapfer aufrecht und stark mit den Kindern im Gedenken an die Liebe und unser gegenseitiges Verstehen. Bleibe stark und lebe wohl.
Kurt Vorpahl

01. Mai 1943
Lieber Vater, liebe Mutter, wenn ich jetzt sterben muss, so müsst Ihr wissen, dass ich vor dem Tode keine Angst habe – nein, deshalb dürft Ihr Euch keinen Kummer machen, ich weiß doch, dass ein schöneres Leben unser

wartet und uns alle wieder zusammenführt. Was mir schwerfällt, ist, dass ich mich von Euch allen trennen muss, von Euch allen, die ich so geliebt habe, und die Ihr mich so geliebt habt! Wie ich Euch alle geliebt habe, spüre ich erst jetzt bei der Trennung wo ich Euch alle verlieren soll. Versucht den Schmerz des Verlustes zu überwinden, vergesst nicht, dass es ein Schicksal gibt, dass dieses mir kein längeres Leben vorgesehen hatte und dass es deshalb so kommen musste.
Alexander Schmorell

04. April 1945
Wie merkwürdig ist es im Grunde, dazusitzen und dieses Lebensdokument zu schreiben. Jedes Wort bleibt stehen, es kann nie wieder gut gemacht, nie gestrichen, nie verhindert werden. Ich habe so viele Gedanken. Jörgen sitzt hier vor mir und schreibt seiner zweijährigen Tochter einen Brief zu ihrer Konfirmation. Ein Dokument fürs Leben. Wir haben zusammen gelebt, und nun sterben wir zusammen, zwei Kameraden…
Kim Malthe-Bruun

08. September 1944
Ich bin auch in diesem Augenblick vor allem von tiefer Dankbarkeit erfüllt, gegen Gott und gegen Dich. Du stehst neben mir und gibst mir Ruhe und Stärke. Dieser Gedanke übertönt den heißen Schmerz, Dich und die Kinder zu verlassen. Gott lasse Deine und meine Seele einst sich wiederfinden.
Ulrich von Hassell

10. Dezember 1942
Nachmittags die Verhandlung auf dem Sicherheitsdienst.
Wir sterben nun – ach, auch das steht bei Gott – Wir gehen heute Nacht gemeinsam in den Tod. Über uns steht in den letzten Stunden das Bild des segnenden Christus, der um uns ringt. In dessen Anblick endet unser Leben.
Jochen Klepper

[undatiert]
Ich werde meine Mutter nie wiedersehen! 'Ich spüre' es nicht: ich weiß es mit trostloser Gewissheit, wie den Tod, wie die Jahreszeiten. Ich habe keine Hoffnung mehr. Ich trauere, eine ruhige, chronische Trauer. Manchmal ertappe ich mich dabei, dass ich versuche, meine Wunde zu flicken, mich mit dem Unabänderlichen anzufreunden wie ein Waisenkind.
Ana Novac

13. Oktober 1944
Nachricht vom 1.10. Kampf und Kapitulation von Warschau. Allgemeine Traurigkeit.
17. Oktober 1944
[Josef] Frenkiel hat auf dem Weg zum Baden seinen Vor- und Nachnamen auf einen Zaun geschrieben. Beim nächsten Mal fand er an derselben Stelle Unterschriften seiner Schwester und ihrer Tochter aus Łódź. Auf diese Weise erfuhr er von ihrem Aufenthalt in Bergen-Belsen.
27. Oktober 1944
Cesias Geburtstag. Ich ergatterte ein Geschenk für sie: ein Stück Seife. Irusia bestickt für Mama ein Taschentuch. Meine Mutter gibt ihr ein Stück Zucker. Vorfälle bei der Verteilung von Schuhen. Einer beneidet den anderen. Strafappelle bei den Ungarn. Gerüchte über die Revolution in Spanien.
Józef Gitler

21. April 1943
Meine Teuersten!
Ich habe schon so lange von Euch keine Nachricht. Das letzte Mal Mitte März. Warum? Letztens bekam ich nach langer Pause ein Paket, 12.4. Höchstwahrscheinlich habt Ihr meinen letzten Brief erhalten, weil es größer war als die anderen. Es ist augenblicklich sehr schwer und gefährlich, mich mit Euch insgeheim in Verbindung zu setzen. Deshalb schreibe ich auch so selten. Was ist mit Vater? Ist er gesund? Ob ich ihn noch einmal irgendwann sehe? Wenn Ihr schreibt, dann küsst Vater von mir sehr innig und herzlich Grüßt von mir sehr herzlich die Familien aus Raszków und aus Dziemierzyce.
Bittet sie, dass sie mir Pakete schicken, wenn sie genügend haben und sie dazu imstande sind. Gegenwärtig ist die Anzahl der Pakete nicht begrenzt. Das Gewicht bis zu 3 kg. Es kann irgendjemand abschicken. Ich bitte sehr um Verzeihung, dass ich darüber schreibe, aber gegenwärtig ist es mit dem Essen bei mir sehr schlecht bestellt, weil ich außerhalb nichts organisieren kann. Ich nehme an, dass Ihr auch nicht im Überfluss lebt. Staś G. ist ganz gesund, er arbeitet bei mir und hat eine sehr gute und ruhige Arbeit.
In letzter Zeit habe ich viel Leid gehabt. Vor einem Monat wurde mein bester Freund für ein kleines Vergehen hier im Lager erschossen. Das erwartet gegenwärtig jeden für irgendeine Dummheit. Ich habe ständig große Angst um Andrzej. Hoffentlich wird nichts über ihn heraufbeschworen.
Was macht Staś K.?

Ich denke, der Krieg geht sicher nicht vor dem Herbst nächsten Jahres zu Ende. Wenn ich weiter hierbleibe, dann halte ich bestimmt aus, aber wenn ich in ein anderes Lager käme, dann wäre das schon schlimmer. Staś sollte abtransportiert werden, aber in letzter Minute habe ich ihn dort rausgeholt. Er ist immer noch mit mir zusammen,
Ich umarme und küsse Euch alle sehr herzlich, Euer Euch immer liebender
Janusz
Janusz Skretuski-Pogonowski

06. September 1941
Lieber Bruder Alfred,
aus einem zweifachen Grunde will ich heute an Dich schreiben: Erstens habe ich schon lange nichts mehr von Dir gehört. Ich schreibe nun zum vierten Mal, ohne von Dir eine Antwort zu bekommen. Schreibe doch wenigstens eine Karte, dass man Dich am Leben weiß. Ihr werdet natürlich kaum einen Augenblick zum Schreiben haben.
Zum Zweiten möchte ich Dir mitteilen, dass ich seit dem 4. August in Koblenz im Gefängnis bin, Schutzhaft. Grund, einige Vorträge. Wenn Du mir schreibst, dann adressiere an obige Adresse. Briefe gehen durch die Zensur. Schreib mir wenigstens eine Karte. Als einziges Lebenszeichen erhielt ich eine...
Albert Eise

11. Januar 1945
Meine Liebe, ich habe nur Lust, mich ein wenig mit Dir zu unterhalten. Zu sagen habe ich eigentlich nichts. Die materiellen Konsequenzen haben wir eingehend erörtert. Du wirst Dich da schon irgendwie durchwinden, und setzt sich ein anderer nach Kreisau, so wirst Du das auch meistern. Lass Dich nur von nichts anfechten. Das lohnt sich wahrhaftig nicht. Ich bin unbedingt dafür, dass Ihr sorgt, dass die Russen meinen Tod erfahren. Vielleicht ermöglicht Dir das, in Kreisau zu bleiben. Das Rumziehen in dem Rest-Deutschland ist auf alle Fälle grässlich. Bleibt das Dritte Reich über Erwarten doch, was ich mir in meinen kühnsten Phantasien nicht vorstellen kann, so musst Du sehen, wie Du die Söhnchen dem Gift entziehst. Ich habe natürlich nichts dagegen, wenn Du dann auch Deutschland verlässt. Tu, was Du für richtig hältst, und meine nicht, Du seiest so oder so durch irgendeinen Wunsch von mir gebunden. Ich habe Dir immer wieder gesagt: die tote Hand kann nicht regieren… […]
Mein Herz, mein Leben ist vollendet, und ich kann von

mir sagen: er starb alt und lebenssatt. Das ändert nichts daran, dass ich gerne noch etwas leben möchte, dass ich Dich gerne noch ein Stück auf dieser Erde begleitete. Aber dann bedürfte es eines neuen Auftrages Gottes. Der Auftrag, für den Gott mich gemacht hat, ist erfüllt. Will er mir noch einen neuen Anfang geben, so werden wir es erfahren. Darum strenge Dich ruhig an, mein Leben zu retten, falls ich den heutigen Tag überleben sollte. Vielleicht gibt es noch einen Auftrag.
Helmuth James Graf von Moltke

Oktober 1941
Lebt wohl, meine Lieben! Meine geliebte Mutter, mein guter Vater, Ihr wart der erste Sonnenstrahl, der mein Leben erwärmte…Ich bedaure aus tiefster Seele, dass ich beim Abschied die Bedeutung des Augenblicks nicht erfasste, dass ich Euch nicht lange, lange betrachtet habe, damit sich Euer Bild tief in meine Seele einprägt, dass ich Dich nicht fest umarmt habe, ohne loszulassen.
Ida Goldiş

21. Juli 1940
Vor allem – telegraphiert, wenn möglich, sofort den Eltern, dass ich lebe; wenn ich auch hoffe nicht allzu lange mehr hier zu bleiben – morgen kann es schon anders sein – gebt mir doch eine Zeile, dass ihr meine Karte erhalten habt, nicht mehr – selbst wenn es mich nicht erreicht.
Franz Neumann

18. August 1942
What makes me feel miserable is the certitude that you are more unhappy there at home than I ever will be in the worst conditions – because I am in the middle of it, so I can react, while you are suffering for me and you can do nothing except think of me. […]
You cannot imagine how sad I feel when I read certain things that you recount to me, like how you did not want to change your dress, etc. As for me, when I think of you, I see you in that blue dress which you had made not long ago, with that collar, pocket and belt, with a good hair-do, fresh, as you look when you pay a little attention to yourself, and I fear to find you different when I come back.
Hanna-Hélène Goldberg

[undatiert]
Wenn man seine „Kumpel" hatte, die einander halfen, manchmal unter Einsatz des eigenen Lebens… und

dann, mein Freund, wird plötzlich vor deinen Augen einer deiner Kumpel umgebracht, auf die furchtbarste Weise ermordet... Was dann?!...

Man wollte nur eins tun... Sich auf den Mörder stürzen und mit ihm zusammen sterben... Das kam auch dann und wann vor, aber am Ende gab es dann nur einen Toten mehr... Nein, das war keine Lösung! So würden wir alle im Nu sterben...

Also schaute man zu, wie der Kamerad langsam starb, und man starb sozusagen mit ihm... Im Zuschauen fühlte man, wie man selbst starb... und doch lebte man weiter... Man fasste sich wieder, man richtete sich auf... Man überlebte.

Und wenn man immer wieder so stirbt, sagen wir mindestens 90 Mal, dann wird man, ob man möchte oder nicht, ein anderer Mensch. Aber Tausende von uns starben dort... Zehntausende... später sogar Hunderttausende. Wie komisch erschienen uns die Außenwelt und ihre Menschen, die sich mit Dingen abgaben, die uns völlig irrelevant vorkamen. So verbanden wir uns mit emotionalen Knoten.
Witold Pilecki

07. April 1943
Wir wurden beim Grenztor nicht durchgelassen. Bubi und ich wurden auf den Platz der Opfer geführt und waren überzeugt, nicht lebend zurückzukommen. Viele wurden an Ort und Stelle erschossen. Wir flüchteten, und es gelang uns zu entkommen. Ich kam glücklich ins Büro. Dort saß ich nun, und da draußen warteten Tausende auf den Tod. Ach, wie soll ich Euch das schildern? Nachmittags erfuhr ich, dass Mama und Papa auf dem Platze gesehen wurden. Ich musste weiterarbeiten, konnte nicht helfen. Da habe ich geglaubt, verrückt zu werden. Aber man wird nicht verrückt. Dann hörte ich, dass man nichtarbeitende Frauen – also bloß Hausfrauen – nicht herausbekommen konnte. Sollte ich nun trauern und weinen, dass ich meine Mutter verloren oder mich freuen, dass ich noch den geretteten Vater hatte? Ich wusste es nicht. Kann man das noch begreifen? Kann man das noch verstehen? Sollten nicht normalerweise Hirn und Herz platzen?

Nun lebten wir ohne Mutter weiter. Die treue, gute Seele, das gute Mutterherz!...

Inzwischen kamen die alltäglichen Sorgen und der weitere schwere Kampf ums blöde, sinnlos gewordene Dasein. Man musste wieder übersiedeln, das Ghetto wurde zum anderen Male verkleinert. Denn die Wohnungen der Ermordeten waren doch nun frei geworden. Und – man lebte weiter. Am 5. November

war Sonntag. Ganz unverhofft, um 11 Uhr vormittags, wurde das Ghetto umzingelt und der Tanz begann aufs Neue. Ich hatte damals besonderes „Glück". Ohne von einer Aktion etwas zu ahnen, bin ich sage und schreibe – zehn Minuten bevor das Ghetto umzingelt wurde hinausgegangen. Mit der Zeit gewöhnt man sich an die Verhältnisse. Man wird so abgestumpft. Wenn man von den Allernächsten jemand verlor, reagierte man kaum mehr. Man weinte nicht, man war kein Mensch mehr, ganz aus Stein, ganz ohne Gefühl. Keine Nachricht machte Eindruck. Man ging sogar schon ganz ruhig zum Sterben. Die Leute auf dem Platze waren gleichgültig und ruhig.
[unbekannt]

08. Juli 1944
My dear Brother!
I am well. You must take care of your health.
I kiss you
Oliver Lusztig

Verfasst unter Zensur.

13. Mai 1943
Mutter, Du weißt, wie ich das Leben, die schöne Heimaterde und alles Gute und Schöne überhaupt geliebt habe! Und nun, da ich es lassen muss, so bitte ich Dich ganz tief und inständig: Liebe es! Liebe das Leben, das schöne, liebe es nun doppelt stark und für mich mit! Und weine nicht, bitte, meine liebe Mutter, weine nicht! Nimm Dein Leben in beide Hände und lebe es zu Ende. Das müssen wir. Auch ich musste es. Ich bin voll gütiger, froher Zuversicht, nun bald Vater zu begegnen und Sven und Siegfried, meinen toten Freunden.
Heinz Strelow

16. Oktober 1944
After Jisrael (eldest brother, who died at nineteen) it is now my turn together with my father, mother and Sorele (sister). I hope you will survive us. Farewell and forgive me if ever I have offended you. (For the first time my eyes begin to fill with tears. I am careful not to cry as there are others present.) Because I loved you and I see you as you smile, (the vein on your brow is swelling) as you are thinking, as you eat, as you smoke, as you sleep and I feel great tenderness, great love and my eyes are filled with tears. Farewell.
Pinchas Eisner

31. Juli 1943
Dir, meine Liebe, danke ich sehr für die mütterliche Fürsorge mit der Du mich seit Beginn meines Aufenthaltes in Lwow umgeben hast. Du wirst die einzige Vertreterin unserer ganzen Familie sein, die überlebt. Alle anderen sind der Reihe nach gegangen, und ich werde den Zug beenden müssen, mutig in diese Reihe tretend auf dem Weg in die Ewigkeit.
[unbekannt]

[undatiert]
All the time I think of our relatives and am curious to know what has happened to them, and what has befallen those whom I think are still at home. I think not only of those living but also of the dead. Nobody visits the cemetery. I envy the dead, who are at least spared the sufferings. I often think of grandmother and the aunts, and, if I were to receive news from them, this would calm my worries.
Lenka Szpigel

08. September 1943
Lieber Gilbert, wenn Du diesen Brief erhältst, werde ich nicht mehr sein. Es ist tragisch, aber wahr. Ich weiß, dass Euer Leid beim Lesen dieses Briefes schrecklich sein wird, aber ich gehe von hier, während all meine letzten Gedanken auf Euch gerichtet sind. Mein Herz blutet, wenn ich daran denke, wie sehr meine Eltern schon meinetwegen gelitten haben und wie groß ihr Leid sein wird, wenn sie diesen Brief lesen werden. In diesem Brief findet ihr einen letzten Ausdruck meiner Liebe zu Euch und zu meiner ganzen Familie. Mein Tod wird mir leichter fallen, wenn ich weiß, dass ihr gesundheitlicher Zustand gut ist und sie vor Armut geschützt sind.
Ich möchte diese Qual nicht in die Länge ziehen, Ihr sollt wissen, mein letzter Wille ist, dass meine Eltern den Alptraum überstehen und ein glückliches und leichtes Leben haben mögen, so wie sie es verdient haben.
Mauricio Rosenzweig

03. September 1941
Ich und Mutter küssen Euch alle ganz fest und bitten, dass Ihr, wenn Ihr zurückkommt, Euch nicht hier aufhaltet, auf dem Boden unserer Eltern. Flieht vor den Erinnerungen, vom Ort unserer Qualen, wie vor der Pest. Beweint unser Schicksal und versucht, Euer Leben

einzurichten.
Bluma

06. April 1944
Mein lieber guter Erich!
Ja, das bist Du immer für mich gewesen vom ersten Tag, da ich Dich kennen und lieben lernte, vor nun 32 Jahren. Eine lange Zeit und doch so kurz jetzt, wo wir uns vielleicht – Du siehst, ich klammere mich noch an das kleine Wörtchen – niemals wiedersehen. Also war unser Transport von Holland nach Deutschland auch unser Abschied. Du hast es wohl geahnt, als Du mir in Kleve Deine Uhr gabst, aber ich hatte neue Hoffnung, als ich Dich wiedersah. Liebster, mir blutet das Herz, dass ich Dir diesen Brief schreiben muss, doch ich hoffe, dass er für Dich ein, wenn auch nur kleiner, Trost sein wird. Wir wollen gemeinsam an unsre schönen Jugendtage in Leipzig, an schöne Pfingstfahrten in den Thüringer Wald denken. Dann unsre Stuttgarter Zeit mit all den lieben Freunden, Max, Emma und wie sie alle hießen. Dann kamen unsre Kinder, Deine Tochter, sie sind es so ganz, das zeigt sich jetzt, ohne sie wäre das Leben für mich nicht zu ertragen. Und unsre Enkel, wir kennen sie ja leider noch nicht. Doch einmal wird sich ja das Tor der Freiheit auftun, und dann werde ich sie in meine Arme nehmen und Dich in ihnen an mein Herz drücken. Weißt Du, Liebster, woran ich oft denken muss, an das Foto, das wir in Amsterdam machen lassen wollten. Der Freitag wurde unser Schicksalstag, wo es vielleicht geschehen wäre. Aber ich habe ja Dein Bild, Dein schönstes in meinem Herzen, und mit einem Foto mit mir, wird uns ein guter Fotograf doch noch ein gemeinsames Bild machen, damit unsere Kinder ein gemeinsames Bild von uns haben. Denk an Deine herrliche Wanderzeit, ich habe ja Dein Tagebuch, und wenn ich es lese, wirst Du neben mir sitzen, und Du wirst Deinem „Nieselpriem" das, was sie nicht versteht, erklären.
Liebster, wie schön waren unsre Ferientage, die wir zusammen mit unsren Kindern in Oberbayern verlebten. Weißt Du, einmal fanden wir auf unserem Weg zu Marie und Toni in einer Tannenschonung so viel Erdbeeren, dass wir sie unmöglich aufessen konnten. Da sammelten wir alle in ein großes buntes Taschentuch von Dir und kamen damit zu unseren Freunden, und zusammen mit ihnen, denn Marie hatte nicht nur Kaffee und Kuchen, sondern auch eine Schüssel mit Schlagsahne bereit, haben wir einen Götterschmaus gehalten. Und dann unsre Bergtour nach dem „Hohen Göll". Sie wird uns unvergessen bleiben. Wie herrlich

rein und weiß ist die Welt, wenn man so hoch über ihr steht, wie beneide ich jetzt die Vögel, die fliegen können, wohin sie wollen.
Schön waren auch die Pariser Tage, wie habe ich genossen, wenn ich unter Deiner Führung durch ein Museum, durch ein schönes Schloss oder eine besonders schöne Gegend ging. Du wusstest alles, und ich kam mir manchmal schrecklich dumm neben Dir vor. Und das gibt ja eine Frau nicht gern zu. Nun möcht ich Dir für jedes unfreundliche Wort tausend liebe Worte sagen. Aber so ist der Mensch, erst wenn er etwas verlieren soll, weiß er, was er besessen hat. Neben diesen schönen Erinnerungen ist das Leben für Dich von frühester Jugend an nur Arbeit und Mühe gewesen. Du hattest früh die Mutter verloren und solltest nun, wo Du Kinder und Enkel hast, erst reichlich die Liebe vergolten bekommen, die Du als Kind missen musstest. Das hat Dir das grausame Schicksal nicht gegönnt.
Liebster, meine Gedanken sind Tag und Nacht bei Dir. Ich wünsche mit meinem ganzen Herzen, mit jeder Faser meines Lebens, dass das Schlimmste, Dein Tod, verhindert wird. Ich weiß nicht, wie das geschehen soll, denn an Wunder glauben wir ja beide nicht. Und doch kann der Gedanke, Dich nicht mehr, niemals mehr zu sehen, keinen Platz bei mir finden, dazu haben wir uns zu lieb.
Mein lieber, guter Erich, ich umarme Dich ganz ganz fest, so wie Du mich oft in Deinen Armen gehalten hast, und küsse Dich innig, Dir von ganzem Herzen dankend für die große Liebe, die Du in mein Leben gebracht und mit der Du mich unnennbar glücklich gemacht hast. Ich werde Dich lieben, solange noch ein Hauch Leben in mir ist.
Deine Erna
Hab Dank, tausend Dank!
Erna Gentsch

[undatiert]
Liebe Mutter!
Wenn Du diesen Brief erhältst, lebe ich nicht mehr. Ich hoffe und wünsche von ganzem Herzen, dass Du diese Nachricht ebenso ruhig und gefasst aufnimmst, wie ich heute Mittag die Mitteilung von meiner heute Abend zu vollziehenden Hinrichtung entgegennahm. Sei überzeugt, dass ich bis zum letzten Augenblick mich in der Gewalt haben werde, und ich erwarte fest, dass auch Du nicht und niemals verzweifeln wirst, was auch kommen mag. Du schriebst einmal, wir zwei bilden eigentlich eine Einheit, und dies ist auch mein unverbrüchlicher Glaube. Diese Verbundenheit kann nun auf

ewig nicht mehr getrennt werden. Bei unverdorbenen Völkern herrscht der schöne Glaube, dass man nach seinem Tode in den Schoß der Mutter zurückkehrt. Dies habe ich, wenn auch in übertragenem Sinne, zu meinem Glauben gemacht. Denn sich, wenn es eine überirdische Macht gibt, so sind wir doch alle nur Ausdrucksformen Gottes. Mit unserem Tode vereinigen wir uns wieder mit dem Ursprung, der eine früher, der andere später. So sind auch wir von nun an wieder unzertrennbar vereint. Wir haben alle hier auf Erden eine Aufgabe zu erfüllen, und meine Aufgabe ist nun erfüllt. Ich komme zu Dir zurück.

Dir aber wünsche ich, dass Dir noch in einem recht langen Leben viel Gutes und Schönes beschert werde, dass Du Dir Deinen Lebensmut und Deine Lebensfreude nie rauben lässt und das Du dereinst genauso ruhig und zuversichtlich den unvermeidbaren Gestaltwechsel vollbringst, wie ich ihn zu vollbringen hoffe. Herzlichste Grüße an Dich auf immer von Deinem
Hanno

Hanno Günther

[undatiert]

Liebe Dora, liebe Kinder und liebe Eltern!
Wenn Ihr diesen Brief bekommt, so bin ich nicht mehr unter Euch. Sei tapfer, liebe Dora, wie Du es stets warst. Nimm Dich der Kinder an, sage ihnen, dass ich alles nur für sie und ihre Zukunft getan habe. Ich habe stets das Gute, das Beste gewollt. Euch, meine lieben Eltern, hätte ich gerne wiedergesehen, aber nun soll es nicht sein. Liebe Kinder! Gebt ihnen Liebe und liebt auch Euch untereinander.

Es wird die Zeit kommen, wo auch Ihr mich verstehen werdet und wo ich gerechtfertigt sein werde. Ich habe nur das Gute, Schöne und Edle gewollt, ich habe Euch geliebt, unser Vaterland und das deutsche Volk. Viele sind vorausgegangen, aber keiner wird den Weg umsonst gegangen sein! Ich trage an keiner Schuld gegenüber der Menschlichkeit, und das macht mich stark. Mein Gewissen ist rein!

Ich wünsche Euch, meine Lieben, und dem deutschen Volk und meiner Heimat eine schöne Zukunft.
Euer Otto und Vater

Otto Haase

[undatiert]

Meine Lieben!
Als ich Euch vor 14 Tagen vom Erhalt meiner Anklageschrift schrieb, hoffte ich, Euch auch rechtzeitig meinen Termin mitteilen zu können. Wider meines und

auch meines Rechtsanwalts Erwarten ging jedoch alles viel schneller.
Ich erfuhr erst am 31. 7., das ich am 5. 8. Verhandlung in meiner Sache habe, und so ist nun die Entscheidung gefallen, und sie ist die härteste, die es geben kann. Inwieweit Euch Herr Dr. Heinz Bergmann, mein Verteidiger, etwas mitgeteilt hat, weiß ich nicht, und einmal müsst Ihr es ja erfahren.
An Dich, liebes Gretelein, richte ich den Brief, weil es mir gar so schwer fällt, den Eltern, und unserer lieben Mutter insbesondere, die harte Entscheidung so überraschend mitzuteilen. Du bist noch jünger und auch stark genug, um diesen ersten Schmerz, wenn er Dich allein trifft, auch zu überwinden. So hat also der 1. Senat des „Volksgerichtshofes" auf die Höchststrafe erkannt, das heißt, ich werde meinen letzten Gang gehen müssen.
Das Gesetz war gegen mich, und das Urteil ist endgültig, es gibt keinen Einspruch, nur der ungewisse Gnadenweg bleibt. – Ich bin ruhig und gefasst, wenn auch mein Herz gar so schwer wird, wenn ich an Mutter, die liebe, gute, denke und an Euch alle in der Heimat und an den Schmerz, der Euch gerade jetzt treffen muss. Ich kann Dich, liebes Mütterlein, und Euch alle meine Lieben nur bitten, seid auch weiterhin tapfer, tapfer, tapfer und tragt alles aufrecht.
Ich verspreche Euch gewiss, alles unverzagt bis zum Letzten zu tragen.
Rudolf Hallmeyer

25. September 1942
Aber ich habe auch Freunde. Das sind zwei Kollegen, mit denen ich hierher gekommen bin. Einer, ein Jahr jünger, der andere zwei Jahre älter als ich. In ihnen habe ich wirkliche Freunde gefunden. Sie sind da, im Unglück wie auch im Glück. Zwischen uns gibt es keine Geheimnisse, es kommt nie zu einem Zweifel. Wie Ihr wisst, war ich sehr schwer krank. Ich habe ihnen viel zu verdanken, aber, was ich wieder hervorhebe, es geht hier nicht um materielle Hilfe, die auf jeden Fall nötig war, aber sie haben mich so gut die konnten geistig gestärkt. Sie haben mir nicht einen Moment gestattet, finstere Gedanken zu hegen, sie haben einfach mein Gesicht vor dem Antlitz des Todes versteckt.
Janusz Pogonowski

12. Januar 1945
Meine liebe Dora, Kinder und Eltern!
Wenn Ihr meine Zeilen erhaltet, dann ist das Urteil gegen mich bereits vollstreckt, und zwar heute 18 Uhr. Es

ist also nun Tatsache, dass Ihr das spätere Leben ohne mich fortsetzen müsst Ihr dürft nun nicht haltlos weinend vor diesem Leben stehen, sondern trotz alledem mutig und entschlossen das Schicksal meistern. Ich vertraue in dieser und jeder anderen Weise auf Euch, das lässt auch mich ruhiger und gefasster sein. An die Eltern beiderseits recht herzliche Grüße und vielen Dank, auch sie müssen die Dinge mutig behandeln. Du, liebe Dora, leb wohl, darfst jedoch nicht verzagen, denn Du sollst den Kindern noch lange helfen.
Ihr, liebe Kinder, versucht bitte in Eurem Leben recht vollkommene Menschen zu werden, ich wünsche Euch von Herzen dazu das Beste. Auch bin ich überzeugt, dass Ihr unserer lieben Mama immer nach besten Kräften helfen werdet. Ich habe mich am Mittwoch über den Besuch von Dir, lieber Heinz, noch sehr gefreut. Dass Gerhard nicht mit vor durfte, war sehr schade. Nun lebt alle recht wohl, ich drücke Euch allen zum Abschied fest die Hände und verbleibe mit vielen herzlichen Grüßen und Küssen
Euer Arthur und Vater
Viele herzliche Grüße an meine Brüder mit Familien sowie an alle Bekannten und Verwandten.
Die mit mir Verurteilten sind auch bei mir und teilen dasselbe Los.
Arthur Hoffmann

November 1942
Ich biete alle Kräfte auf, um durchzuhalten und endlich frei zu sein. Ich missgönne niemandem die Freiheit, aber ich fühle mich so sehr einsam. Der Tod wäre für mich nicht so schrecklich, wenn ich wüsste, dass ich Euch in meinen letzten Augenblicken sehen könnte.
Janusz Pogonowski

04. November 1936
3:45 Uhr morgens
Allerliebste und allertreueste Mutti!
Vielen Dank noch für Deine letzten Grüße aus Paris, und nun meinen Brief, der allerletzte, den ich überhaupt schreibe. Ich weiß leider nicht Deine Adresse, aber der Rechtsanwalt de Bock aus Brüssel wird Dich schon zu finden wissen.
Alles, was ich denke und fühle, weißt Du; deshalb will ich auch nur diese wenigen kurzen Sätze schreiben. Dass ich bis zum Ende der alte bleibe, weißt Du, nur eins will ich noch tun, Dir danken für die zehn schönen Jahre, ja, auch die Jahre, die ich hier verbracht habe. Stets hast Du mir, einer Heldin gleich, treu, tapfer und mutig zur Seite gestanden, und Dir habe ich es nun am

meisten zu verdanken, dass ich bis zur letzten Stunde gerade und tapfer bleibe. Jeden erreicht das Schicksal, den einen so, den anderen anders, den einen früher, den anderen später. Mein Wunsch ist es, dass Du keine Trübsal bläst, suche und finde einen treuen und tapferen Menschen, der weiterhin Dir Stütze und Freund sein soll. Du sollst keine ewige Witwe bleiben, bis zuletzt weiß ich, dass Du oft und gern an Deinen alten Freund und treuen Kameraden denken wirst.
Bis zu Ende bleibe ich ein ehrlicher Kerl, habe mich bis zuletzt verteidigt und kehre ins Nichts zurück ohne irgendwelche Gewissensbisse.
Lebe wohl, liebe, treue, tapfere und gute Mutti. Viele herzlichste und treueste Küsse; grüß meine Pariser Freunde.
Meine letzten Gedanken sind bei Dir. Warum noch viel darüber schreiben, Du weißt, dass nur noch eins über Dir stand. Von Menschen aber bist Du mir das Höchste gewesen. Lebe wohl, glücklich, lange und froh.
Noch einmal drücke ich Dich fest ans Herz, meine Augen auf Deinem vor mir liegenden Bild.
Bis zuletzt Dein Edie
Edgar André

13. Mai 1943
Meine liebste, gute Kläre!
Langsam vergeht der schöne Frühling, die Welt verblüht und mit ihr alles Leben. Was schön war oder doch so schön schien, vergeht, muss vergehen im ewigen Kreislauf. Als ich von Russland wieder nach Berlin kam, leuchteten die Herbstfarben, doch nach dem Winter kam der Frühling wieder. Es war schön, noch einmal die Blüten zu sehen. Das Leuchten und Schimmern da draußen und Deine Briefe und die schönen Bilder waren in all den Stunden und Tagen hier eine große Freude. Eine tiefe Sehnsucht nach Euch, Euch wenigstens noch einmal zu sehen, war da, doch leider nicht mehr erfüllbar. So habe ich von der Erinnerung an alle die vielen herrlichen Stunden mit Dir, Du Gute, und den Kindern gezehrt, und ich bin immer wieder alle die Wege gegangen, habe noch einmal die Zeiten durchlebt, die wir beide zusammen gegangen sind. Habe Dank, Liebe, für alles dieses Schöne, für alle Liebe und Güte, die Du mir geschenkt hast, vor allem habe Dank für die drei kleinen Spatzen, die nun unseren Namen weitertragen. Deine Berichte von Euch ließen mich trotz aller räumlichen Trennung Euer Leben mitleben. So hatte ich Anteil an Eurem Ergehen. Die kleinen Spatzen, der Peter, Marthalein und der kleine, süße Helmut, geben Dir, liebe Kläre, nun eine große, schwere Aufgabe, eine

Pflicht, der Du Dich, das weiß ich, nicht entziehen wirst, auch wenn ich, durch das Schicksal gezwungen, Dir nun nicht mehr dabei helfen kann. Liebste, tapfere Frau, ich kann mich nicht mehr rechtfertigen vor Dir, Dir nichts mehr erklären, das Leben läuft weiter, manchmal scheinbar unträgbar schwer. Und wenn es Dir auch nun unträgbar scheinen mag, verzage nicht. Siehe, ich lebe in den Kindern weiter, hüte und trage sie, soweit es in Deinen Kräften steht, lebe mit ihnen und für sie, dies ist meine letzte Bitte an Dich, und alle Lieben und Freunde, soweit sie in irgendeiner Form Anteil nehmen können und wollen, werden Dir dabei helfen. Den guten Onkel Artur bitte ich besonders, sich der kleinen Spatzen anzunehmen und ihnen und Dir zu helfen, soweit er dies mag und kann.

Langsam rinnen die Stunden, die letzten im Leben eines Menschen, und doch bin ich ruhig, und wenn auch niemand weiß und sagen kann, was nun kommt, so weiß ich, dass das Leben mit Dir ein Leben ausfüllen konnte und auch meinem Leben einen wunderbaren Inhalt gegeben hat, dafür möchte ich Dir immer wieder noch einmal danken.

Wie sich Euer Leben weiterhin gestalten wird, ist ungewiss, wie das Schicksal der Kinder ablaufen wird, weiß noch niemand. Ich kann Dir auch nicht vorschreiben noch Dich um bestimmte Wege bitten, alles musst Du selber entscheiden, und ich weiß, fühle es, Du hast die Kraft und Stärke zu diesen Entscheidungen und wirst Euer Leben gestalten in diesen entscheidungsschweren Zeiten. Doch nach ihnen werden wieder glücklichere, friedlichere Tage kommen und es lebenswerter machen, als es heute vielleicht scheint. So wirst auch Du, liebe Kläre, und mit Dir alle Lieben, über die ersten Schmerzen hinwegkommen. Liebste, vergiss niemals, das Leben läuft weiter, und es wird für Euch auch wieder schön werden.

Liebste, ich möchte Dir noch so viel sagen – wo beginnen und wo enden. Doch ich weiß, es bedarf nicht vieler Worte. Der tiefste und letzte Sinn des Lebens ist nach meiner Ansicht ein Weiterstreben, eine in die Tiefe und Breite gehende, vor allem geistige Entwicklung eines jeden einzelnen Menschen und darüber hinaus der Völker, ja der ganzen Menschheit. In diesem Sinne dachte ich an glücklicheren Tagen mir auch die Erziehung und Formung unserer Kinder. Danach vor allem versuchte ich auch zu streben in meinem bisherigen Leben. Nun bricht es ab, ob das, was ich erreicht habe, gut und richtig ist, vermag ich nicht mehr zu beurteilen, alles Leben ist ja ein Kranken und Wiedergesunden, ein Auf und Ab. So bitte ich Dich, auch die schwere Zeit, die

vor Dir liegt, zu sehen, und ich hoffe sehnlichst, dass weder Du noch die Kinder unter meinem Schicksal zu leiden haben werden. Sei stark und tapfer, wie Du bisher warst, und schenke alle Liebe, die mir gilt, unseren Kindern; ihr Wachsen und Gedeihen, ihre Entwicklung wird Dir neben unendlicher Arbeit auch viele tiefe Freude bringen. Sie werden Dein Herz ausfüllen, und mit ihnen wird auch Dein Leben reich und froh werden. Du liebe, liebste Kläre, noch einmal möchte ich Dir sagen, wie glücklich und froh ich mit Dir war. Du gabst mir Jahre voll tiefsten Glückes, voll tiefster Liebe. Auch ich glaubte niemals vorher, dass ein Mensch so viel Liebe verströmen könne, und auch ich habe Dich geliebt, Dich und die Kinder, wie ich nur Liebe geben konnte. Verzeih, wenn manchmal ein raues, hartes Wort fiel, verzeihe und denke manchmal in stillen Stunden an mich. In tiefster Liebe, lebe wohl, Du Gute!
Dein Karl
Karl Behrens

[undatiert]
Richte deine Augen dorthin, in jene Richtung. Siehst du dort den schwarzen Rauch, der sich über den Schornsteinen erhebt? Eben dort ist der Ort, wo sich deine Nächsten und teuersten befinden.
[unbekannt]

Aussage Dokumentiert von Salmen Gradowski.

[undatiert]
Ist es möglich, dass ein solcher Sadismus existiert, um Tausende. Hunderttausende unschuldiger Menschen zu töten? Wie glücklich wären wir, wären wir mit ihnen vereint. Wie glücklich wären wir, hätte man uns nicht getrennt und könnten wir, ungeachtet des Grauens und seiner Grausamkeit, das gemeinsame Schicksal teilen.
[unbekannt]

Aussage Dokumentiert von Salmen Gradowski.

Damm von Harmense, Auschwitz

5. Letzte Wünsche

[undatiert]
Schwesterlein!
Dank für Deine Zeilen. Warum aber so kleinmütig? Du haderst mit den Verhältnissen, die Dir den Bruder nehmen. Warum willst Du nicht verstehen, dass ich dafür sterbe, dass viele nicht mehr einen frühen und gewaltsamen Tod sterben brauchen? Noch ist es nicht so, doch hilft mein Leben und Sterben es bessern. Es kann und darf nicht Eure Aufgabe sein, mein Sterben zu bejammern, denn nur dann – wenn Ihr es bejammert – ist es nutzlos und verfehlt. Voll erfüllt es seinen Zweck, wenn Ihr es ganz verstehen lernt. Darin kann sich all Eure Liebe und Achtung zu mir zeigen: im Verstehen und Bemühen, gleich mir zu denken und zu handeln. Je besser und je tiefer Ihr das vermögt, um so eher werden Angehörige aufhören können, die Ihren zu beweinen, die gestern und heute fielen und die morgen in noch größeren Massen fallen werden. Denn dann wird dieses Fallen aufhören, aber auch nur dann! Es muss dieses Begreifen nicht mit neuen Strömen von Blut erkauft werden. Es wird es aber, wenn dieses Begreifen nicht sehr bald eintritt. Mein Bemühen war, eine solche Katastrophe zu verhindern. Ich wurde gehindert, es fortzusetzen. Damit kann und wird jedoch die Vollendung nicht gehindert werden. Zurück lässt sich das Rad der Entwicklung nicht drehen. Die Menschen werden in kurzem begreifen lernen, dass es sich nicht einmal ungestraft aufhalten lässt.
Herzliche Grüße Euch allen
Fiete
Fiete Schulze

08. September 1944
Mein Liebling! Nun ist die letzte Stunde gekommen…
Ich kann Dir nichts mehr raten, nur bitten, dass Du den Kindern die Jugend so froh als möglich gestaltest, was bei aller Einschränkung möglich ist. Denk an Deine

eigene Jugend [...] Und nun noch Dir aus übervollem Herzen Dank für Deine Liebe, die mein Leben verschönte. Sei tapfer und bewahre mir Deine Liebe bis an Dein Lebensende...
Ich muss Schluss machen, Grüße alle, die ich liebte und die mich geliebt und geschätzt haben, die Mütter und Geschwister insbesondere, Freunde und Untergebene. Ich umarme Dich und die Jungens in Gedanken als Dein Dir unendlich dankbarer Ulrich-Wilhelm

Abschiedsbrief an seine Frau.

Ich bestimme ferner, dass an der Stelle im Kieslager meines Sartowitzer Forstes, wo die Ermordeten aus dem Spätherbst 1939 ruhen, sobald die Zeitumstände es erlauben, ein sehr hohes Holzkreuz aus Eiche gesetzt wird mit folgender Inschrift:
Hier ruhen 1 400 - 1 500 Christen und Juden
Gott sei ihrer Seele und ihren Mördern gnädig
Ulrich-Wilhelm Schwerin von Schwanenfeld

Aus dem Testament.

22. April 1944
In meinen Fieberträumen entwerfe ich unentwegt Modellkleider. Vor mir steht ein rotblondes Mädchen in hellgrauem Rock, dunkelgrüner Seidenbluse und weißem „Palmbeach-Jäckchen". Mit ihren langen, braunen Beinen steigt sie in ein Auto, das sie zu einem „weekend" an die See bringt. Ich rieche den kräftigen, salzigen Meereswind, er ist stärker als der Gestank der Kohlrabi hier, übertönt das „Achtung" und lässt mich Strohmatratze und Heimweh vergessen. Die Schwester sagt, ich habe immer noch Temperatur, 39,5°, aber ich spüre eine Besserung Paul ist ebenfalls krank. Ich habe ihn seit vier Tagen nicht gesehen.
Renata Laqueur

04. September 1942
Ich wollte mich von hier ein bisschen früher als vorgesehen frei machen. Ich wollte das noch in diesem Jahr tun. Aber nach ein paar Tatsachen, dass die Familien derer, die geflohen waren, erschossen wurden, habe ich meine Absicht gelindert. Es tut mir sehr leid, denn zur Flucht habe ich täglich Gelegenheit. Doch ich will vor allem Lala und in zweiter Linie Dich und die Tante nicht in Gefahr bringen. Die Freiheit für diesen Preis wäre für mich keine Freiheit. Ich bedauere, dass ich nach meiner Verhaftung als privilegierte Adresse, an die ich nur schreiben kann, die von Lala angegeben habe. Hätte

ich das nicht getan, wäre ich schon lange bei Euch.
Euer Janusz
Janusz Skretuski-Pogonowski

04. Mai 1943
Gestern ist nichts Besonderes passiert. Am Mittag war ich kurz mit meiner Freundin in der Baracke für die alten Leute, aber was sich dort abspielt, ist mehr als traurig. Die alten Leute sterben dort in Massen. Die Barackenleiterin, eine Bekannte von mir, erzählte mir das eine oder andere. Sie bestehlen einander wie die Raben. Nachts decken sie sich mit Kleidungsstücken zu, die sie sich gegenseitig wegnehmen. Ein trauriger Anblick, wenn man sieht, wie die Alten so versuchen, das Nötigste zusammenzuraffen. Und immer wieder drängt sich mir die Frage auf, wozu das alles nötig ist. Wofür müssen diese armen Menschen büßen? Was haben sie Schlimmes getan? Der Obersturmführer kam herein, und als „Achtung" gerufen wurde, zitterten die alten Frauen vor Angst. Unter ihnen gibt es einige, die ganz aufgeweckt sind und genau wissen, wie es um sie steht. Aber das sind nicht so viele. […]
Ich hoffe inständig, dass alles, was ich hier aufgeschrieben habe, einmal die Außenwelt
erreicht. Nicht um Propaganda zu betreiben, sondern nur, damit diejenigen, die von diesen Zuständen nichts wissen (und davon gibt es noch genug), davon erfahren. Wenn es einmal so weit kommt, dann kehren wir zumindest wieder in die Gesellschaft zurück. Für heute höre ich auf, denn gleich müssen wir zum Appell antreten. Diese Aufzeichnungen muss ich gut aufbewahren; ich darf gar nicht daran denken, was passiert, falls sie dieses Büchlein finden.
Klaartje de Zwarte-Walvisch

Ihr Schwager konnte aus Westerbork nach Amsterdam zurückkehren und die Hefte retten.

08. November 1944
Wenn wieder ruhigere Zeiten sind, lasst mir einen Grabstein errichten, mit der Inschrift der 7. Seligkeit.
Karoline Redler

05. Januar 1943
Das Kind von Gerda B. ist gestern gestorben. Ich habe es erst nicht gewagt, ihr zu kondolieren, später wollte ich nicht von ihr weg, weil sie so tapfer ist.
Nach dem Krieg möchte ich in einer langweiligen Pension mit älteren Leuten wohnen (Jan Tabak) und Kirschkuchen zum Tee essen.

Halb tot bin ich also auch schon. [...]
15. Februar 1943
Ich bin todmüde, hungrig und ratlos – aber irgendwo ist ein Stück meines Selbst, das allerwichtigste, ruhig und unversehrt.
Loden Vogel

16. Oktober 1944
You said that, if I die, you will kill yourself. Think of what I told you, that if you stay alive I will live on within you. I would have liked to continue my life, with you and with our family, plans, desires, hopes were before me. I longed for the unknown. I would have liked to know, to live, to see, to do, to love.… But now it is all over.
Pinchas Eisner

11. Juli 1944
On leaving the ghetto and taking a step between life and death, left behind me a few photos of my nearest ones in the hope that somebody would find them while digging and searching in the earth, and that this person would be so kind as to transmit them to one of my relatives or friends in America or Palestine, if there will still be any of them left. My name is Frieda Niselevitch, born in Vaiguva.
Frieda Niselevitch

29. Mai 1944
Mein Ältester und Erstgeborener!
Noch spiele ich mit der Hoffnung, dass ich meine Notizen noch selbst zu Lebzeiten werden drucken können. Doch sollte sich mein Schicksal eines Tages gegen mich wenden, so liegt es an Dir, die Arbeit zu vollenden. Daher gebe ich Dir nun mein Testament, was Du nach meinem Tod tun sollst.
Zunächst einen Experten zu finden, einen gebildeten und ehrlichen Mann, der das gesamte Material druckfertig macht …
Zweitens, hinsichtlich der Immobilien, die in Shavli verblieben sind. In dieser Angelegenheit musst Du gemeinsam mit meinem Bruder Lipa vorgehen. Er wird sicherlich die notwendigen Mittel einzusetzen wissen, damit unser Land an die Eigentümer zurückgeht. Du musst Dich in dieser Sache grundsätzlich mit ihm beraten. Falls Ihr entscheidet, dass einer von Euch dorthin fahren soll, so vergiss nicht, vom Eigentümer unseres Wohnhauses … Entschädigung zu fordern für Gegenstände, Möbel, Hausrat, Bücher und ein großes Speiselager, das Mutter dort im Haus zurückgelassen hat, be-

vor sie nach Kovna fuhr. Das gesamte Vermögen ergibt eine hohe Summe, die muss bis zum letzten Pfennig von ihm gefordert werden.
Nechemia

16. Oktober 1943
Dear Wanda,
Help Granny.
For the moment we cannot come.
Hela Stach
We are alive.
Auschwitz 16 October 1943
Helene Cohen

[undatiert]
Auf der Straße lief ich eines Tages zufällig Stawek (Slawek Szpakowski) über den Weg, der neben mir in Auschwitz die Spitzhacke geschwungen hatte, während wir von dem opulenten Mahl träumten, zu dem er mich in Warschau einladen wollte, wenn wir nur erst wieder frei wären. Wir waren beide Optimisten; damals waren unsere Träume wilde Phantastereien gewesen, aber jetzt standen wir uns hier in Warschau tatsächlich gegenüber, beide wohlauf. Als er mich sah, ließ er fast das Paket fallen, das er trug. Wir aßen dann mehrmals bei ihm, und das Menü war genau das, von dem wir damals in der Hölle geträumt hatten…
Später und an einem anderen Ort traf ich auf Kameraden, die fast bis zur Befreiung des Lagers in Auschwitz gewesen waren. Es war Musik in meinen Ohren, was sie über die Nachwirkungen des Ausbruchs aus der Bäckerei erzählten. Das ganze Lager hatte gelacht, als die Wachmannschaften so übertölpelt worden waren, und es hatte niemand unter Vergeltungsmaßnahmen zu leiden gehabt! Außer natürlich den beiden diensttuenden SS-Wachen, die im Bunker gelandet waren.
Witold Pilecki

11. Juni 1943
Sucht die Leichname der Gefallenen. Wenn Ihr uns nach Eretz Israel bringen könnt, so wäre das die Erfüllung meines Traums.
Mosche Ecker

11. Juli 1944
Zum Zeitpunkt des Auszug aus dem Ghetto, der Schritt zwischen Leben und Tod, habe ich einige Fotografien meiner liebsten Menschen hinterlassen, in der Hoffnung, dass sie jemand rechtzeitig findet, der im Boden gräbt und sucht, und in der Hoffnung, dass jener

Mensch sie an einen meiner Verwandten oder meiner Freunde in Amerika oder in Eretz-Israel weiterleitet, wenn noch einer von Ihnen übrig bleibt. Mein Name ist Frieda Nisselewitsch, in Weigebe geboren.
Frieda Nisselewitsch

10. August 1942
Mein liebes Mucklein, ich bete zu Gott, dass Du eines Tages einen guten Mann finden mögest, der Dich glücklich macht. Ich hoffe, dass Du die deutsche Sprache vergisst, und wenn Du Kinder hast, dass auch sie niemals diese Sprache kennen werden.
Else Klauber

[undatiert]
Mein Wunsch ist, falls ich zu Lebzeiten nicht etwas Trost durch Rache an den hitleristischen Mördern und der örtlichen Polizei erleben sollte, dass wenigstens mein zerrissenes Heft, mit seinen 14 zerrissenen Seiten, als Abbild der großen Tragödie dienen möge, die sich in unserer Gegend durch die Hände der wilden Verbrecher an den armen und unschuldigen Juden vollzog, Möge mein Heft, geschrieben mit Blut und dem Herzen in den schwersten Momenten meines Lebens und des Lebens der armen jüdischen Flüchtlinge, Beweis und Zeugnis sein vor der Welt für das Blutbad, das der Mörder Hitler, möge sein Name ausgelöscht werden, und seine Verbrecherbande veranstaltet haben – jüdisches Blut Unschuldiger, möge es wenigstens etwas Hilfe bieten bei der Rache an den deutschen Mördern für unsere Eltern, Brüder, Schwestern, Kinder, für unser Blut, das vergossen wurde, ohne Schuld auf unserer Seite.
[unbekannt]

23. Juli 1942
Ich habe ein Buch geschrieben über das furchtbare Schlachten im Städtchen Chust.' Meiner Meinung nach muss das Buch in einer größtmöglichen Auflage gedruckt werden auf dass die Welt es erfährt! Der Preis des Buches soll ein polnischer Złoty laut dessen Vorkriegswert sein.
Aus den Erträgen soll ein Gedenkstein für die Ermordeten von Chust errichtet werden, die sich fünf Kilometer vom Städtchen entfernt befinden, im Simanowar Bersins – Wald. Das Denkmal soll entsprechend der allerneuesten Technik errichtet werden. Der Rest soll Herrn Kapar ausgehändigt werden. In der Familie Kapar gibt es drei Personen: der Ehemann Theofil, die Frau Brigida und deren Tochter Gabrinia.
Peretz Goldstein

[undatiert]
Lieber Kamerad Willi!
Bitte die schlechte Schrift zu entschuldigen, aber es geht nicht anders. Ich bin gefesselt – ein fünf Minuten vor zwölf Stehender. – Ich möchte Dich bitten, Dich an ein Gespräch zu erinnern, das wir beide einmal führten. Du sagtest, wenn es mir schlecht gehen sollte, könnte ich Deine Hilfe in Anspruch nehmen. Nun ist heute der Zeitpunkt eingetreten. Heute, an dem Tage, an dem die „Vertreter des Volkes" mich zum Tode verurteilt haben, sind meine Gedanken nicht nur bei Euch allen, die vielleicht noch einmal die Vollendung sehen dessen, was wir uns erträumt haben, sondern es gehen auch andere Gedanken in mir herum. Kurz – es ist die Sorge um meinen Klaus. Ich bitte Dich nun, wenn es Dir möglich ist, die Erziehung meines Jungen etwas zu unterstützen. Sollten sich besonders gute Anlagen bei ihm finden, so bitte ich Dich, diese fördern zu helfen. Es ist mein letzter Wunsch. Wenn ich die Gewissheit habe, dass er das später verwirklichen helfen kann, was ich mir als Lebensaufgabe gestellt habe, so will ich mit dem Bewusstsein zum Schafott gehen, zu meinem Teil das getan zu haben, was gut und gerecht war.
In der Hoffnung dessen, dass ich und meine Kameraden die letzten Opfer dieses Systems geworden sind, grüße ich Dich und die Freunde alle und möchte Euch zurufen:
„Nicht an unseren Gräbern zu weinen seid Ihr da, sondern von unseren Gräbern sollt Ihr den Glauben und die Stärke für das Große und Gerechte unserer Sache mit heimtragen für eine bessere und schönere Zukunft."
Dank und Gruß Dir als Letztes
Paul
Paul Gesche

11. September 1944
Liebe Alwine und Gerd!
Heute, den 11. 9. 1944, 12:30 Uhr mittags, habe ich aufgehört zu leben. Macht Euch keine zu großen Sorgen. Meine Urne nach Kaulsdorf und, wenn möglich, später nach Friedrichsfelde. Macht Euch das Leben so bequem wie möglich. Ich habe den Tod niemals gefürchtet, und mal muss doch jeder daran glauben. Ich bin eben gefallen, das ist alles. Alles andere wisst Ihr doch von mir. Grüß Gerhard besonders von mir. Er soll es wie ein Mann ertragen. Dann vergiss nicht Grüße an alle Verwandten und alle Bekannten. Nochmals lebt alle wohl!
– Meine Werkzeuge haltet stets rostfrei; denn Gerd wird sie doch noch gebrauchen können. Also nochmals, bleibt gesund und munter.

Es vernarbt doch alles. Schade ist es nur um meine schöne Gesundheit - Feierabend! –
Ich habe Schweres durchgemacht. Ich hätte besser geschrieben, aber wir sind gefesselt! –
Hugo Härtig

November 1942
Soweit ich mich an meine Kindheit und an die letzten Jahre vor dem Krieg erinnern kann, kenne ich keinen so schönen Tag für Allerheiligen. Wenn ich mich gut erinnere, dann waren das herbstliche, um so mehr traurige Tage oder die ersten Tage des Frostes oder des Winters. Ich erinnere mich mit Rührung an die Momente, die ich im Kreis meiner Nächsten verbrachte. Die Tradition gebot es, an diesem Tag zum Friedhof, an die Gräber der uns nahestehenden Menschen zu gehen, die uns verlassen hatten. Gewöhnlich war der Friedhof an diesem Tag schön geschmückt, es gab auch sehr reich, geradezu luxuriös geschmückte Gräber. Die waren zweifelsfrei schön für das Auge, aber man sah auch sehr einfache Gräber. Mehrere Blumensträuße oder ein kleiner Strauß Vergissmeinnicht. Jeder konnte wie er wollte gewissermaßen denen, die hinweggegangen waren, sagen, dass, obwohl sie nicht mehr unter den Lebenden weilen, ihr Andenken nicht ausgelöscht ist.
Aber was ist mir hier geblieben. Ich bin eingesperrt in diesen Mauern. Ich kann nicht an das Grab meiner Mutter gehen, und ich möchte doch so gern wenigstens eine Blume an ihrem Grab niederlegen. Und einen Augenblick niederknien, um für ihre Seele zu beten und nachzudenken und mich daran zu erinnern, wie sehr sie bemüht war, uns zu Menschen zu erziehen. Und auch hier tat ich das, und so hell und lebendig standen mir meine Kindheit, die Schulzeit, die so sorglosen, schönsten Augenblicke vor Augen. Jetzt werfe ich mir vor, dass ich diese Augenblicke nicht zu würdigen verstand und immer wieder mit unnötig schlechtem Verhalten die Ruhe störte, die in unserem familiären Heim hätte herrschen können. Immer wieder brachte ich den Vater, die Mutter oder den Bruder nur durch meine Dummheit und Ignoranz dessen, was für mich der heimische Herd ist, an den Rand der Verzweiflung. Ich war mir nicht klar darüber, dass mich in meinem Leben schlimmere Momente erwarten könnten, und dass ich mich erst dann nach dem Heim, nach den Nächsten sehnen würde.
Und leider hat das der Herrgott zugelassen. Der heimische Herd erlosch. Ich blieb allein, von Vater und Bruder getrennt. Ich fand mich in einer mir völlig fremden Welt wieder. Allein zwischen fremden Menschen, stetig

von den deutschen Henkern misshandelt, auf Schritt und Tritt erniedrigt, und obwohl die Seele im Inneren kocht, muss ich nach außen hin meine Demut und Gehorsamkeit zeigen.

Es fiel schwer, den Eltern zu gehorchen, und meist widersetzte man sich ihren Anordnungen, und hier, unter der Peitsche, muss ich gehorsam sein. Lange Zeit habe ich über diese Sachen nicht nachgedacht, aber jetzt ist für mich eine Zeit gekommen, in der ich erst einmal lerne zu leben. Ich beginne Gut und Böse zu begreifen. Ich unterscheide Gerechtigkeit und Ungerechtigkeit. Hier, wo ich jeden Augenblick darauf vorbereitet sein muss, für immer fortzugehen, umzukommen, empfand ich das Bedürfnis, über mich und meine Verhalten nachzudenken. Ich will nicht überheblich sein, aber wenigstens jetzt kann ich jedem mutig in die Augen sehen, und niemand kann mir in meinem Verhalten etwas vorwerfen. Ich bemühe mich, mit Menschen so gut wie möglich zusammenzuleben, niemandem auch nicht den geringsten Verdruss zu bereiten oder Schaden zuzufügen, ich verhalte mich zu den Menschen offen und ehrlich. Nicht selten erfahre ich vielleicht aus diesem Grund Gemeinheiten, aber ich bin vollauf zufrieden meinem Verhalten.

Während meines Aufenthaltes hier im Lager war ich lange Zeit leer. Das kam vielleicht daher, dass ich ständig hungrig war und dabei sehr schwer arbeiten musste. Deshalb waren meine Gedanken ständig darauf ausgerichtet, etwas Essbares zu ergattern oder jede freie Minute zum Ausruhen zu nutzen. So war es tatsächlich, ich war derart mit dem Kampf ums Überleben beschäftigt, dass ich vielleicht sogar nicht mehr an die Familie und an die Arbeit an meiner Seele dachte. Doch nach zwei Jahren des Herumsitzens überkam mich der Moment, an dem ich sehr unzufrieden war mit meiner seelischen Verfassung.

Ich dachte darüber nach, dass ich vielleicht doch irgendwann die Freiheit erlebe, und dann müsste man doch irgendetwas tun. Wenn Gott es will und Er unser Leid wieder in normalere Bahnen lenkt, kann ich nicht von Vater erwarten, dass er meine Erziehung, meine Ausbildung bezahlt, sondern dann habe ich die Pflicht zu helfen und ihn von seiner schweren beruflichen Arbeit zu befreien. Denn nach so vielen Jahren moralischer und körperlicher Strapazen und Mühen verdient er seine Ruhe. Ich muss meine Schuld Dankbarkeit begleichen dafür, dass er mich erzog und bemüht war, mir alles zu geben, dafür, dass ich eine leichte und sorglose Jugend hatte.

Wenn wir manchmal mit den Kollegen darüber sprechen, was uns vielleicht erwarten könnte, das heißt – in der Freiheit, entstehen verschiedene Projekte für die Zukunft. Die einen wollen in aller Ruhe auf einem abgelegenen Dorf wohnen, möglichst weit weg von Menschenmassen, und dort, abgeschieden vom Lärm und der Hektik der Großstadt, den Rest ihres Lebens verbringen. Andere wollen das Leben genießen, Tag und Nacht feiern, trinken ohne Unterlass und keine Sorgen und Probleme haben. Es gibt viele, die aufgehört haben an Gott daran zu glauben, dass es irgendjemanden gibt, der unser Leben lenkt, und ihnen ist alles ganz egal, für einen solchen Menschen ist es geradezu eine Kleinigkeit, einen anderen Menschen umzubringen.

Ich wünsche mir, nach Wiedergewinnung der Freiheit zum Ruhm Gottes, für Ehre und Vaterland zu arbeiten. Und so scheint mir, dass ich heute vor meiner Mutter stehen, Ihr in die Augen sehen und Ihr sagen könnte: bisher habe ich mich tapfer geschlagen und ich falle nicht, ich lebe nach den Grundsätzen, die ich von Zuhause mitbekommen habe, nach denen ich erzogen wurde. Ich arbeite an mir und mache ständig Fortschritte. Gibt man nur einmal auf, dann ist es schwer, umzukehren.

Janusz Pogonowski

[undatiert]
Meine lieben Eltern!
Noch einen Abschiedsbrief in der letzten Stunde. Seit kurzer Zeit weiß ich, dass ich den Abend nicht überleben werde. Die letzten Zeilen und die allerletzten Gedanken und Wünsche gelten Euch. Ich habe ganz und gar abgeschlossen und bin nur noch in Sorge um den Schmerz, den ich Euch gerade vor Weihnachten bereiten muss. Wenn ich wüsste, dass Ihr mir verzeihen könnt und vielleicht sogar ein wenig stolz auf mich seid, würde ich vollkommen glücklich sterben.

Ich sehe nichts Tragisches in meinem Ende. Die ganze Entwicklung ist so schicksalhaft verlaufen, sie hing so völlig an Zufälligkeiten und Kleinigkeiten, dass ich sie gar nicht anders als naturhaft über Euch und mich verhängt ansehen kann. Ich habe den erhabenen Trost, dass es nicht schlecht enden kann, weil wir den Zusammenhang des Ganzen nicht kennen.

Mein Leben ist so schön gewesen, dass ich die Einheit der göttlichen Harmonie auch durch meinen Tod hindurchklingen höre. Ich habe den Antrag gestellt, meine Leiche auszuliefern, und ich möchte gern mit meinen Freunden bestattet werden.

Für alles Liebe und Gute bin ich Euch so dankbar. Behaltet mich in der Erinnerung lieb, so lieb, wie ich Euch

immer gehabt habe. Ich sterbe stark und sicher.
In Liebe Euer Horst
Horst Heilmann

[undatiert]
Meine Lieben!
In den nächsten Stunden scheide ich aus dem Leben. Ich möchte Euch noch einmal für alle Liebe danken, die Ihr mir erwiesen habt, gerade auch in der letzten Zeit. Der Gedanke an sie hat mir alles Schwere leicht gemacht. So bin ich ruhig und glücklich. Auch denke ich an die gewaltige Natur, mit der ich mich so verbunden fühle. Heute morgen habe ich laut vor mir hergesagt: „Die Sonne tönt in alter Weise... Vor allem aber denke ich daran, dass die Menschheit sich im Aufstieg befindet. Das sind die drei Wurzeln meiner Kraft.
Heute Abend werde ich noch eine kleine Vorweihnachtsfeier veranstalten, indem ich mir die Weihnachtsgeschichte vorlese. Und dann kommt der Moment des Scheidens.
Gern hätte ich Euch alle noch einmal gesehen, aber das geht nun leider nicht. Meine Gedanken sind aber bei Euch allen, und ich vergesse dabei keinen. Das muss jeder fühlen, besonders Mutter. Seid alle noch einmal umarmt und geküsst
von Eurem Arvid
Weihnachten müsst Ihr richtig feiern. Das ist mein letzter Wille. Singt dann auch: „Ich bete an die Macht der Liebe."
Arvid Harnack

November 1942
Ich biete alle Kräfte auf, um durchzuhalten und endlich frei zu sein. Ich missgönne niemandem die Freiheit, aber ich fühle mich so sehr einsam. Der Tod wäre für mich nicht so schrecklich, wenn ich wüsste, dass ich Euch in meinen letzten Augenblicken sehen könnte. Ich bitte Dich, Andrzej, lege wenigstens einmal im Monat ein paar Blumen von mir auf Mutters Grab. Und lass das Grab immer sauber und gepflegt aussehen.
Janusz Pogonowski

30. August 1943
Liebe Mutti, liebe Kinder!
Durch Alfred habt ihr ja schon das schier Unfassliche gehört, der Volksgerichtshof hat mich zum Tode verurteilt. Es erscheint mir manchmal noch immer als unmöglich, wenn ich es nicht an meiner Nachbarschaft täglich sehen würde. Ich bitte Euch aber dringend, lasst Euren Gefühlen für mich nicht allzu viel Raum,

ich habe mich mit meiner Lage und mit dem, was die Zukunft bringt, bereits abgefunden. Vielmehr würde ich es äußerst bedauern, wenn Euch mein Fall schwere wirtschaftliche und moralische Nachteile bringen würde. Solange ich noch lebe, hoffe ich auch noch. Alfreds vorletzten Brief mit den Zeilen von Gertrud sowie Juttas Brief habe ich noch in Dresden erhalten. Herzlichen Dank dafür. Juttas illustrierter Brief hat mir ganz besondere Freude gemacht.
Seid alle herzlich, herzlich gegrüßt von
Eurem Vati
Alfred Althus

Januar 1943
Mein lieber Rainer!
Ja, das war ein Schlag ins Gesicht, dieser Antrag vom Oberst. Aber, Rainer, ich bin so sehr vom Leben überzeugt, ich liebe die Menschen so unendlich, dass ich gar nicht daran glaube, dass es wahr wird. Von dieser Liebe zu den Menschen habe ich auch in meinem Schlusswort gesprochen. Es war mir auch nie zuvor klar, wie ich Deutschland liebe. Ich bin kein politischer Mensch, ich will nur eins sein, und das ist ein MENSCH! Nennt man dies nun dem Tod ins Auge sehen, es verpflichtet zu so vielem. Ich habe nicht um mein Leben gebettelt. Rainer, dort hat sich der Mensch gezeigt, was er ist. Nicht bei der Beweisaufnahme, sondern eben bei seinem Schlusswort. Ich werde das nie vergessen, sollte ich leben bleiben, jedes andere Urteil ist mir egal. Nur leben will ich, leben! Das ist mein Wunsch!
Um meinen Freund Strelow habe ich große Angst. Ich habe Deinem Vater bestellt, was für einen prachtvollen Sohn er in Dir hat.
Ich habe in der Nacht vom 13. zum 14. von Dir geträumt und Strelow so viel erzählt von Dir und wie gern ich Dich habe.
Einen Kuss! Deine Cato
Cato Bontjes Van Beek

[undatiert]
Meine liebe, gute Milda! Ihr Lieben alle!
Mit dem heutigen Tage scheide ich von Euch Mein Leben hat sich erfüllt. Ich gebe es hin in dem Bewusstsein, das getan zu haben, wozu mich Überzeugung und Pflicht zwangen. Nur so könnt Ihr mich verstehen, das ist es, worum ich bitte. Darüber, ob das, was ich tat, richtig und notwendig war, wird einst die Geschichte entscheiden.
Meine liebste, beste Milda! Dir danke ich für all die große Liebe, Güte und Treue, mit der Du 25 Jahre mich

umgeben hast. Ich wünsche Dir alles, alles Gute. Dein selbstgewählter Trauspruch „Wo Du hingehst, da will auch ich hingehen" erfüllt sich allerdings buchstäblich. Bestattet mich in Altenburg. Schreibt einmal: „Sein Leben und Sterben galt der Freiheit des Volkes." Ich denke an Dich bis zur letzten Minute.
Dein Otto
Otto Engert

13. September 1943
Mein letzter Wille: Trauert nicht um mich. Ich sterbe als derjenige, wofür ich zum Tode verurteilt wurde. Aufrecht bis zum letzten Augenblick. Weinet und trauert nicht um mich, bleibt aufrecht und stark.
Eduard Pertl

Zerstörtes Krematorium, Auschwitz

6. WIDERSTAND

26. Juli 1944
Wenn Du diesen Brief bekommst, bin ich nicht mehr am Leben. Ich werde erschossen, weil ich meiner Idee treu geblieben bin. Verlasse Dich darauf, dass ich so gestorben bin, wie ich gelebt habe, als Mann und Kämpfer.
Werner Illmer

11. Mai 1943
Heute ist mein letzter Tag, um 7 Uhr wird das Urteil vollstreckt. Ich bin sehr ruhig, aufrecht, wie ich gelebt habe, will ich auch sterben! – Ich weiß, dass ich Euch viel Schmerzen bereitet habe, aber ich konnte nicht anders handeln, wenn ich ehrlich bleiben wollte.
Werner Schaumann

Dezember 1942
Aber ich bitte Euch alle um das eine: Schämt Euch unserer nicht. Ihr wisst, dass wir keine Untermenschen sind, dass wir – Ihr kennt die Zusammenhänge nicht – unserer besten Überzeugung folgten unter Hintansetzung von Sicherheit, Ruhe und Bequemlichkeit. Dass Ihr nun so schwer darunter zu leiden habt, ist für mich das Härteste und trifft mich viel schlimmer als mein eigenes Los. Ich habe immer so gern überall geholfen, nun kann ich das nicht mehr. Glaubt mir, das ist unsagbar schwer.
Elisabeth Schumacher

02. November 1942
Kann je ein Mensch das Maß an Schmerzen, Kummer, Not, Elend und Verzweiflung ermessen, das all die Armen zu erdulden haben, weil sie an eine friedliche Gemeinschaft der Völker glauben, die mit ihrer Hände Arbeit ein menschenwürdiges Dasein schaffen können, jenseits der Barbarei des Krieges mit den ungeheuren technischen und organisatorischen Mitteln der Neuzeit

großen Wohlstand erreichend, der Friede bedeutet. Ich war nicht genügend stumpfsinnig und hatte ein zu fühlendes Herz, um nicht auch mitbestrebt zu sein, das zu erringen. Deshalb bin ich hier.
Kurt Schumacher

24. August 1944
Wenn ich jemals einem wehe getan habe, bitte ich ihn um Verzeihung. In einer Stunde nun trete ich meinen letzten Gang an. Ich bin nicht verzagt und sterbe aufrecht, wie ich gelebt habe, für Euch alle, für eine bessere Zukunft. Möge die Zukunft Euch glücklicher sein, als es die Gegenwart ist.
Eugen Schwebinghaus

Dezember 1943
Ja, meine liebe Mutter, Du hast recht: „Es ist besser, stehend zu sterben als kniend zu leben", und Ich sage Dir, dass ich meinem Geschick nicht böse bin. Sollte ich noch einmal leben können, ich würde mit Freuden denselben Weg gehen. Diese Freude nun hat mich auch heute nicht verlassen, und in mir Ist Ruhe, weil der Kampf nun zu Ende geht. Aber nicht als Besiegter sterbe ich, sondern darf auf meinen Grabstein schreiben: Nicht vergebens!
Georg Spettmann

13. Januar 1945
Zwei Tage nach der Verhaftung
Ist Dir bange vor dem Tod, dann bist Du nicht alt genug, Dich am Freiheitskampf zu beteiligen, auf keinen Fall aber reif genug. Ist diese Zwangsvorstellung imstande, Dich zu erschrecken, dann bist Du das ideale Objekt für ein Verhör.
Tretet ihnen ruhig und ohne Hass oder Verachtung entgegen, weil beides ihre überaus empfindliche Eitelkeit viel zu stark reizt. Betrachtet sie als Menschen und nutzt ihre Eitelkeit gegen sie selber aus.
Kim Malthe-Bruun

03. Februar 1944
Liebe Eltern!
Ich muss Euch eine traurige Nachricht mitteilen, dass ich zum Tode verurteilt wurde, ich und Gustav G. Wir haben es nicht unterschrieben zur SS, da haben sie uns zum Tode verurteilt. Ihr habt mir doch geschrieben, ich soll nicht zur SS gehen, mein Kamerad Gustav G. hat es auch nicht unterschrieben. Wir beide wollen lieber sterben als unser Gewissen mit so Gräueltaten beflecken. Ich weiß, was die SS ausführen muss. Ach, liebe Eltern,

so schwer es für mich ist und für Euch ist, verzeiht mir alles, wenn ich Euch beleidigt habe, bitte, verzeiht mir und betet für mich. Wenn ich im Kriege fallen würde und hätte ein böses Gewissen, das wäre auch traurig für Euch. Es werden noch viele Eltern ihre Kinder verlieren. Es fallen SS-Männer auch viel. Ich danke Euch für alles, was Ihr mir seit meiner Kindheit Gutes getan habt, verzeiht mir, betet für mich...
[unbekannt]

03. Juni 1940
Mit mir steht es so: Ich habe den Militärbehörden seit 2. März 39 erklärt, ich könne meinem Vaterlande nur mit Arbeit dienen, aber nicht mit der Waffe (Matthäus 5, 21-26, 38-48) und mit einem Eid (Matthäus 5, 33-37: Jakobus 5, 12). Und Gottes Gebote gelten für mich unbedingt (Apostel-Geschichte 5, 29). Am 16. März 1940 erhielt ich dafür mein Todesurteil, und am 13. April 1940 wurde das Urteil bestätigt. – Täglich bereit sein zum Sterben, das soll ja jeder Christ. Und dafür ist mir dies jetzt eine Schulung. Zwischendurch freue ich mich meiner Ruhe, die ich vor allem zum Bibelstudium nutze.
Hermann Stöhr

03. September 1944
Mein Geliebtestes auf der Welt!
Dieses wird wohl der letzte Brief sein, den Du auf dieser Welt von mir bekommst. Obwohl meine Gedanken seit unserer Trennung Tag und Nacht um Dich kreisen und mein Herz Binde füllen könnte, fällt es mir doch schwer, diesen Brief zu schreiben. Ich befürchte, mit allem Deinem armen geprüften Herzen nur neue Last aufzubürden. Trotzdem – Du Engel – sollst Du alles wissen und erfahren, wie ich die letzten Wochen gelebt, gedacht und gefühlt habe. Bestimmt stellt man sich, ohne selbst so etwas erlebt zu haben, alles viel schlimmer vor, als es ist, wenn die Dinge Tatsache geworden sind und es ein Ausweichen nicht mehr gibt. Meine hierfür glückliche Natur und vor allem die Hilfe von Gott, um die ich Ihn immer gebeten und die Er mir in reichem Maß gegeben hat, haben mich alle Belastungen in einer Weise überstehen lassen, wie ich es vorher nie für möglich gehalten hatte. Es vollzieht sich eine völlige Wandlung, wobei das bisherige Leben allmählich ganz versinkt und gänzlich neue Maßstäbe gelten. Du hast dabei sogar durchaus auch Deine kleinen Freuden und ich habe auch Momente gehabt, wo ich richtig vergnügt war. Die Anlässe sind nur eben ganz andere geworden. Ein nettes Wort von einem mitfühlenden Menschen, die Erlaubnis zu lesen und zu rauchen, gelegentlich

der Vorführung zu einer Vernehmung ein paar Schritte über einen sonnigen Hof machen zu können und solcher Kleinigkeiten vielerlei, erfreuen einen ganz genauso wie früher eine große Unternehmung oder ein freudiges Ereignis. Da ich meistens etwas Hunger hatte, freute ich mich über ein Stück trockenes Brot oder auf die dünne Suppe geradeso wie früher auf ein dickes Jagddiner. Und es schmeckt dann mindestens ebenso. Mein Geliebtes – ich schildere Dir das so ausführlich, damit Du nicht denkst, Dein Heini hätte die 6 Wochen dicht an der Verzweiflung an die Zellenwand gestarrt oder sei wie ein gefangenes Tier im Käfig auf und ab gewandert. So darfst Du Dir bitte diese Zeit nicht vorstellen. Natürlich, mein Einzigstes, hat es auch sehr bittere und traurige Stunden gegeben, wo die Gedanken dann ihre eigenen Wege gingen und ich alle Kraft zusammennehmen musste, um nicht nachzugeben und die Haltung zu bewahren. Ich glaube es aber geschafft zu haben. Und auch diese Stunden waren nicht umsonst und sicherlich notwendig, um mich dorthin zu führen, wo ich heute stehe. Ich könnte diesen Zustand nicht besser erklären als mit dem Wort aus der Bibel: „Fürchte Dich nicht, glaube nur."

Bevor ich nun mich mit Dir mein Geliebtes, über uns unterhalte, muss ich noch auf zwei Sachen eingehen und Dir erklären, weil ich nicht möchte, dass Du über ihre Motive nicht genau unterrichtet bist. Ich habe zwei große Torheiten begangen. Einmal die Flucht aus Berlin. Es war mehr oder weniger ein spontaner und undurchdachter Einfall, der zur Durchführung kam, als sich plötzlich eine günstige Gelegenheit bot. Ich hatte vor, in die Conower Gegend zu gelangen, um dort auf einem der Güter unterzuschlüpfen. Ich hatte mir nicht überlegt, dass ich den Betreffenden wahrscheinlich mit hineingerissen hätte. Es ist daher wahrscheinlich gut, dass ich kurz vor Feldberg von der Landwacht wieder gefangen wurde. Denn, wie ich höre, waren die dortigen Güter schon alle bewacht. Weißt Du – mich überkam so ein starker Drang nach der Freiheit, dass ich einfach nicht anders konnte, als einfach abzuhauen. Diese vier Tage Dir zu schildern in ihren Einzelheiten würde zu weit führen. Jedenfalls hatte ich vier Tage die Freiheit, bin nachts gewandert, habe am Tage in Wäldern geschlafen, von Beeren, Milch und rohem Gemüse gelebt, genau wie die ausgerissenen russischen Gefangenen. Es ging mir an sich herrlich, und ich genoss die Freiheit mit jeder Faser. Einen Haken hatte die Sache allerdings, und das waren meine Halbschuhe, in die natürlich sofort Sand kam und ich mir daher in Kürze die Zehen so wund gelaufen hatte, dass ich wirklich nur unter größter Energieentfaltung mich langsam weiterschleppen konnte. Wäre das nicht gewesen, hätte man mich auch nicht gefasst. Jedenfalls nicht vor dem Ziel. Aber wer weiß, wozu es gut war. Ich wurde dann von dem netten Förster, der mich angehalten hatte, noch verpflegt und dann von der Polizei nach Berlin zurückgebracht. Soweit betrifft die Sache nur mich. Wie ich aber erfahren habe, hat meine Flucht sich auch auf Euch ausgewirkt. Mein Einzigstes, das hatte ich mir natürlich nicht überlegt. Der Gedanke, Dir und anderen geliebten Menschen zu allem anderen auch noch hierdurch Leid zugefügt zu haben, ist mir ganz furchtbar. Ich weiß aber, Ihr werdet mir diese Unüberlegtheit verzeihen.

Nun die zweite Sache, mein Engel, für die ich Dich auch um Verständnis bitten muss, die bis ins letzte zu erklären aber wesentlich schwerer ist: an dem Tage, als ich morgens um vier Uhr gefasst wurde und dann nach einer nicht schönen Zwischenstation in einem SS-Lager bei Fürstenwalde gegen 11 Uhr im Gefängnis in der Albrechtstraße abgeliefert und sofort einer Vernehmung unterzogen wurde, war ich auf einmal mit meinen Nerven wirklich fertig. Die vier Tage wenig gegessen, die Anstrengungen wegen meiner Füße, die Aufregung der Gefangennahme, die Überführung nach Berlin und das erste Verhör, in dem mir sofort klar war, dass es über mich nichts mehr zu verheimlichen gab, weil durch Aussagen bereits alles bekannt war, gab mir einen derben Schock. Nach dem Verhör sollte ich dann etwas schlafen und dann alles schriftlich niederlegen, was ich in dem Falls nicht nur von mir (denn das stand ja schon fest), sondern auch über alle anderen Freunde und Kameraden wusste. Als ich aufwachte, nun kam die ganze Müdigkeit und Desperatheit erst richtig nach, stand der Gedanke, nun auch noch andere durch meine Aussagen hereinzureißen, als ein einfach unüberbrückliches Hindernis vor mir. Infolge meines Zustandes fühlte ich mich nicht mehr stark genug, diesem Ansturm zu widerstehen, andererseits sagte ich mir, dass ich jede Achtung vor mir selbst verlieren würde, wenn ich hierin nachgäbe. Aus dieser verzweifelten Verfassung heraus, halb nicht mehr mit kontrollierten Sinnen, versuchte ich dann dem allen ein Ende zu machen, indem ich mir die Pulsader öffnen wollte. Ganz dazu kam es nicht, weil es bemerkt wurde. Geliebtes – bitte glaube mir schon am nächsten Tag war mir diese Handlung völlig unfasslich, und ich kann auch heute noch nicht verstehen, dass ich diesen Gedanken überhaupt erwogen habe. Er liegt mir so fern. Und glaube mir bitte weiter, dass, wenn ich diesen Schritt tat, es bestimmt mit keinem Gedanken in Rücksicht auf mich, sondern nur im Hinblick auf andere geschah. Mein Liebes, ich musste Dir das berichten, denn Du sollst und musst die Zusammenhänge genau kennen. Du hast mich bisher in allem verstanden, und ich traue fest darauf, dass Du auch in dieser Sache nur richtig nachempfinden kannst. Innerlich habe ich diesen Zwischenfall sehr schnell überwunden, weil ich ihn irgendwie gar nicht als zu mir gehörig ansah. So – mein geliebtester Schatz – jetzt fühle ich mich erleichtert, nachdem Du alles weißt.

Nun zu uns Beiden – mein armer über alles geliebter Mensch. Irgendwie geht doch alles, was sich ereignet hat, über das Fassungsvermögen hinaus. Dass wir inzwischen ein viertes Kind haben, ich es erst acht Tage danach erfahren habe und diesen kleinen Menschen, der doch von mir stammt, nie im Leben sehen werde, kann ich einfach nicht begreifen. Dass alles gutgegangen und Du gesund bist, ist mir der einzigste Trost. Gib dem kleinen Wurm einen zarten Kuss auf sein Bäckchen von seinem unbekannten Papi. Sie wird am wenigsten unter all diesen Traurigkeiten leiden!

Geliebtes, wenn ich Dir zu Anfang schrieb, dass es auch schwere Stunden für mich gegeben hat, so waren es in der Hauptsache die, in denen ich mich mit dem Schicksal meiner so heißgeliebten kl. Familie beschäftigte. Ich kann eigentlich gar nicht daran denken. Wollen wir uns jetzt nicht alles im Einzelnen ausmalen! Du weißt es so gut wie ich, und helfen kann ich Euch doch gar nicht. Mein Geliebtes, das ist das Entsetzliche an meiner Lage, Euch hilf- und schutzlos zurückzulassen, ohne auch nur mit einem Ratschlag helfen zu können. Ich zerbreche mir den Kopf, aber wie soll ich Dir einen vernünftigen Rat geben, wo ich doch die herrschenden Umstände gar nicht kenne. Meine einzige Zuversicht ist mein Glaube an Dich, an Deinen Mut und an Dein in der Not starkes Herz. Vollends wahnsinnig würde ich werden, wenn ich auch nur mit einem Gedanken es für möglich hielte, dass Du mir innerlich einen Vorwurf machen könntest. Du wirst immer davon überzeugt sein, dass ich nicht leichtfertig Eure Zukunft zerstört habe, sondern einer Idee diente, von der ich geglaubt habe, dass sie eine Rücksicht auf Familie und Privates nicht rechtfertige. Der liebe Gott und das Schicksal haben gegen mich entschieden, aber ich nehme die felsenfeste Überzeugung mit ins Grab, dass Du mich deswegen mit keinem Gedanken richten wirst. Man darf sich auch nicht überlegen, wie es wäre, wenn man anders gehandelt hätte, denn über diesen Überlegungen wird man ganz mürbe. Man kann nichts Geschehenes ungeschehen machen. Weißt Du – Geliebtes – es ist mir in den letzten Wochen so unbedingt klar geworden, dass all unsere Schritte und unser Geschick letztlich nur vom lieben Gott geleitet werden. Auch in meiner Lage habe ich von Anfang an das ganz bestimmte Gefühl gehabt, dass alles nach Gottes Willen abrollt. Einen schönen Spruch lege ich Dir ans Herz wegen seiner Wahrheit: „Sorget nicht, sondern lasset in allen Dingen eure Bitten im Gebet und Flehen mit Danksagung vor Gott kundwerden."

Und werden unsere Bitten nicht erfüllt, so müssen wir uns sagen, dass Gottes Wege nicht unsere Wege sind und wir nie wissen können, was für uns das Beste ist. Mein Engel, ich werde Dir in dieser Form fremd sein, aber glaube mir, diese Wochen haben mich wirklich gläubig gemacht und ich bin unendlich dankbar dafür. Der christliche Glaube und der Glaube an ein „himmlisches Reich" sind das Einzigste, was einem in der Not hilft. Ach, mein Liebes – wie oft habe ich an unsere gemeinsamen Versuche gedacht und wie unendlich gerne würde ich jetzt mit Dir über alles sprechen. Der Weg dorthin führt aber wohl nur über Leid, und es muss erst einmal alles gewaltsam von einem gerissen werden. Erst dann kann man eine neue Kreatur werden.

Was für ein sündiger Mensch ich bisher war, ist mir erst jetzt klargeworden. Es ist sehr viel verlangt, dass der liebe Gott mir das alles verzeiht, wo ich doch erst zu ihm gefunden habe, wo die wirkliche Not begann. Aber ich habe ihn oft darum gebeten und glaube, dass Er mich erhört hat. Jedenfalls werde ich in diesem Glauben sterben und ohne Furcht und Angst. „Wachet, steht im Glauben, seid männlich und seid stark" soll mich bis zuletzt leiten. Es ist mein Einsegnungsvers. Eine große Hilfe war mir, dass ich in Königsberg und in Berlin mir eine Bibel beschaffen konnte, die meine Hauptlektüre war. Das ist mein Wunsch und guter Rat an Dich, mein Geliebtes, versuche ernsthaft, ein wirklicher Christ zu werden. Es ist bestimmt die stärkste Waffe, die man haben kann. Wenn man will und immer wieder darum bittet, versagt sich einem der liebe Gott auch nicht. Dir bestimmt nicht, denn Dein Herz ist so gut. Mein Liebes, ich habe Dir auch dieses alles so ausführlich geschildert, weil ich will, dass Du alles, was mich bis zu meinem letzten Tag bewegt hat, genau weißt.

Ich bin übrigens nirgends wirklich schlecht behandelt worden und habe überall Menschen gefunden, die gut zu mir waren und sich aus ehrlichem Mitgefühl um mich sorgten. Manchmal war ich richtig gerührt darüber. Es gibt überall böse, aber auch viele gute Menschen. Weißt Du, ich habe so oft an unsere Gespräche

gedacht, worin Du mich anhalten wolltest, mehr geistige als irdische Schätze zu sammeln. Wie hast Du nur recht gehabt! Wo sind alle irdischen Schätze hin? Vergangen wie eine Dampfwolke! Das liebe Steinort…
Mein Geliebtes, ich kann das alles nur andeuten, hätte natürlich noch viel mehr zu sagen, aber ich kann schon kaum mehr schreiben und kann ja auch nicht alles in diesem einen Brief sagen, und ich darf jetzt nicht sentimental werden. Der Gedanke, dass wir beide, die wir doch so ganz zusammengehören, uns nun nie, nie wieder auf dieser Erde sehen werden, ist für mich unfasslich. Sieben herrliche Jahre haben wir zusammengelebt. Du bist auch jetzt niemals von mir gewichen. Ich habe immer das feste Gefühl gehabt, dass Du neben mir hergehst, und mit diesem Gefühl werde ich bis zur letzten Sekunde bleiben. Wir wollen dankbar sein für alles, was wir aneinander und miteinander gehabt haben. Für Dich, Geliebtes, ist ja alles viel, viel, schlimmer als für mich. Für meine Person, dessen sollst Du gewiss sein, fürchte ich den Tod nicht. Ich fürchte ihn nur im Hinblick und im Gedanken an Dich und unsere geliebten süßen Kinder. Wie wirst Du ihnen das nur alles erklären? Sie sind ja gottlob noch sehr jung und werden das wohl so ganz nicht verstehen. Wer weiß, was überhaupt die Zukunft bringt! Um eins bitte ich Dich. Du wirst die nächste Zeit sehr traurig sein, das weiß ich und kann es Dir doch nicht ersparen. Ich weiß, dass Du mich bestimmt nicht vergessen wirst. Aber wenn Ihr von mir sprecht, tut es mit frohem Sinn und nicht so gewiss traurig verhalten, wie man das meistens erlebt, wenn von Toten gesprochen wird. Ich habe mein kurzes Leben fröhlich (vielleicht zu fröhlich) durchlebt und möchte, dass man mich auch so in Gedanken behält. Du wirst verstehen, wie ich das meine! – Kein Mensch kann sagen, wie Dein Leben nun weitergehen wird. Wo ich auch bin, werde ich immer für Dich beten. Gebe Gott, dass Dir größeres Leid erspart wird. Du bist das Allerliebste, was ich auf dieser Welt zurücklasse. Hätten wir uns doch wenigstens noch einmal sehen und umarmen können. Es war nicht möglich! Bitte, bitte, zergräme Dich nur nicht um mein Schicksal. Ich weiß, dass man sich, wenn einem ein lieber Mensch aus der Welt gegangen ist, genau vorzustellen versucht, wie alles im Einzelnen war und was er durchgemacht. Ich habe Dir ja schon gesagt: ich habe keine Furcht, ich bin innerlich mit mir fertig, ich werde stolz und aufrecht allem entgegensehen. Gott bitten, dass Er mir Seine Kraft nicht entzieht, und mein letzter Gedanke wirst Du und meine Kinder sein. „Des Todes rührendes Bild steht nicht als Ende dem Frommen und nicht als Schrecken dem

Weisen."
Ich will mich weder als Frommen noch als Weisen bezeichnen, sehe das Ende aber in diesem Sinne. (Diesen hübschen Vers sagte mir heute mein Verteidiger.) Einzigstes – Du glaubst nicht, wie schwer es mir fällt, diesen Brief und damit unser letztes Gespräch zu beenden, aber mal muss es sein. Wir werden uns über den Tod hinaus so liebbehalten, wie wir uns im Leben geliebt haben. Dieser Brief wird Dir weh tun, aber ich musste doch noch einmal alles mit Dir besprechen. Der liebe Gott beschütze Dich und unsere Kinder auf all Euren Wegen. Es umarmt Euch und liebt Euch über alles auf der Welt
Euer Peps und Dein Heini
Heinrich Graf von Lehndorff-Steinort

26. Juni 1940
Ich weiß, lieber Vater, dass du meine Handlungsweise missbilligst und dass ich Dir dadurch Herzeleid bereite, und Du darfst versichert sein, auch mir tut es leid, Dir diesen Schmerz zu bereiten. Doch aus diesem Grund gegen meine Überzeugung zu handeln, das darf ich nicht.
Josef Ruf

15. Juni 1944
Wie unsere Französinnen (die ab und zu einen Brocken Holländisch aufschnappen) sagen, war das Essen heute „le plus grand ‚Mist' de Bergen-Belsen"… Kopfsalat in Litern von Wasser gekocht, ohne die geringste Spur einer Kartoffel oder auch nur von Kartoffelschalen. Seit drei Tagen bekommen wir ein völlig verwässertes Essen. Als sich eine Frau deswegen spontan über die Quantität beschwerte (ihr Mut wird jetzt natürlich allgemein gelobt), ging der Kommandant in die Koche, kontrollierte das Essen – und erklärte es für ungenießbar. Denn er hat gerade den großen „Mist" geprüft. Die Stimmung im Lager ist nun wieder etwas optimistischer, und viele (darunter auch ich) denken, dass der deutsche Wind ein klein wenig günstiger für uns wehen wird. (Was das Essen betrifft: Schlechter kann es einfach nicht mehr werden.) Es heißt, das englische und amerikanische Heer hatten sich in Frankreich miteinander vereinigt – aber wo? Wie lange noch?
Renata Laqueur

21. Juli 1944
Ihr braucht nicht zu trauern, es ist jetzt eben so eine Zeit. Ich kann nur stolz sein, dass ich niemals ein Verräter geworden bin, und dies habe ich in Graz den Ge-

stapoleuten ins Gesicht gesagt.
Franz Jaindl

30. September 1943
Lieber Mann!
In einer Stunde muss ich sterben. Vorkämpfer muss es immer geben, nur, dass ich das Ende dieses Krieges nicht mehr erleben kann, tut mir leid.
Helene Serfecz

[undatiert]
Liebe Frau,
das hier wird kein langer Brief, denn ich habe sehr viel zu tun. Aber ich glaube, was ich schreibe, ist schon genug. Gestern Abend war ich also beim Einzug der Frauen dabei. Ich konnte nicht sehen, wer alles dabei war, weil ich bei der großen Küche stand. Also ein ganzes Stück weg. Aber wie unglaublich mutig sind die Frauen doch. Wenn du selbst dabei gewesen bist, weißt du es. Wir standen da ungefähr zu zehnt, und einer schrie lauter als der andere. Nicht aus Mitleid, sondern vor allem aus ohnmächtiger Wut. Zweitens wegen der großartigen Haltung unserer jüdischen Frauen, die vorbeikamen-singend, tapfer, tanzend, uns zuwinkend. Was haben die Herren auf dem Balkon wohl empfunden? Wenn sie noch ein einziges Gramm Ehrgefühl in sich tragen, müssen sie sich tief geschämt haben. Aber heute ist das zum letzten Mal passiert. Es war nichts als Reklame. Tarnung für die hohen Tiere Frau, sag all den Frauen um dich herum, dass ihnen meine tief empfundene Hochachtung gehört (und die anderen denken genauso darüber) und dass um ihre Köpfe ein Glorienschein entstanden ist, in den eingraviert steht: Jüdische Frau. Und das bedeutet: tapfer, resolut und stark. Um halb zwölf habe ich gestern Abend den Männern aus meiner Baracke davon erzählt, weil sie dem Arbeiten in Den Bosch mit so großem Unwillen entgegensehen. Damit haben sie auch nicht Unrecht, denn sie werden dort arg geschlagen und müssen schuften wie die Pferde. Aber ich habe ihnen vom Einzug unserer Frauen erzählt. Ich habe ihnen gesagt, sie sollten sich daran ein Beispiel nehmen und ihre Frauen würdigen, die den deutschen Herren eine solche Lektion erteilt haben. Frau, wenn du dabei gewesen bist, dann bin ich froh. Es klingt vielleicht seltsam, aber ich meine, was ich sage. Die Frauen haben ihnen einen Schlag ins Gesicht verpasst, der genau gesessen hat. Ich werde das mein Leben lang nicht vergessen, und ich bin euch Frauen dankbar. Frau, Mut, Mut und nochmals Mut. Gib der Verzweiflung nicht nach, denn wir müssen stark sein.

Dein Mann sendet dir alles, alles Liebe; halt dich nur an ihm fest.
[unbekannt]

21. Mai 1933
Ich bin stolz darauf, dass keiner von uns 7 schwach wurde. Ich werde stark bleiben, was kommt, und ich wünsche mir, Geliebte, von Dir als schönstes Geschenk, dass auch Du die Kraft besitzest, die Zähne zusammenzubeißen, die Hände zu ballen und stark zu bleiben.
Ludwig Marum

[undatiert]
Einige Zeit danach erhielt ich eine Karte, die zu senden ziemlich wagemutig war, von Oberleutnant 27 Jerzy Poraziński). Sie kam tatsächlich bis zu mir durch. Er schrieb darin: Ich teile dir mit, dass wir, weil wir sonst bald nur noch Rauchwolken sind, morgen während der Arbeit unser Glück versuchen wollen… Wir haben kaum eine Chance… Bitte sag meiner Familie Lebewohl von mir, und wenn es möglich ist und du dann noch lebst, erzähle ihnen, dass ich, wenn ich sterbe, bis zuletzt gekämpft habe…
Am nächsten Abend hörten wir, dass die Häftlinge der Strafkompanie in Rajsko kurz zuvor, beim Feierabendsignal, einen gemeinsamen Ausbruchsversuch unternommen hatten.
Vielleicht war er schlecht geplant gewesen oder verraten worden, ohne dass man noch rechtzeitig alle hätte warnen können; vielleicht waren die Umstände auch einfach zu widrig gewesen. Jedenfalls tötete die SS fast alle Häftlinge, etwa 70 insgesamt. Die deutschen Kapos waren eine große Hilfe beim Einfangen und Umbringen der Ausbrecher
Ein paar sollen sie immerhin verschont haben. Außerdem hieß es, dass insgesamt einem Dutzend die Flucht gelungen sei. Einige sollen die Weichsel durchschwommen haben. Allerdings waren die Nachrichten sehr widersprüchlich. Drei Jahre später erfuhr ich immerhin von Romek G., dass 125 (Tadeusz Lucjan Chrościcki) (der Sohn meines Warschauer Kameraden), der zu dieser Gruppe gehört hatte, damals tatsächlich lebend entkommen war.
Witold Pilecki

[undatiert]
Geliebter Freund Pessach!
Das Ende der Verwüstung, auf das wir geharrt haben – ist angebrochen, wir stehen Angesicht zu Angesicht der Wirklichkeit gegenüber. Das Warschauer Ghetto

wird liquidiert. Dementsprechend sehen wir, dass die Warschauer Juden jede Illusion über ihr Los abgestreift haben und dass das einzige Ziel die Ausrottung des Judentums ist. Diese Erkenntnis hat bei dem übriggebliebenen Häuflein eine gewisse Einigkeit hinsichtlich eines Gedankens und heiligen Zieles bewirkt, nämlich: Aufstand gegen die Nazibestie; wenn unser Tod einmal beschlossene Sache ist, dann wenigstens in Ehren.
Mottel Bornstein

24. Juli 1941
Meine liebe Mutter und Trudel!
Wenn Du diesen Brief in den Händen halten wirst, weile ich nicht mehr unter den Lebenden. Seid darum nicht gar zu traurig, alle Menschen müssen sterben, und viele edle sterben jetzt. Und ich habe einen kurzen und schmerzlosen Tod – möge Dir das ein wenig Trost geben in Deinem Schmerz.
Liebe Mutter und Trudel!
Seid auch versichert, dass ich keine Angst habe, sondern ruhig der letzten Stunde entgegen sehe.
Sieh, liebe Mutter, es hat immer Menschen gegeben, die für Ideale ihr Leben eingesetzt haben. Menschen, die dabei den Gefahren ins Auge blickten, ohne zu zittern, die Entbehrungen ertrugen, ohne zu klagen; die auf manches verzichteten, ohne zu jammern. Sie setzten ihr Leben ein ohne Zagen und würden es immer wieder tun, auch wenn sie die Gewissheit hätten, ihr Dasein abzukürzen. Ich kann mich gewiss nicht mit solchen großen Menschen vergleichen, ich bin nur ein einfacher, kleiner Mensch, aber ich habe mich oft über solche großen selbstlosen Menschen, die ihre Tatkraft in den Dienst des Volkes stellten, aufs herzlichste gefreut und an ihnen begeistert. Aber nichtsdestoweniger war ich bestrebt, meine geringe Kraft für etwas Gutes herzugeben. Und das muss man unter Beweis stellen, dafür muss man die Prüfung bestehen. Das hat mich beseelt, dafür hat mein Herz immer heiß geschlagen und auch noch jetzt. Deshalb, liebe Mutter und Trudel, seid mir bitte nicht böse. Denkt daran, dass mich das froh und glücklich gemacht hat. Und somit kann ich auch keine Bitterkeit über mein Ende empfinden. Ich sehe und glaube an eine frohe Zukunft, die auch Euch manches Leid vergessen lassen wird.
In all den Jahren, die ich fern von Euch gelebt habe, habe ich immer an Euch gedacht; habe mich oft mit den Menschen, unter denen ich lebte, von Dir, liebe Mutter, unterhalten. Stets fühlte ich mich Dir nahe, und Du warst immer bei mir. Dein Bild sehe ich lebendig vor mir. Und wenn Du, liebe Mutter, einmal Gelegenheit

haben wirst, mit den Menschen zusammen zu kommen, unter denen ich gelebt habe, dann wirst Du gewiss von ihnen hören, dass sie mich gern gehabt haben. Das wird Dich auch freuen, kannst Du doch daraus ersehen, dass ich keinen schlechten Charakter habe, sonst hätten sie mich gewiss nicht gern gesehen.
Daraus kannst Du ersehen, liebe Mutter, das mein Leben nicht leer gewesen ist, sondern im Gegenteil sehr inhaltsreich. Darum seid bitte nicht so sehr traurig, ich bin bei Euch, weil ich mich mit Euch allen zutiefst verbunden fühle. Auch ich bin jetzt nicht traurig, denn Du, liebe Mutter, und alle meine Freunde sind bei mir. Auch meinen lieben Vater habe ich nicht vergessen, er hat in den letzten Stunden so gelitten.
Liebe Mutter! Wenn Du die Möglichkeit hast, dann grüße bitte Elsbeth nochmals recht herzlich von mir. Ich habe sie ja so innig geliebt und danke ihr heiß für die herrlichsten Stunden, die ich mit ihr verleben durfte. Den Ring, welchen ich bis zuletzt getragen, gib ihr bitte zurück.
Liebe Mutter! Du wirst es mir auch verzeihen, dass ich Dir von meiner Verurteilung nichts geschrieben habe, ich wollte Dir unnötiges Leid ersparen. Ich habe es gut gemeint. Verzeihe mir auch, dass ich kein Gnadengesuch eingereicht habe.
Und nun, liebe Mutter und liebe Trudel, lebt wohl – und werdet bald wieder froh und glücklich! Herzliche Grüße an alle, Onkels und Tanten!
Ich sterbe, wie ich gelebt habe, mit ganzer Hingabe und mit heilem Herzen! Die Sonne steht immer über den Wolken! Seid recht herzlich gegrüßt von
Eurem Willy
Willy Gall

[undatiert]
Die Verhöre fanden in einer dunklen Zelle im Keller statt. Da kann man nur stehen. Sie haben mich geschlagen, mich eine Weile krummgeschlossen, mir alle Kleider über den Kopf gezogen und mich so verhört. Nach jeder Antwort konnte ich einen Tritt oder einen Peitschenhieb erwarten. […]
Sie fragten mich ob ich einen Abschiedsbrief an meine Frau schreiben wolle. Als ich damit anfing, unterbrachen sie mich wieder zum Verhör. […]
In der Nacht überwinde ich Schmerzen, den Druck in … so dass ich am Morgen als wacher Mensch zum Verhör erscheine. Und ich will durchhalten …
Joop Westerweel

Sie hätte vielleicht Mittel gehabt im Jahr 1928, wenn sie sich da noch, vor einer Entwicklung, die dann auf Papen, Schleicher und Hitler zuläuft, mit andern organisiert hätte. Also die Organisationsfrage liegt 1928 und das dazu gehörige Bewußtsein liegt 1944.

Alexander Kluge - über eine Frau, die 1944 dem Luftangriff auf Halberstadt mittellos ausgeliefert ist.

Ehemalige Aschegrube, Auschwitz

[undatiert]

Mein lieber Vater!

Sei stark! Ich sterbe, als was ich gelebt habe: als Klassenkämpfer! Es ist leicht, sich Kommunist zu nennen, solange man nicht dafür zu bluten hat. Ob man wirklich einer war, beweist man erst, wenn die Stunde der Bewährung gekommen ist. Ich bin es, Vater.

Ich leide nicht, Vater, glaube mir das! Ich gönne keinem, mich schwach zu sehen. Anständig aus dem Leben zu gehen, das ist die letzte Aufgabe, die ich mir gestellt habe.

Erweise Dich Deines Sohnes würdig! Überwinde den Schmerz! Du hast noch Deine Aufgabe zu erfüllen. Du hast sie doppelt und dreifach zu erfüllen, denn Deine Söhne sind nicht mehr.

Armer Vater, aber auch glücklicher Vater, der seiner Idee das Beste opfern mußte, das er zu geben hatte.

Der Krieg wird nicht mehr lange dauern – und dann ist Eure Stunde gekommen.

Denkt an alle, die den Weg schon gegangen sind und ihn noch gehen werden, den ich heute gehen muss – und lernt eines von den Nazis: jede Schwäche wird mit Hekatomben von Blut bezahlt werden. Deshalb seid unerbittlich. Bleibe hart!

Ich habe nichts zu bereuen im Leben, höchstens, nicht genug getan zu haben! Mein Tod wird aber auch wohl die versöhnen, die mit mir nicht immer einverstanden waren.

Ach Vater, Vater, Du Lieber, Guter. Wenn ich nicht fürchten müsste, dass Du unter meinem Tod zusammenbrichst.

Hart bleiben, hart, hart!

Beweise jetzt, dass Du aus innerstem Herzen Dein Leben lang Klassenkämpfer warst.

Helfe ihm, Frieda, richte ihn auf! Er darf nicht zugrunde gehen! Sein Leben gehört nicht ihm, sondern der Bewegung! Jetzt tausendmal mehr als bisher. Jetzt muss er beweisen, dass seine Überzeugung nicht in einem romantischen Ideal, sondern in unerbittlicher Notwendigkeit wurzelt.

Grüßt alle Bekannten und Freunde. Ich will sie nicht mit Namen nennen. Aber ich drücke noch jedem einzelnen in Gedanken die Hand und danke für alle Liebe und alles Gute.

Sorge für Marta! Sie ist Eure Tochter. Sie wird es Euch leichter ertragen lassen, dass ich nicht mehr bin.

Ich sterbe leicht, weil ich weiß, warum ich sterben muss. Die mich töten, werden in nicht so langer Zeit einen schwereren Tod haben. Das ist meine Überzeugung.

Hart bleiben, Vater! Hart! Nicht nachgeben! Denke in jeder schwachen Stunde an diese letzte Forderung Deines Sohnes Walter
Walter Husemann

01. März 1945
Den Freunden gebührt zuerst mein aufrichtiger Dank, soweit sie sich in der Zeit der furchtbarsten Not meiner über alles geliebten Frau und Kinder in wirklich aufopferungsvoller Fürsorge angenommen haben und ihnen durch Zuspruch und Trost das allzu harte Schicksal tragen halfen. Lasst meine letzte Bitte an Euch, Ihr Freunde, zur Sorge werden: Helft meiner Frau und meinen Kindern einen neuen Weg ins Leben finden, beweist ihnen gegenüber wahre Brüderlichkeit, dann handelt Ihr in meinem Sinne.
Mein geliebtes Irmchen, meine gute Kameradin auf meinem letzten Wege! Durch unsere Liebe, durch Dich habe ich die größte Köstlichkeit empfangen, ein neues Leben, unseren Jungen. Wir haben ein junges Blümchen gepflanzt, möge nun der dunkle Schatten, der über Dich fällt, es nicht..., damit es etwa gar früh zu welken anfängt. Du bist wie der starke Baum, an dem sich der Keimling hält und emporwachsen kann, aber sieh, dass Du es trotzdem von Dir hältst und es selbst zum festen, schmiegsamen Stämmchen wird, mit festen Wurzeln in der dauernden wohlgegründeten Erde ruhen würde, damit Du Dich selbst einmal daran festhalten und aufrichten kannst. Gib ihm diesen Ausdruck Goethescher Welt und Weltschauens immer mit auf den Weg:
Geh! gehorche meinen Winken,
nutze deine jungen Tage,
lerne zeitig klüger sein;
Auf des Glückes großer Waage
steht die Zunge selten ein;
du musst steigen oder sinken,
du musst herrschen und gewinnen
oder dienen und verlieren,
leiden oder triumphieren,
Amboss oder Hammer sein.
Die kommende Zeit wird unsere Kinder zu dialektisch veranlagten Menschen erziehen, dessen bin ich gewiss. Wir wollten sie darauf mit unserer geringen Bildung vorbereiten. Nun ist diese Kraft durch meinen Abschied geteilt. Lass später einmal alles, woran wir uns nur ahnend und strebend anlehnen konnten, zum Inhalt ihres Lebens werden: Musik, Bücher, das, was ist, das Schöne, das Gute und die Liebe. Und deshalb sei alles, was uns beiden in unserer Zusammenarbeit Inhalt des

Lebens war, nun auch ihr Eigentum, auch Anhalt zu meinem Gedenken.
Im Kreis der ganz wenigen Freunde möge Dir Hilfe und wahre Menschenliebe zuteil werden. Leb wohl!
Dein Cäsar
Cäsar Horn

18. April 1943
Aber sei unbesorgt: ich werde meine Haltung schon nicht verlieren. Seit wir hier sind, ist unsere Moral noch nicht gesunken, da wir hoffen, dass eine Entscheidungsgewalt Einspruch erheben wird, falls das möglich ist.
William

09. Juli 1944
Meine liebe, liebe Manya!
Wie gerne würde ich Dir über die angefangenen Fragen weiter schreiben, aber ich fürchte als letztes nun, dass ich plötzlich nicht mehr Gelegenheit bekomme, an Dich, Mutter und meine Angehörigen, wie ich mir vorgenommen, noch zu schreiben: darum will ich heute Abschied nehmen. Nun bist Du doch nur meine Manya geblieben und nicht meine Manyana geworden, aber selbst jenes „nur" hat mir in unserem so kurzen Zusammenleben so viel geschenkt, in meinem steten Ringen um meinen sittlichen Menschen so viel geholfen, dass ich Dir immer dankbar bin. Ich brauche Dir nicht groß Trost zu sprechen, Manya, zeigten mir Doch Deine Briefe, dass Du weißt, worum es geht, und dass Du nicht den faulen Jammer leben wirst... Gibt Dir doch das von Dir erworbene, durch die Gesellschaft gegebene Wissen die Erkenntnismöglichkeit, selbst in diesem scheinbar unbegreiflichen Geschehen das Nutzungsprinzip der Qualität, die dialektische Notwendigkeit zu sehen. Scheint es nicht trotzdem tragisch, dass die aus unserer so positiven Welt-Lebensanschauung stets gehabte tiefe Ehrfurcht vor dem Leben, die Dich nun einen Kampf um Deinen nächsten Lieben führen ließ, um einen Menschen, der Dir in seiner Ganzheit einzig nahe stand und der Dich unsagbar liebte, dass Du in diesem Kampfe unterlegen? Du kämpftest gegen eine halbe Welt, Manya, als einzelne, und darum auch weiß ich, dass Du nicht zerbrechen wirst, dass Dein positives Ja zum Sinn des Lebens, Dein kämpferisches Leben der Erhaltung alles Lebendigen nicht in Dir zertrümmert, nur noch glühender entfacht wird. So schmerzlich Dir auch mein Verlust, Du weißt doch, Manya, Zeit eilt, teilt, heilt! Die Aufgaben der Gemeinschaft, die lebendigen Forderungen des Lebens werden Dich wieder im

großen Strom mitreißen, nur nicht treiben lassen, Manya; nicht blinder Entschluss zu glauben, sondern ein wissendes Dennoch, zielsicheres Streben. Ich könnte nun wartend den schon mal begonnenen tragisch-ironischen Wallenstein weiter zitieren: „Und schnell bin ich befreit von allen Zweifelsqualen!" Aber ich leide ja keine Zweifelsqualen, weder über mein Handeln und die Vergangenheit noch im Wissen um zukünftige Entwicklung, und darum höre ich lieber den greisen, auf der Höhe seines praktisch-tätigen Schaffens stehenden Faust: „Das ist der Weisheit letzter Schluss, nur der …" usw. Ja, Manya, verweile und genieße; das ist mir nicht beschieden, aber tröstlich, wenn man weiß, das Leben und Einsatz nicht umsonst waren, und ich brumm' dann das alte Reiterlied, was wir immer mit Begeisterung sangen: „Es ist um mich nicht schad', wenn nur unsre Fahnen wehen über Belgrad!" Und doch, wenn ich an Rudl, Hein, Gustav und die vielen denke, die an der Front und in der Heimat fielen, weiß ich, wie nötig unser deutsches Vaterland einen jeden dieser prächtigen Menschen gebraucht und wie wertvoll selbst mein Können noch der Gemeinschaft wäre. Soll ich Dir mein auch immer wiederholtes „Ceterum censeo" nochmals sagen, Manya? Zwar bin ich kein Cato, aber darauf kommt es ja auch gar nicht an; genügt's doch, wenn Du und die Freunde wissen, worum es geht und dass ihr danach handelt! Wenn Du nun plötzlich, Manya, meinen vertrauten Arm in Deinem, meine Hand in Deiner nicht mehr fühlst und eine leere Kälte Dich bedrängt, weißt Du, das ist der Tod! Meine Manya, weine; es trauern mit Dir so viele Freunde, die auch wieder mit Dir lachen werden. Nur Mut und immer wieder Kühnheit… Manya! Spiele Dir, wenn Du kannst, doch die Appassionata, wie viel Mut und Kraft kann sie verleihen. Freunde, ich fühle Eure Hände in den meinen und höre Euer Versprechen; ich danke Euch, lebt wohl, lebt wohl, Kameraden, vergesst nicht! Leb wohl, meine Manya, Du warst mein Liebstes, mein Wertvollstes, und all meinen Dank an diese Welt möcht' ich Dir nochmals sagen. Leb wohl, Liebling, Kopf hoch, meine Manya,
Dein Robert
Robert Abshagen

[undatiert]
Mit dem Vorsatz, mich zu töten, und aus Furcht vor der Wahrheit hat man es verstanden, mich von dem Termin, der in Leipzig stattgefunden hat, fernzuhalten, so dass es mir unmöglich war, mich vor dem Gericht zu verantworten. So aber bin ich wehrlos niedergetrampelt worden.

Wenn es mir nun unmöglich gemacht wird und es mir nicht gelingt, die Wiederaufnahme des Verfahrens herbeizuführen, so bleibt mir noch der Gnadenweg offen. Aber diesen Weg – und noch dazu im Bewusstsein meiner Schuldlosigkeit – zu gehen, erachte ich als eine Schmach. Ich will lieber den Golgathaweg der deutschen Arbeiterklasse beschreiten, den viele Arbeiter vorausgegangen sind, als um Gnade flehen. Denn ich weiß, dass dieses Opfer, das ich zu bringen bereit bin, nicht umsonst sein wird. Diese Massenhinrichtungen von deutschen Arbeitern, diese Opfer, sind die ruhmreichen Vorboten einer neuen Gesellschaftsordnung, sind die sichtbaren Zeichen einer herannahenden siegreichen proletarischen Revolution
Johannes Becker

[undatiert]
Ich muss von Dir scheiden, lebe wohl!
Ich habe den letzten Nachmittag verlebt und gehe dem Ende ruhig entgenen. Als Kämpfer habe ich gelebt und werde als Kämpfer sterben. Für eine Idee eintreten zu können ist eine große, ehrenvolle Sache. Das gibt mir Kraft bis zum Letzten.
Du bist der Mensch, der mir am nächsten steht. Deine Liebe und Verehrung waren für mich das Wertvollste. Wenn ich mein Leben rückschauend betrachte und Bilanz ziehe, so kann ich im Großen und Ganzen zufrieden sein. Aber auch ich war ein Mensch mit Schwächen und Fehlern. Trotz alledem weiß ich, dass mein Leben wertvoll war und ich Nützliches geleistet habe.
Meine letzte Mahnung an Dich ist:
Handle immer verantwortungsbewusst, arbeite unablässig an Deiner Vervollkommnung, schone Dich nie, wenn es um Großes geht und Du Dich einsetzen musst!
Lebe wohl und denke immer an Deinen Dich innig liebenden
Vater
Konrad Blenkle

7. Dokumentation

01. Februar 1945
Gestern erhielt ich die wunderbare Decke und ein Paar schöne dicke Strümpfe. Hab tausend Dank; Du kannst Dir wahrscheinlich gar nicht vorstellen, welchen Dienst mir diese Dinge tun. Ich hatte die Hoffnung schon fast aufgegeben, die Decke zu bekommen, und dachte mir, es sei Dir vielleicht etwas dazwischengekommen. Aber die Nächte waren bitterkalt, und ich habe oft gedacht: wenn ich doch jetzt die Decke hätte. Gestern kam nun die Decke – herrlich –, und über Nacht hat es getaut!
Theodor Neubauer

23. September 1944
Abends. Jeden Tag schließe ich mit dem Leben ab und denke, heute Abend ist es soweit, und die Nacht ist entsetzlich. Dann fängt wieder ein Morgen an, und die Qual beginnt von neuem. Werden sie heute kommen?
27. September 1944
Morgens. Heute früh war der Schutzhaft-Lagerführer bei mir und hat mir mein Urteil vorgelesen in so einer höhnischen, gemeinen, dreckigen Art, diese Bestie! Sie sind ja das Morden gewohnt und haben eine besondere Freude, sich an den Qualen ihrer Opfer zu weiden. Bei mir hat er aber kein Glück. Also wird es wohl heute Abend passieren. Ich hätte doch so gerne die neue Zeit erlebt.
Käthe Niederkirchner

Januar 1945
Der Beamte fragt: „Haben Sie ein Testament gemacht?" Und wenige Zeit später lebst du nicht mehr. So rein geschäftsmäßig geht man mit Menschenleben um. Ist das noch Kultur? Und so geht es Montag für Montag. Woche für Woche, Monat für Monat, jeden Montag 25 Stück – ja, Stück!! Das ist die Amtssprache für Menschenleben.
Ein Stamm von zweihundert zum Tode Verurteilten

füllt hier das Brandenburger Zuchthaus. Ein dauerndes Kommen und Gehen ins Nichts. Aber alle, einer wie der andere, aufrecht und entschlossen gehen sie zum Schafott, denn sie wissen, ihr Opfer war nicht umsonst. Die neue Zeit bahnt sich an.
Rudolf Seifert

13. Januar 1945
Zwei Tage nach der Verhaftung
Höre nun, wenn Du Dich eines Tages in den Händen von Verrätern oder der Gestapo befindest, so schau ihnen und Dir selber gerade in die Augen. Die einzige Veränderung die nun eingetreten ist, besteht darin, dass sie jetzt über Deine materiellen Verhältnisse bestimmen können. Im Übrigen sind sie immer noch der gleiche Auswurf der Menschheit, der sie waren, bevor Du festgenommen würdest. Schau sie an und fühle recht, wie tief sie unter Dir stehen, und es wird Dir zum Bewusstsein kommen, dass diese Geschöpfe höchstens erreichen können, Dir einige blaue Flecken und schmerzende Muskeln beizubringen…
Kim Malthe-Bruun

Herbst 1945
Lieber Oskar,
Heute erhalte ich über die jüdische Kultusgemeinde in Mährisch-Ostrau Dein an die Witkowitzer Steinkohlengruben gerichtetes Schreiben vom 23. Juni 1945. Vor einigen Tagen erhielt ich auf Grund einer Anfrage von meinem Bruder aus London Deine Adresse, so dass Du auf jeden Fall diesen Brief und das heutige Telegramm von mir erhalten hättest. (…)
Aus Deinem kurzen Bericht ist zu entnehmen, dass Du mit Deiner Frau und ich nehme an Deinen Kindern wieder beisammen bist und dass es Euch hoffentlich gut geht. Ich will versuchen, Dir chronologisch alles Wissenswerte, vor allem über die Familienangehörigen, zu berichten.
Im Herbst 1939 bekam Mama von der Witk. Direktion die Kündigung für Ende des Jahres, die aber innerhalb weniger Stunden dahin richtiggestellt wurde, dass sie schon am nächsten Tage die Erbrichterei verlassen müsse ohne irgendwelche Schadenersatzansprüche stellen zu können. (Die Originalbriefe dürfte ich irgendwo haben, so dass Du oder Ernst jederzeit Ansprüche an Wackwitz stellen könnt.) Zu diesem Schreiben erhielt sie noch eine Aufforderung der Gestapo, sich sofort dort selbst zu melden, wo ihr über der Vorsprache eröffnet wurde, dass sie abends mit einem kleinen Koffer versehen im Gestapogebäude sich einzufinden

habe, da sie nach Polen überstellt werde.
Auf Grund unzähliger Interventionen, sogar bei der Gestapo, lang es mir, durchzusetzen, dass der Abtransport aufgehoben werde. Allerdings bekam Mama am nächsten Tage die Verständigung, sich zwecks Erledigung einiger kleinerer Formalitäten abends in Gestapogebäude einzufinden. Ilse und ich begleiteten Mama dorthin, von wo sie trotz aller unserer Versuche in ein Auto gesetzt und weggeführt wurde. Es war eine der schlimmsten Nächte, die wir mitgemacht haben. Ilse tat nichts anderes wie mit Gott hadern. Es hat keinen Zweck, wenn ich Dir da nähere Details anführen würde. Du musst Dich mit der kurz angeführten Tatsache begnügen. Am nächsten Vormittag erschien Mama bei uns zu Hause, mit total aufgeweichten Schuhen, durchnässten Kleidern und erzählte folgendes: Sie wurde in der Nähe von Orlan an der polnischen Grenze abgesetzt, der begleitende Schupo Mann zeigte ihr den Weg, den sie nach Polen einzuschlagen habe, machte sie noch auf die Hochspannungsdrähte und Minenfelder aufmerksam und – weg war er. Mama irrte stundenlang herum, bis sie einem Lichtschein folgend in eine Feldbäckerei kam, wo sich der polnische Inhaber und seine Frau überaus menschlich ihr gegenüber benommen haben. Am nächsten Tage brachte sie ein Kind dieser Familie auf Umwegen an die Ostrau-Krainer Elektrische, mit der sie dann nach Hause kam. Da sie auf Grund des Gestapoerlasses aus Mährisch-Ostrau ausgewiesen war, brachte ich sie am nächsten Tage incl. Muti nach Prag, dortselbst in einer Pension unter, wo sich beide innerhalb weniger Wochen ausgezeichnet erholt haben.
In Mährisch-Ostrau begann die Situation immer bräunlicher zu werden, man war in den Straßen seines Lebens nicht mehr sicher gewesen, der Krieg brach aus, ein überaus eifriger Gestapomann vollführte in Ostrau die verschiedensten Sonderaktionen, so dass ich mich eines Tages entschloss, am nächsten Tage mit Ilse, Kind und Wohnungseinrichtung nach Prag zu übersiedeln.
In Prag mietete ich eine 3-Zimmer-Wohnung und nahm Mama zu uns. Muti war mittlerweile nach Ostrau zurückgekehrt, wo sie die Leitung des jüdischen Altersheimes übernahm, und bis Mitte 1942 da blieb und verlebten hier noch viele schöne Monate, denn wenn in der Provinz Juden kaum noch zu atmen wagten, waren sie in Prag nur wenigen Einschränkungen ausgesetzt.
Im Laufe des 40. und 41. Jahres begann sich vieles zum Nachteil der Juden zu verändern. Die Juden mussten in bestimmten Bezirken ihre eigenen Wohnungen aufgeben und zu anderen Juden nach Prag 1 und 5 ziehen, Geschäfte wurden fortgenommen, Häuser und sonsti-

ger Besitz konfisziert, Bankkontis gesperrt, Schmuck, Pelze, Klaviere, Skischuhe, warme Kleidung u.s.w., alles musste abgegeben werden, Lebensmittelkarten wurden mit „Jude" bezeichnet, man bekam auch viel weniger als die andern, konnte nur zu bestimmten Stunden einkaufen gehen, durch gewisse Straßen durfte man überhaupt nicht gehen, und im September 1941 musste ein jeder Jude einen 10 cm gelben Zionstern mit der Aufschrift „Jude" tragen. Im Oktober 1941 begannen die Transporte: als erstes kamen all die von der Kultusgemeinde Unterstützten dran, dann die ganz Reichen, die Advokaten, wie überhaupt die gesamte jüdische Intelligenc. Die Berichte aus den diversen polnischen Ghettis waren fürchterlich und wir taten hier alles, um unseren Leuten durch Zusendung von Lebensmittelpaketen und Geld zu helfen. Für uns, die wir hiergeblieben waren, bestand schon seit dem Jahre 1940 keine Ausreisemöglichkeit mehr. Ich selbst hatte schon im Jahre 1938 mein Palestina Certificate angesucht, welches mir auch bewilligt wurde; da bekam das Palestina-Amt in Prag von unserer Regierung die Verständigung, man möge mit den vorhandenen Certificaten vorerst alle Sudetendeutschen Juden berücksichtigen, so dass unter anderem auch ich im Jahre 1938 zurücktreten musste, allerdings erhielt ich von meinem Freunde und Leiter des P. A. Oskar Karpe und Jankef Edelstein die Zusicherung, dass mit den nächsten Certificaten, das wäre im März 1939, ich und Erwin Sternlicht, mit dem ich gemeinsam nach Erez wollte, automatisch das Certificate erhalten sollten. Anfang März 1939 erlegten Sternlicht, wie auch ich, KČ 120 000 bei der Bank für das Kapitalien Certificate, das wir am 15. März erhalten sollten. Am 15. 3. 1939, das Datum ist doch auch Dir bekannt, erschienen Adolfs Horden, das gesamte P. A. bis auf wenige Ausnahmen fuhren nach Erez Israel, und wir blieben hier. Einige Wochen später kamen wohl einige Certificate, doch kosteten dieselben schon Kč 450 000, die weder Erwin noch ich aufbringen konnten, weshalb wir den gegebenen Umständen entsprechend hierbleiben mussten. Im November 1947 wurde das Ghetto in Theresienstadt errichtet, wohin alle im Protektorat verbliebenen Juden – bis auf wenige Ausnahmen – hinkamen, und auch zum Teil Juden aus Deutschland, Holland, Frankreich, Dänemark u.s.w. Alles in allem kamen nach Theresienstadt, das ca. 4 000 Einwohner gezählt hat, 150 000 Menschen, um von hier nach Polen weiterzugehen. Eine Zeitlang wohnten ca. 65 000 Menschen in Theresienstadt, ca. 30 000 starben in der Zeit in Theresienstadt, ca. 110 000 gingen weiter und 10 000 Menschen überlebten diese schwere Zeit dort. Anfang Februar

1942 bekamen Ilse, Tommy und ich die Einberufung in den Transport. Ilse hatte vorher die ganze Zeit schon bei der soc. Fürsorge der Kultusgemeinde – im Kindergarten gearbeitet, Tommy, der sich prächtig entwickelte, besuchte die jüdische Volksschule, lernte Violinspielen, wobei er ganz ausgezeichnete Fortschritte gemacht hatte, was aber bei seinem 100% Gehör nicht weiter zu verwundern war. Ich selbst arbeitete eine Zeitlang in einer Gärtnerei in der nächsten Umgebung Prags, da ich noch immer mit einer Auswanderung rechnete, denn ich hatte Zusagen nach Argentinien und San Domingo.

Theresienstadt hatte eine eigene jüdische Selbstverwaltung; allerdings wurden die leitenden Menschen von den Deutschen eingesetzt und ging alles auch nur nach deutschem Befehl. Judenältester war Jankef Edelstein, im Ältestenrat waren u.a. Ing. Zucker, Ing. Schließer u.s.w., keiner der führenden Menschen hat die Befreiung erlebt. Anfangs war es in Theresienstadt sehr schlimm, denn die arische Bevölkerung wohnte noch dort, während die Juden zusammengepfercht in den vorhandenen Kasernen, Männer und Frauen samt Kindern, separiert untergebracht waren. Man lag anfangs auf Stroh, nachher auf Matratzen und später wurden dann fast überall dreistöckige Kabalets aufgestellt. Es hatte jeder nur ein Anrecht auf 80 cm Lebensraum. Die Verpflegung war fürchterlich. Früh morgens ein schwarzes Gesöff, mittags verfaulte Kartoffeln mit Schweinsrübe und abends wieder irgendein undefinierbares Getränk. Brot wenig, alles andere nur ganz minimal oder überhaupt nicht. In der ersten Zeit kam es sogar vor, dass Männer ihre Frauen durch Wochen weder sehen noch sprechen konnten, da man in den Kasernen eingesperrt war, und man sich nicht frei bewegen konnte. Später mussten die Arier Theresienstadt verlassen und die ganze Stadt wurde in ein Ghetto umgewandelt. Man hatte wohl mehr Bewegungsfreiheit, die Verpflegung blieb nach wie vor schlecht, so dass der größte Teil der 30 000 Toten auf das Konto Hunger zu buchen sind. Am meisten starben wohl alte Menschen, denn die Jungen verstanden es immer wieder, sich in irgendeiner Form zu helfen, auch bekamen die arbeitenden Personen größere Rationen. Vielen gelang es, Kontakt mit der Außenwelt herzustellen und so schwarz Pakete hereinzubekommen. Im Ghetto selbst wurde viel gestohlen, wie überhaupt die Begriffe von Moral sich vollkommen gewandelt hatten. Es war dies eben die Zeit der Hausknechte und der starken Ellenbogen. Nur diese Art von Menschen konnten sich überall durchsetzen.

Grauenvoll waren während der ganzen Zeit die mitunter täglich ankommenden Transporte aus all den Ländern, die ich zu Beginn (des Briefes) aufgezählt habe, und noch fürchterlicher die abgehenden Transporte. Wir hatten zwar keine Ahnung, wohin die Transporte gingen, wussten auch nicht, was draußen mit den Menschen geschieht, aber instinktiv hatte man vor dem Ungewissen Angst, ein jeder wehrte sich nach Kräften gegen die Einreihung in die Transporte. Fast niemand gelang es auf Dauer, denn dazu schauten schon die Deutschen, dass nur Leute mit wichtigen Arbeiten verblieben. Zu Jom-Kippur 1942 gingen 10 000 alte Menschen ohne Gepäck fort, Edelstein nannte diesen und alle anderen Transporte die „kalten Pogrome". Die Transporte dauerten bis Oktober 1944 an.

Im Jahre 1944 besserte sich die Situation des Ghettos, denn das Rote Kreuz schien bezüglich Theresienstadt bei den Deutschen vorstellig geworden zu sein und avisierte Kommissionen. Man arbeitete monatelang an der Verschönerung des Stadtbildes und baute mitunter über Nacht „Potemkynsche Dörfer" auf. Um diese Zeit bewilligten auch die Deutschen die Freizeitgestaltung, die alle Arten von Künstlern beschäftigte, mit denen sie die schönsten Konzerte, Opernaufführungen, Theatervorstellungen, Kabaretts, sportliche Veranstaltungen usw. vollführten. Des Öfteren besuchte man diese Veranstaltungen mit leerem Magen, doch waren diese zumindest so wichtig wie essen.

Um jetzt auf uns wieder zurückzukommen. Ilse war im letzten Jahr unseres Prager Aufenthaltes nur noch ein Nervenbündel gewesen, denn das Leben war mehr als schwer, die Arbeit unbefriedigend, und die Aussicht auf ein besseres, ruhigeres Leben gleich Null. Am Tage, an dem wir die Einberufung in den Transport bekamen, ging eine Wandlung mit ihr vor, die bis zum letzten Tage unseres Beisammenseins angehalten hat. Die Gewissheit, im Ghetto mithelfen zu können, mache sie derart sicher und stark, dass sie alles Schwierige mit Leichtigkeit überwand. Gleich bei unserer Ankunft in Theresienstadt meldete sie sich als Krankenpflegerin und übernahm die Leitung einer Kindermarodenstube. Zu Beginn räumte man ihr ein Zimmer mit acht zerbrochenen Betten ohne Matratzen, ohne Bettwäsche, überhaupt ohne jedwede Hilfsmittel ein, da aber auch effektiv nichts vorhanden war. Erst im Laufe der Zeit gelang es ihr, für ihre Stube einen großen Saal mit 26 Betten zu bekommen. Wo immer es nur möglich war, schnorrte oder schleuste – eine Theresienstadter Bezeichnung für, gelinde gesprochen, nehmen – Ilse alle möglichen Sachen, die zur Verschönerung der Krankenstube beitragen. Der Saal wurde von einem Akademischen Maler mit den herrlichsten Märchenmotiven ausgeschmückt, und auch sonst tat sie alles, um den kranken Kindern den Aufenthalt in der Marodenstube so schön wie möglich zu gestalten. Schon immer waren Kinder ihre besondere Vorliebe gewesen, und hier hatte sie ganz große Möglichkeiten der Betätigung. Es gelang ihr auch auf illegalem Wege eine Gitarre zu besorgen, und darin lag eigentlich die hauptsächliche Spitalsbehandlung. In ihrer Krankenstube wurde trotz Verbotes von früh bis abends musiziert und gesungen.

Auch auf schriftstellerischem Wege hat Ilse in Theresienstadt m. E. ihren Höhepunkt erreicht. In einfachen Worten hat sie unser Leben und Erleben in Gedichtform festgehalten, die im Laufe der Zeit Gemeingut tausender von Menschen geworden sind. Auch ihre Theresienstädter Volkslieder sind mit zunehmender Begeisterung von den Kindern gesungen worden. Fast allabendlich nach 12 stündiger Arbeitszeit hat Ilse mit der Klampfe und ihren Aufzeichnungen diverse Krankenstuben, Ubikationen usw. aufgesucht und mit ihren Liedern und Gedichten die Menschen auf ein besseres Morgen wieder hoffen lassen. Beiliegend schicke ich Dir einige Gedichte, die vielleicht mehr sagen wie mein ganzer langer Brief.

Ich selbst kam mit einem schweren Ischias nach Theresienstadt und konnte daher im ersten Jahr nur in der Kanzlei „Sociale Fürsorge" tätig sein, später wurde ich zu allen Arbeiten eingesetzt, und im letzten Jahr war ich für die Stadtverschönerung als Gärtner herangezogen worden. Im vorigen Jahr (1944) war ich dann Wächter im schönsten Park von Theresienstadt, mit dem herrlichsten modernsten Kinderspielplatz-Luftschaukel, Ringelspiel, Sandbänke, Liegestätten, Planschbecken mit warmem und kaltem Wasser usw. – alles natürlich für die angesagten Kommissionen. Tommy war überglücklich, wenn er mir beim Aufspießen der Papierschnitzel, bei den diversen Aufräumungsarbeiten, beim Umpflanzen der Blumenbeete, behilflich sein konnte, und besonders stolz war er, wenn er am frühen Morgen mit einem Strauß Blumen, versteckt unter dem Mantel – auch Blumen zu besitzen war im Ghetto verboten – für sein Kinderheim abziehen konnte.

Die Kinder waren sich unserer Situation genau bewusst, und ihr Deutschenhass war grenzenlos. Leider mussten wir sie zu Dingen anhalten, die wider alle guten Sitten waren und oft haben wir mit Ilse über die Wiedergutmachungsmöglichkeiten zu einem späteren Zeitpunkte gesprochen. Leider war das vollkommen überflüssig, denn wie ihr vielleicht aus den Berichten wissen werdet, sind von den ca. 10 000 deportierten Protectoratskindern alles in allem ca. 30 zurückgekommen.

Mama war bis zum Jahre 1942 in Prag geblieben, kam dann überglücklich nach Theresienstadt, wo sie bis zum 17.10.1942 ein für dortige Verhältnisse ziemlich beschauliches Leben führen konnte. Am 18.10. ging sie mit einem 5 000 Transport nach Polen und haben wir von ihr, wie von all den anderen, nie wieder etwas gehört. Mutzi kam im Juli 1942 mit allen Ostrauern, ca. 5 000 an der Zahl, nach Theresienstadt, sie hielt sich hier nur einige Wochen und ging mit fast 98 % der Ostrauer gleichfalls nach Polen. Onkel Gustav war bereits im Herbst 1939 mit der Ostrauer Sonderaction nach Polen gegangen und ist auf seiner Wanderung in der Nähe von Premysl gestorben und begraben worden. Seine Frau, sein Bruder und Frau, die Frommowitsch, Immerglücks, der alte Weiß mit seinem Sohn. – Julka hatte einen Arier geheiratet – und blieb in Ostrau, Tante Johanna war dort mittlerweile gestorben, und viele andere kamen nach Theresienstadt, um gleich allen andern nach Polen weiterzugehen. Auf Deine besonderen Anfragen bin ich bereit ausführlicher zu berichten. (…) Eigenartig ist, dass wenn Menschen noch so sehr von harten Schicksalsschlägen heimgesucht werden, es normalerweise nie der Tod, sondern immer wieder das Leben ist, das sie anzieht. Das Leben geht eben weiter. Heute, nachdem bereits einige Monate verstrichen sind, alles an Härte und Schärfe verloren hat, habe ich nur noch einen Wunsch, dass Ilse damals mit dem Kind von der Bahn in Auschwitz, direkt in die Gaskammer gegangen sein möge, dadurch wäre ihnen viel Leid erspart geblieben, denn Ilse hätte dieses Jammerdasein kaum ertragen.

Willi Weber

[undatiert]

In unserem neuen Lager sind wir in Quarantäne. So kann ich wenigstens meinen Reisebericht beenden. Ich muss mich beeilen, der neue Stoff schwillt gefährlich an. Und es gelingt mir nur mit Mühe, die Tagesereignisse zu verscheuchen, die mich bedrängen: den Zählappell, meine Bettnachbarinnen, die Tatsache, dass ich heute morgen über einen Totenschädel gestolpert bin. Dieses Lager befindet sich nämlich auf einem ehemaligen jüdischen Friedhof – bald rutscht man auf einer Rippe, bald auf einem Schienbein aus. Einmal bin ich auf ein vollständiges Gebiss gestoßen.

Man gewöhnt sich daran wie an den Staub und den

Schlamm, man tritt darauf oder stößt es mit dem Fuß beiseite. Die arme Seele, deren Gebeine unter unseren Schritten knacken, wird uns hoffentlich verzeihen. Würde sie an unserer Stelle etwas anderes tun? […]
Ich habe vergessen, von den Kapos zu sprechen. Ein Mann mit Armbinde vor jeder Reihe und drei oder vier, die sich mitten auf dem Platz frei bewegen. Mit überdrüssiger Miene schlendern sie umher und spielen mit ihrer Peitsche, während die untergeordneten Kapos vor lauter Zählen schwitzen. Sie sind die Ranghöchsten unter den Häftlingen, abgesehen von der Lagerältesten. Die Lagerälteste! Man stelle sich ein Huhn vor, das zur Hälfte gerupft, zur Hälfte platinblond ist. Wenn sie sich umdreht, erblickt man mit Entsetzen das Gesicht einer alten Affin, traurig und stark geschminkt. Oft bricht sie in einsames Gelächter aus, bei dem uns das Blut in den Adern stockt. Will sie sich damit selbst aufmuntern? Oder ihr makelloses Gebiss zur Geltung bringen? Diese Janusköpfige, halb Affe, halb Huhn, die wohl irgendeine Kinderkrankheit daran gehindert hat, eine normale Größe zu erreichen, ist jedoch imstande, sich bei den Deutschen unterzuhaken, dank sehr hohen Absätzen, die es ihr ermöglichen, den Ellbogen eines durchschnittlichen Fritzen zu erreichen. Die einen meinen sie sei Halbjüdin, die anderen sie sei Vierteljüdin. Es heißt, sie habe den Kommandanten in der Tasche und ihre überschäumende Heiterkeit gehe mit einer erfinderischen und unersättlichen Grausamkeit einher. Aber wie soll jemand mit so einem Äußeren denn sanft und rechtschaffen sein? Die Zwergin und das Lager. Sind sie nicht wie geschaffen, gemeinsam zu gedeihen – wie zwei Geschwüre ein und derselben Krankheit?
[…]
Es geschah beim Appell. Die Zahl stimmte nicht. Wir waren an die zehnmal durchgezählt worden. Haben wir Minuten, Stunden gewartet? (Vielleicht gibt es im Schrecken nur Jahrhunderte.) Die Zwergin trampelte auf ihren hohen Absätzen. Ganz allein in der Mitte des riesigen Platzes schwang sie hin und her wie eine entnervte Glocke. Eine fehlte.
Sie wurde auf ihrem Strohsack schlafend in einer der Baracken gefunden.
Die Hände auf dem Rücken, umkreist die Zwergin die Unglückliche, die sich, kaum wach und dösig, ihrerseits um diese herumdreht. Schließlich bleibt die Polakkin stehen, winkt Otto, einen Lagerkapo, herbei. In diesem Augenblick tritt vollständige Stille ein, als hielten Tausende von Leuten gleichzeitig den Atem an, und mir wird klar, dass das Mädchen verloren ist. Ihr selbst aber nicht. Sie sieht die verkrüppelte Person vertrauensvoll

an, als wollte sie sagen: Ich kann nichts dafür, ich habe doch nur geschlafen.

Otto – ich habe ihn beim Appell kennengelernt – ist Deutscher und vor dem Krieg als Schwerverbrecher zu elf Jahren Gefängnis verurteilt worden. Ein Goliath, Bürstenschnitt, fett, rosiger Teint voll Sommersprossen (sogar seine große, dicke Hand ist davon übersät). Er winkt das Mädchen heran und befiehlt ihm, die Hände auszustrecken. Folgsam wie in der Schule gehorcht sie. Die Peitsche saust zweimal nieder, sie stöhnt, bleibt aber stehen.

„Zieh dich aus!".

Die blutenden Finger versuchen, den weißen Kittel aufzuknöpfen, haben aber nicht die Kraft dazu. Otto reißt ihn ihr vom Leib. Er zieht seine Lederjacke aus, legt sie sorgfältig gefaltet auf den Boden. Diese sorgsame, bedächtige Art, seinen Mord vorzubereiten, erschüttert mich mehr als alles Folgende.

Zum Glück wird sie fast sofort ohnmächtig. Otto schlägt weiter zu, bis ihm die Luft ausgeht. Er ist schweißgebadet, sein Hemd klebt ihm auf der Haut. Das, worauf er schlägt, ist nur noch ein Ding. Nach getaner Arbeit tobt er aus schierem Vergnügen weiter. Er mag das. Schließlich wird er von der Zwergin gestoppt. Sie beugt sich über den Körper, hebt den Kopf mit der Spitze ihres Absatzes an. Otto wischt sich die Stirn. Diejenige, die aufgehört hat, eine Nummer zu sein, wird weggebracht. Der Appell geht weiter.

Ana Novac

[undatiert]

Zwischen diesen neuen Betten geht man gezwungenerweise viel mehr hin und her. Es ist so eng, dass man verrückt werden könnte. Geschrei, Getrampel, höllischer Tumult, unaufhörlich Streit und Stöhnen. Unendliche Wanderungen mit Strohsäcken, Suppenschalen, kärglichen Nahrungsresten, die mitgeschleppt und liebevoll auf irgendeinem stinkenden Fetzen ausgelegt werden. Endloses Umher. ziehen mit Brettern, elenden Fetzen und noch feuchter Wäsche. Hin- und Hergehen, verzweifelte Schreie, Kinderweinen, überall Staub und Stroh, Gestank, Abfälle und Exkremente.

Hanna Lévy-Hass

Nachdem die Bettgestelle verkleinert wurden und noch mehr Menschen in die Baracke zogen.

Februar 1942

Ich bin ein Jude aus dem Jenseits. Das ganze jüdische Volk wird ermordet, ich selbst habe eine ganze Stadt

von Juden begraben ..., in Chelmo. Sie bringen alle um, mit Gas, im Wald, und begraben sie in Massengräbern.
Jakob Grojanowski

Januar 1945
Allgemeine Unterernährung. Nur mit großer Mühe gelingt es einem, sich zu bewegen. Niemand ist imstande, normal aufrecht zu gehen. Alle Leute wanken, schleppen die Beine nach. Ganze Familien sterben in wenigen Tagen. Die alte M. ist schnell gestorben; am übernächsten Tag war die Reihe an ihrem Mann, und dann kamen die Kinder, vom Hunger und den Läusen gefällt. Eines davon ist ein kurzsichtiger Bursche: Er ist mit dem Ungeziefer nicht fertig geworden, das seinen Körper überschwemmt hat und tief in die Haut eingedrungen ist, das sogar in seinen Wimpern sitzt – seine Brust ist ganz schwarz von den Tausenden von Läusen und ihren Nestern So etwas hatte man noch nie gesehen, man konnte sich nicht einmal vorstellen, dass sich etwas Derartiges ereignen könnte. Und der Unglückliche ist davon völlig vernichtet, abgestumpft, er sieht bereits aus wie ein Idiot. Man sagt, er sei ein sehr intelligenter Junge gewesen, früher. Heute zieht er seinen langen, knochigen Körper langsam von einem Ende der Baracke zum anderen und stöhnt und jammert dabei. Jeder geht ihm aus dem Wege. Seine Schwester und sein Bruder fürchten seine Gegenwart, seine Flöhe und seine Klagen und hüten sich auch vor einer Annäherung. In einer der letzten Nächte schleppte er seinen überflüssigen Körper traurig von einem Bett zum anderen, bis zum Morgen, und bat die Leute, ihm ein wenig Platz zu machen, aber alle stieben ihn voll Abscheu zurück. Übrigens liegen wir zu zweit in einem Bett, und für ihn fand sich kein Partner, kein freies Bett, denn es gibt keins. So stirbt der junge M., ohne einen Platz zu finden, wo er seinen Leib hinlegen kann. Eine traurige Geschichte. Andererseits ist sein Fall keine Einzelerscheinung. Ähnliche Fälle findet man zu Tausenden in diesem Lager. Vor allem unter den Alten. Ihr Los hat etwas Schreckliches. Ein düsteres, unwürdig hässliches Ende erwartet sie alle: dieser schmerzlich und langsame Prozess des Todes in der Zersetzung und Fäulnis ihres eigenen Körpers.
Hanna Lévy-Hass

05. Oktober 1944
Eine Morgenszene. In der Ecke zwischen den Pritschen und dem Abort studiere ich vom frühen Morgen an „Die Epoche der Renaissance in Rom" (das Buch habe ich von Szenkier bekommen). Auf der Pritsche vor mir spielt

Szajn mit irgendjemandem Karten. Direkt daneben erteilt der junge Berger einem Jungen Rechenunterricht, wobei er das aus der Pritsche herausgenommene Brett benutzt. In einiger Entfernung von uns betet eine Gruppe laut in Tallitot. Auf der benachbarten Pritsche lernt Tomkiewicz Englisch, neben ihm lernen Bojman und Lindberg Französisch. In einer anderen Ecke untersucht ein Arzt, selbst Häftling, seinen Leidensgenossen. Daneben feilscht Ajerman mit Prajs, von dem er für Brot einen Anzug kaufen möchte. Auf der oberen Pritsche über mir verbindet Dab seine Geschwüre und dicht neben ihm durchsucht Degensztajn sein Hemd nach Läusen… Das alles passiert auf einer Fläche von etwa 2,5 m. Das ist so ziemlich das normale morgendliche Bild aus unserer Baracke.

25. Januar 1945

Ankunft eines Häftlingstransports aus Auschwitz. Sie berichten, dass aus Auschwitz hauptsächlich Männer in Lager nach Deutschland geschickt würden. Kinder würden an Ort und Stelle liquidiert. Nachrichten über die Befreiung von Posen, Breslau.

19. März 1945

Allgemeine Freude. Es sind Pakete vom Schwedischen Roten Kreuz für unser Gelände gekommen (342 Pakete). Jedes Paket enthält: 1 Kilo Zucker, 1 Kilo Margarine, 13 Matzestücke, ½ Kilo Erbsenpulver und zwei Suppenwürfel. Die Fachleute haben sofort den Preis eines Pakets auf sechs Kilo Brot festgesetzt. Einen Tag vor Eingang der Pakete verkaufte ich meinen sorgfältig für die letzte Stunde aufbewahrten Ehering für Brot. Die Pakete stärken uns, nach ein paar Tagen sind aber die Vorräte zu Ende. Cesia kauft bei einem Ungarn über den Drahtzaun für eine Steckrübe und eine Rote Bete ein Stück Salami.

27. März 1945:

Ich streite mich mit den Barackenältesten Igra und Sołowiejczyk um einen getrennten Pritschenplatz für Borensztajn, der erneut versucht hat, sich das Leben zu nehmen. Am Morgen liegt Borensztajn tot neben mir auf der Pritsche. In der Nacht hat er das Zeitliche gesegnet.

28. März 1945

Die Holländer verkaufen alles fast für umsonst, zu Schleuderpreisen. Einen Herrenmantel bieten sie für 300 Gramm Brot an. Der Hunger wird immer größer. Die KZ-Häftlinge werden angeblich mit Spritzen liquidiert. Im Krematorium werden Leichen haufenweise verbrannt. Angst vor der Evakuierung des Lagers.

Józef Gitler

22. April 1944
Meine Lederjacke wurde gestern von einem Tauschexperten auf den Wert von 20 cm Brot taxiert. [...]
Die Moffen schimpfen und fluchen viel, tun aber wenig. Sie sind wie die bellenden Hunde, die nicht beißen. Nur hin und wieder verhängen sie eine exemplarische Strafe, so wie gestern, als ein alter Mann, der über der Arbeit an den Schuhen eingeschlafen war, unter einem tropfenden Dach stehen musste. Stundenlang stand er, unterdes die kalten Wassertropfen stetig in seinen Nacken tropften. Und heute bekam jemand drei Tage Bunker, weil er während seiner Arbeit auf einem kleinen Ofen ein paar Bohnen kochte. Das Kochen ist streng untersagt, gerade weil die SS weiß, dass in den wenigen Päckchen, die uns erreichen, auch Erbsen und Bohnen sind. Wir sollen sie roh essen.
Renata Laqueur

11. August 1943
Heute Nacht hat Jopie einen Sohn bekommen. Er heißt Benjamin und schläft in der Schublade eines Schrankes. Neben meinen Vater wurde jetzt ein Wahnsinniger gelegt.
21. August 1943
Anne-Marie hörte auf der Heide eine Mutter zu ihrem Kind sagen: „Und wenn du jetzt nicht lieb deinen Pudding aufisst, musst du ohne Mami auf Transport."
Etty Hillesum

22. März 1943
Ein Transport mit 500 Menschen, die meisten von ihnen über 55 Jahre alt. [...] Was für eine verzweifelte Lage. Alte Menschen, die kaum laufen konnten. Jemand mit einem Holzbein fiel im Flur der Länge nach hin. [...] Auf dem Flur vor der Tür zum Krankensaal saß ein altes Mütterchen und weinte. Sie hatte keinen Mantel an und nur Hauspantoffeln an den Füßen. Die Helden, die sie abgeholt hatten, hatten ihr nicht die Zeit gegönnt, ein paar Kleidungsstücke mitzunehmen. Ich konnte den Anblick nicht länger ertragen und lief zurück in den Krankensaal, wo es genauso tragisch zuging wie draußen. [...] Die Kranken wurden der Länge nach auf Bänke gelegt, und niemand würdigte sie danach auch nur eines Blickes. Im Krankensaal bekam jemand einen Nervenzusammenbruch, und man brauchte sechs oder sieben Männer, um ihn festzuhalten. Diese Anfälle wiederholten sich ein paar Mal am Tag, und das Ganze dauerte einen Tag, vielleicht auch drei oder vier. Dann bekam er einige starke Spritzen, wurde auf einer Trage festgebunden und mit dem nächsten Transport nach

Westerbork gebracht. Von der Zugfahrt hat er wahrscheinlich nichts mitbekommen, denn man hatte es so eingerichtet, dass er bewusstlos bleiben sollte, bis er in Westerbork ankam. [...]

Mein Mann, der in zwölf Tagen nur ein einziges Mal die Sachen hatte wechseln können und überall schlief, wo er irgendwie die Gelegenheit dazu bekam, fühlte sich nicht mehr wie ein Mensch. Es braucht nicht viel, damit ein Mensch unter solchen Umständen degeneriert.

31. April 1943

Wir hatten ungefähr fünfzig Kranke mehr als vorher. Das war eine Folge der Entlausung, bei der wir alle nackt hatten draußen stehen müssen. Es gab Leute, die Fieber hatten, und auf die musste man ständig aufpassen. Und für die Kranken gab es so wenig Hilfe. Ärzte waren genug anwesend, aber keiner von ihnen hatte Material bei sich. Also wehe denen, die wirklich ernsthaft krank wurden. Babys schmolzen weg wie Schnee in der Sonne. Für Kinder unter zwei Jahren war Überleben unmöglich. Masern und Scharlach waren etwas ganz Normales. Manchmal starben die Kinder, ohne dass jemand hätte sagen können wieso. Sie kamen gesund und munter hier an, und woran starben sie? Ältere Menschen starben auch. Einmal sogar vier in einer einzigen Nacht.

Klaartje de Zwarte-Walvisch

1943

Wir fügen eine Korrespondenzkarte bei, als Absender eine Adresse angeben, an die sie schreiben können – sehr wichtige Nachrichten – jedes vierte Wort lesen oder die ersten Buchstaben aller Wörter.

28. Januar 1944

Nach einer zweijährigen Pause werden seit dem 26. 1. 1944 wieder Transporte mit Kranken zusammengestellt, wahrscheinlich in die Gaskammer. Es sind: 1. arbeitsunfähige Menschen, 2. Geschlechtskranke, 3. Tuberkulosekranke oder durch Tuberkulose Infizierte, 4. Menschen mit nicht heilenden Wunden oder Tumoren, 5. alle mit jeder Art von Anomalien und Epileptikerinnen, 6. Jüdinnen, 7. ungefähr 40 jüdische Kinder, die seit ein paar Monaten im Lager sind. Viele von ihnen sind krank, aber heilbar; viele behindert, aber gesund. In der Regel sortieren sie die Menschen aus, die nicht arbeiten können, aber auch eine sehr große Anzahl von arbeitsfähigen Frauen ist in diesen Transport einbezogen worden. Von der Gruppe der Operierten, den sogenannten Kaninchen, von den Russinnen aus der Roten Armee und von den Bibelforscherinnen fährt niemand, weil der Arzt allein nicht die Kompetenz hat, sie auszuwählen. Was die vorhergehenden Transporte anbetrifft, so wissen wir, dass es Todestransporte waren, denn die Kleider sind blutverschmiert zurückgekommen, und die Angehörigen bekamen eine Todesnachricht. Nach dem Protest gegen die Aufforderung, sich für ein Bordell zu melden (20. 1. 44) haben wir die Sympathie des ganzen Lagers auf unserer Seite. Die Päckchen für unseren Block wurden zur Strafe beschlagnahmt und an andere verteilt, nur die Deutschen und Volksdeutschen haben davon genommen, die anderen haben sich verweigert.

15. Februar 1944

Eine Deutsche hat dem Kommandanten gesagt, sie habe sechs Söhne für die Front hergegeben und jetzt solle sie vergast werden. Da hat er vor dem ganzen Transport sein Offiziersehrenwort gegeben, dass es sich bei diesem Transport um einen Austausch mit jungen Arbeitskräften handele. Sie würden an ihre Familien schreiben können, es werde noch einige Transporte dieser Art geben und die Geisteskranken führen separat. Sie fuhren in Güterwagen zu 30 Personen fort, bekamen Proviant für drei Tage, zwei Eimer Kaffee, zwei Ballen Stroh, einige Schwerstkranke blieben. Einige Kranke trug man auf Bahren, wir wissen, dass es 40 Ohnmachtsanfälle auf dem Bahnhof gab. Rozalia Kiryło Nr. 7702 bittet ihre Familie zu benachrichtigen. Die Adresse: Karolina Dudzińska, Warszawska Str. 6, Terespol am Bug. Sie war zwar ernsthaft krank, aber heilbar (zu viele rote Blutkörperchen). Riesige Transporte im Lager angekommen, darunter sind schon 3 000 politische Französinnen, Jugoslawinnen, holländische Jüdinnen mit Kindern usw. usw. Aus Frankreich werden alle Gefängnisse zu uns evakuiert.

Krystyna Czyz-Wilgatowa

Unter diesem Namen wurden Briefe verschiedener Personen verschickt.

[undatiert]

Unsere Arbeit bestand darin, erstens sie in Empfang zu nehmen, die meisten kannten den Grund nicht … den Menschen, bei denen ich gesehen habe, dass ihr Schicksal besiegelt war, habe ich die Wahrheit gesagt. Nachdem alle nackt waren, gingen sie weiter in die Todeskammer, da drinnen hatten die Deutschen an der Decke Rohre angebracht, damit sie glauben, dass sie das Bad vorbereiteten, mit Peitschen in der Hand zwangen die Deutschen sie, immer enger zusammenzurücken, damit möglichst viele hineinpassen, eine

wahre Sardinendose von Menschen, danach haben sie die Tür hermetisch verschlossen.
Marcel Nadjari

Marcel Nadjari war Teil des Sonderkommandos Auschwitz; das Dokument hatte er in einer Thermosflasche vergraben.

31. Juli 1942
Wie junge Hunde warfen sie die Kinder in die Abtritte, sie warfen sie lebendig in die Gruben. Viel kann ich nicht schreiben, doch ich hoffe, dass irgendjemand zufällig mit dem Leben davon kommt, der von unseren Qualen, von unserem blutigen Ende berichten wird.
[unbekannt]

16. Februar 1942
Here it is a hellish mess, everything is upside down. They have built a village of barracks, and they are not small […]
They also have a concentration camp here with about 50,000 convicts. They all wear black and white striped suits. Most of them are Polish, but also German. Among the Polish are many men of the more intelligent class. They will keep them here on purpose.
[unbekannt]

07. August 1943
Wenn du mir schikst, so sehe zu, wenns möglichst viel zu essen, vorallendingen Brot, und wenn ihr mal ein stück Kuchen habt würde mich sehr freuen, ihr könnt ja auch alte Semmeln reingeben. Die können ganz trocken sein, etwas (…) oder Leinstoff, wenn ihr habt ein paar (…) und was ihr sonst noch alles könnt, ich bin euch für alles dankbar, denn der Hunger ist gros.
Willi Frohwein

16. Oktober 1944
At first we hoped that the police and the army would protect us, but after a phone call we learned everything. Slowly morning arrived, but the events of the day made our situation hopeless. K.S. came at 6. He was about to faint after he fought with four Nazis who beat him terribly. He barely escaped with his life. He was stumbling and trembling and could not start talking because of what he had seen and been through. I write fast, who knows if I will have time to finish?
Pinchas Eisner

09. Juni 1943
Liebe kleine Frau,

es war eine gewaltige Erleichterung für mich, als dein Name genannt wurde und ich erfuhr, dass du noch in Vught bist. Deine Unterschrift. Ich habe in diesem Augenblick tatsächlich kurz geweint. Es gab hier eine große Erschütterung. Aber ich werde dir die ganze Geschichte von hier erzählen. Am Dienstag auf der Arbeit regnete es, und wir durften uns in einem großen alten Eisenbahnschuppen unterstellen. Hier wurde bekannt gegeben, alle Frauen, deren Männer in Moerdijk arbeiteten, seien gesperrt. Ein Jubel erklang. Es regnete immer weiter, und der Unterscharführer verlangte nach ein wenig Ablenkung. Wir mussten ein Kabarett aufführen. Jeder trug etwas vor. Es war alles ganz lustig. Als wir ins Lager zurückkamen, war es wie ein harter Schlag ins Gesicht. Mehr als 3600 Frauen und Kinder. Was für ein Elend. Männer liefen herum und weinten wie Kinder. Kurz darauf bekam ich deinen Brief. Da war ich sehr froh. Das kannst du dir sicher vorstellen. Nur der Inhalt, den fand ich sehr pessimistisch. Ich hoffe sehr, dass ich nie einen Abschiedsbrief von dir empfangen muss. Das Schlimmste war, dass unsere Lagerleitung über alles Bescheid wusste. Es war nämlich etwas durchgesickert, aber sie stritten alles ab. Wenn du jemals wegmusst, musst du dafür sorgen, dass man dich in Westerbork im Krankenhaus aufnimmt. Ich finde es schrecklich, dass Ans schon weitermusste. Nun bekommen wir auch keine Pakete mehr. Kannst du nicht etwas Essen für mich in eine Flasche tun? Probier es mit einem einzigen Topf. Ich werde dich dann wissen lassen, ob es sich gut gehalten hat, und dann kannst du mir mehr schicken. Es geht mir hier gut. Wir werden besser behandelt als in Vught, aber es gibt viel zu wenig zu essen. Wenn du ganz still bist, kannst du meinen Magen bis nach Vught knurren hören. Also noch mal. Probier es einmal mit Kohlsuppe, davon bleibt doch immer etwas übrig. Deinen Brief, in dem du schriebst, dass du alle meine Briefe bekommen hast, habe ich mit Freude gelesen. Es ist sehr schwirig, sie jemandem mitzugeben, aber ich tue es, wenn es irgend geht. Und wenn du einmal keine Post bekommst, sind es beim nächsten Mal zwei Briefe. Ich habe große Hoffnung, dass du in Vught bleiben kannst. Kannst du nicht irgendwo arbeiten? Vielleicht macht das einen Unterschied. Du weißt doch, dass ich dich brauche? Quarantäne ist nicht schön, aber ausschlafen dürfen ist auch etwas wert. Findest du nicht? Nochmals danke ich dir für das Päckchen, das du mir am Sonntag geschickt hast. Wie hast du das nur geschafft? Auf Wiedersehen, Schatz. Sei tapfer, hörst du. Du weißt es. Ich komme zu dir zurück.

Dein Mann.
Joseph de Zwarte

04. November 1941
My dear sister, for a few days a terrible danger has been threatening us, we shall be sent on foot to the Ukraine (so they tell us) for colonization there. You can imagine our situation when we must go such a long way on foot, the weather being so cold, with a small child and with the few things which we will be able to drag along, that is to say, only food for the journey. They say that we shall be sent in groups of 2,500 persons, so that within four days nobody will remain here. The first group left yesterday, among them Rosa with the children, may God protect them.
Ida Goldiş

03. Juni 1942
In general, you do know what our position is in our native country, but you cannot possibly imagine the immense tragedy which is taking place here. Tens of thousands of our fellow nationals have already left the country almost barefoot and naked. Now our turn has come. By the 14th of this month we are due to leave our present locality, as all Jewish inhabitants of the small communities are obliged to gather in the district towns of their regions, from where they are being sent away in transports. In scaled cattle cars, of course. What is their destination? They disappear! I hope that I will be able to bear the hardship which we will have to face, Old people and babies, and even the disabled and severely ill persons will be sent for liquidation in this 'humane Christian' manner (words of the officer in charge here).
Pinhas Stirikus

September 1942
Today, 3 October (should read September 1942, it is exactly two weeks since the horrible slaughter in Luck and its surroundings. For two gruesome weeks we – a few Jews who had succeeded in escaping from Luck at the very last moment – have been roaming about without sleeping at night, since death threatens us every moment. Out of the forest and back into the forest. We have become forest men. It happens that for two or even three days we are without a piece of bread, a drop of water. Our eyes are no longer able to shed tears. The heart burns with pain, there is a pressure so strong as to break it, and there is no help. We are all condemned to death. My dear son David – God knows if he is still alive – your mother was like a dove when they led her to

the slaughter. I did not witness this with my own eyes; to my great pain and despair fate willed it that I should abandon my dear wife and son and escape alone like a coward. However they are in a better position now than I am, they have already gone through what they had to, and every moment I expect to be caught.
Chaim Prinzental

Juli 1941
Das Wetter ist recht schön, warm, weiße Wolken, Wind. Es ist der 11. Juli – vom Wald (kommen) Schüsse. Anscheinend finden dort Übungen statt, da sich im Wald, auf dem Weg zum Dorf Nowosiólki, ein Munitionsdepot befindet. Es ist etwa vier Uhr nachmittags. Die Schüsse dauern eine Stunde, zwei Stunden. Auf der Grodzienka erfahre ich, dass man viele Juden in den Wald getrieben hat. Und plötzlich schießt man auf sie. Es war der erste Tag der Erschießungen. Ein belastender Eindruck. Die Schüsse verstummten nach acht Uhr abends, danach gab es keine Salven mehr, sondern nur einzelne Schüsse. Es wurden 200 Juden gesehen. Auf der Grodzienka steht ein litauischer Militärposten, der die Passanten überprüft. Am nächsten Tag, dem 12. Juli, am Samstag, wissen wir bereits, was das bedeutet, als um circa drei Uhr nachmittags eine große Gruppe von Juden – ungefähr 300 Leute – in den Wald geführt wird. Überwiegend Intelligenz, gut gekleidet, mit Koffern, bekannt aus dem Wirtschaftsleben. Eine Stunde später begannen die Gewehrsalven. Es wurden jeweils 10 Personen auf einmal erschossen. Man zog ihnen die Mäntel Mützen und Schuhe aus (aber nicht die Hosen!). Weitere Erschießungen fanden an folgenden Tagen statt: 13., 14., 15., 16., 17., 18. Juli und am Samstag, den 19. Juli. Es schießen Sraulis, junge Burschen zwischen 17 und 25 Jahren. Im Haus von Juchniewicz hat sich ein Militärposten eingenistet, der die Gegend bewacht. Eine Gruppe von Juden (5 Personen) geht zum Posten, holt sich Schaufeln. Es zeigt sich, sie werden die gestern Erschossenen (mit Erde) bedecken. So geht es die ganze Woche. Dann wird der Militärposten bei Juchniewicas geräumt. Nur Sanlisi schießen und halten Wache
August 1941
Man erschoss am 1. und 2. August Gruppen von jeweils mehr als 300 Personen. Kiejzik nistete sich bei Wereszka ein. Piotr Kiejzik, ein (ehemaliger) Zögling aus dem litauischen Kinderheim von Pater Bieliauskas in Zarzecze, wütet. Kiejzik, [ist als] Dieb [bekannt], er beraubte die Druckerei der Ruch in Podbrodzie. Er schleppt Kleider nach 9 Uhr abends, wenn ihn niemand sieht, da man um diese Zeit nicht ausgehen darf. Die

Leute, die Kleider anbringen, kommen an uns vorbei. Einen von ihnen frage ich, ob er mir die Kartoffeln, die er im Sack auf dem Rücken trägt, nicht verkaufen könne. Er geht wortlos weiter zu Wereszka. Kiejzik erpresst die Juden in Ponary, wie etwa die Familien Ponas und Szapiro. Ponas raubte er ein Radio und, so wie ich hörte, auch viele andere Sachen. Er dringt eigenmächtig in die Häuser ein, mit dem Vorwand nach Waffen [zu suchen] und trägt anschließend Kleidung heraus. Für die Deutschen bedeuten 300 Juden 300 Feinde der Menschheit, für die Litauer sind es 300 Paar Schuhe, 300 Hosen usw. Vom 3. bis einschließlich 5. August wurde nicht geschossen.

11. August

Ein Personenwagen mit dem Kennzeichen) NV-370 fuhr vor. Zwei vergnügte litauische Damen in Begleitung eines Herrn machten einen Ausflug mit dem Auto, um sich die Erschießungen anzusehen. Nach den Erschießungen kamen sie zurück, ohne dass ich Trauer in ihren Gesichtern bemerkt hätte.

19. August

Man erschießt Leute gruppenweise, von hinten, in den Rücken oder man tötet sie mit Handgranaten oder Maschinengewehren, wenn es regnet oder spät ist. Einer der Gefangenen flüchtete, nur mit Unterwäsche bekleidet, bis nach Deginie. Man holte ihn ein und erschoss ihn. Kinder hüteten Kühe und er lief auf sie zu, sie aber flüchteten. Einige Meter von dort entfernt wuchs hoher Roggen. Für gewöhnlich (er)schießt man Gruppen von jeweils zehn Personen; nur denen, die es wollen, verbindet man die Augen. Die nachfolgende Gruppe sieht die (Leichname der) vor ihnen Getöteten, da die Erschossenen nicht sofort mit Erde bedeckt werden. Nein! Über die Leichen gehen die zukünftigen Leichen.

17. November

Es kamen 4 Lastwagen, darauf nur Männer. Dann wurde eine Jagd veranstaltet. Die Todgeweihten zerstreuten sich im Wald und man hetzte sie. Davon zeugten einzelne Schüsse, die in allen Ecken des Waldes hallten. Die Jagd dauerte ca. 2 Stunden, dann war es still.

April 1943

Während knapp 4 Stunden wurden also etwa 2 500 Menschen getötet oder sogar mehr. Es konnten nur wenige, ungefähr 50 Personen fliehen. Dass sich nur so wenige retten konnten, kann man damit erklären, dass nur einzelne Personen flohen. Wenn z. B. eine Gruppe von 200-250 Gefangenen geführt wurde, dann ergriffen immer nur 4-5 von ihnen die Flucht. [...]

Eine mit Blut beschmutzte Frau in Unterwäsche kriecht gellend schreiend heraus. Ein Litauer durchsticht sie mit dem Bajonett, sie fällt zu Boden, ein anderer erschießt sie schließlich aus unmittelbarer Nähe. Der Rest der Gefangenen wird in die Grube gejagt, ein Teil von ihnen, etwa 15-20 Personen, muss sich an den Rand der Grube setzen. Ich sehe Kinder, alle in Unterwäsche. Es fallen Schüsse.

Juli 1943
Mäuschen, eine kleine, graue Hündin mit Hängeohren und langem Schwanz, bellt abends schrecklich, sogar bis spät in die Nacht, aber morgens kann man sie sehen, wie sie vom Stützpunkt zurückkehrt. O ja! Die Kinder der Familie Jankowski und Rudzinski kennen das Mäuschen, denn sie weiden das Vieh auf dem Stützpunkt und sie haben sie oft aus der Grube verscheucht. Sie (die Hündin) gräbt die Erde in der Grube auf, zerreißt dann Kleidungsreste an den Opfern und frisst sie, die Opfer. Sie reißt Busen, Bauch, Beine, Gesicht, Wangen, d. h. das, was sie ausgräbt. Sie ist ein kleines Ungeheuer. Aber Sieniuc ist stolz darauf, dass er ein solches kleines Monster besitzt. Dabei stammt er selbst von Juden ab. Vielleicht frisst die Hündin seine nahen Verwandten?
Kazimierz Sakowicz

Ausschnitte aus dem Tagebuch des Journalisten Kazimierz Sakowicz, der die Geschehnisse unweit von seinem Haus in Vilnius beobachtete.

11. November 1943
Am 5. dieses Monats wurden aus Shavli alle Kinder bis 13 Jahren zusammen mit den Alten geholt. Man sagte ihnen, man würde sie nach Kovna bringen, und sicherlich wurden alle schon getötet. Etwa dreitausend Menschen sind noch dort in der Stadt geblieben.
Wir erwarten unser Schicksal in der allernächsten Zeit. Diese Worte, zusammen mit anderen Dokumenten, lege ich hier in die Genisa ab, und ich bete drum, dass sie Euch erreichen.
Wir haben mit Sicherheit erfahren, dass die Deutschen jetzt damit beschäftigt sind, jede Spur ihrer mörderischen Taten zu beseitigen und zu verwischen. Die Knochen unserer Märtyrer werden jetzt im Neunten Fort und an allen anderen Orten, an denen es sie gibt, von Spezialisten, einschließlich Chemikern, verbrannt. Mit Liebe, Zärtlichkeit und Segen
Euer Vater
Elchanan

07. April 1943
Der Winter 1941/42 war überaus hart und kalt, und es

war wirklich schwer, sich am Leben zu halten. Menschen sind massenweise an Hunger und Kälte gestorben, doch trotz der Raubzüge, Durchsuchungen, der steigenden Hungersnot und der Kälte lebten die Menschen weiter. Die Leute verkauften ihre Gegenstände, ihre Kleidung, Bettwäsche, usw. und arrangierten sich irgendwie. Bis zum März 1942. Dann begann der Alptraum aufs Neue. Eine wahre Bartholomäusnacht (23. März 1942). Dem Judenrate wurde befohlen, ein Kontingent von 700 Menschen aufzustellen, die ermordet werden sollten. Was, Ihr wollt nicht glauben, dass das wahr ist? Doch, so war es. Unsere Brüder, unsere Polizisten waren es, die die Menschen zu ihrem Tod führten. Der Sammelplatz der Opfer war die ehemalige Synagoge. Dort war schon eingeheizt, damit die Armen vor ihrem Tod nicht unter Kälte leiden mussten. Sie erhielten auch Brot mit Marmelade, danach wurden sie auf Lastwagen geladen und nach Janowska transportiert. Alles war fertig und vorbereitet: Gräber, Maschinengewehre, alles. Wie furchtbar war diese Nacht. Doch dies war nur der Anfang. […]

Der 31. August war furchtbar. Tausende wurden in geschlossene Viehwaggons gepfercht. Frauen, Männer und Kinder, Alte und Junge, alles wurde in Waggons geladen und in einen besonderen Schlachthof für Menschen namens Beec' gebracht. Die einen sagen, dass sie dort vergiftet wurden, andere, dass sie mit elektrischem Strom getötet wurden. Es ist nicht genau bekannt, wie man dort ermordet wird. Ich möchte noch anfügen, dass Davids Familie schon längst eliminiert wurde. Überall das Gleiche, in den Städten ebenso wie in den entlegensten Dörfern. Genau das Gleiche. Der Befehl war allerorts derselbe Befehl.

Moschia

[undatiert]
Liebe Schwester, lieber Schwager!
Ich schreibe Euch diesen letzten Abschiedsbrief vor meinem Tod. Ich werde den Brief bei einem Christen lassen, der ihn nach dem Krieg an Euch schicken wird. Ich schreibe Euch von unserem tragischen Tod, dem Tod, der alle Juden des Städtchens traf – sie wurden während sieben Tagen im Monat Elul' erschossen. Ich mit Judke und Scharke und Itzik sind geflohen. Wir liefen kopflos weg und verloren einander. Sie haben Selda erschossen und […] zusammen mit allen Juden. Alle Juden von Moletai liegen in einem Grab hinter den Höfen von Moletai begraben, bei Latke. Ich lag in einer Kuhle, mit Judke, 16 Stunden lang.

Wir haben schrecklich gelitten…
[unbekannt]

[undatiert]
Meine lieben Eltern!
Wenn der Himmel Papier und alle Meere der Welt Tinte wären, könnte ich Euch mein Leid und alles, was ich rings um mich sehe, nicht beschreiben.
Das Lager befindet sich auf einer Lichtung. Vom frühen Morgen an treibt man uns in den Wald zur Arbeit. Meine Füße bluten, weil man mir die Schuhe weggenommen hat. Den ganzen Tag arbeiten wir, fast ohne zu essen, und nachts schlafen wir auf der Erde (auch die Mäntel hat man uns weggenommen).
Jede Nacht kommen betrunkene Soldaten und schlagen uns mit Holzstöcken, und mein Körper ist schwarz von blutunterlaufenen Flecken wie ein angekohltes Stück Holz. Bisweilen wirft man uns ein paar rohe Karotten oder eine Runkelrübe hin, und es ist eine Schande: hier prügelt man sich, um ein Stückchen oder ein Blättchen zu erwischen. Vorgestern sind zwei Buben ausgebrochen, da hat man uns in eine Reihe gestellt, und jeder Fünfte der Reihe wurde erschossen. Ich war nicht der Fünfte, aber ich weiß, dass ich nicht lebend von hier fortkomme. Ich sage allen Lebe wohl, liebe Mama, lieber Papa, liebe Geschwister, und ich weine…
Chajim

Januar 1942
Doch das Unglück traf auch viele ohne eigene Schuld. So viele wurden nach Polen verschickt, nach Lodz und nach Theresienstadt, und es geht ihnen dort sehr schlecht. Es gibt zahlreiche Todesfälle. Manchmal scheint mir, dass wir niemals wieder fröhlich sein können, und andererseits fühle ich mich wie im Weltkrieg, als ich mich nicht selten schämte, weil ich an den wirklich schlimmen Sachen nicht teilgenommen habe.
[unbekannt]

11. Juni 1943
Aber ich musste mich im Wald bei Regen und Kälte verstecken – er fürchtete sich, mich im Haus zu behalten – daher ging ich zu Josek. Ich bin noch 10 Kilometer weit wie ein Blinder in der Nacht gegangen, an einer Wache vorbei, und kam im Morgengrauen zu Josek. Ich fand mich in der Nacht nicht zurecht, obwohl ich das Gelände kannte. Man sollte auch ihn entschädigen, denn wenn er kein Interesse an mir gehabt hätte, hätte man mich gefunden und erschossen, und er hatte Euch nur noch den Ort meines Grabes zeigen können.

14. Juni 1943
Meine geliebten Kinder!
all die Qualen, die wir durchgemacht haben sind nichts gegen die gegenwärtigen Qualen. Menschen wurden erschossen, Frauen und Kinder auf den Straßen der Stadt, sie wurden auf die Lastwagen gejagt, man brachte sie in die Wälder der Umgebung und tötete sie dort, entkleidete sie und nahm alles fort – zerstörte und vernichtete Eigentum, Häuser und Wohnungen, ermordete die Bewohner, sie begruben einander, und man schlachtete Menschen mit Äxten ab.
Mosche Ecker

[undatiert]
Lieber Leser,
Du wirst in diesen Zeilen die Leiden und Nöte beschrieben finden, die wir, die unglücklichsten Kinder der ganzen Welt, durchgemacht haben in der Zeit unseres Lebens in der irdischen Hölle, die Auschwitz-Birkenau heißt. [...]
Ich habe das geschrieben, als ich im Sonderkommando war. [...]
Ich wollte es, wie noch viele andere Schriften von mir, zur Erinnerung für die künftige Friedenswelt hinterlassen, die wissen soll, was hier geschehen ist. [...]
Lieber Finder. Ihr solle überall suchen, auf jedem Fleckchen. Da liegen zu Dutzenden Dokumente von mir und anderen begraben, die ein Licht werfen wollen auf alles, was hier geschehen und passiert ist.
06. September 1944
Ich habe das geschrieben, als ich im Sonderkommando war. Ich kam aus dem Kielbasiner Lager. Bei Grodno. Ich wollte es, wie noch viele andere Schriften von mir, zur Erinnerung für die künftige Friedenswelt hinterlassen, die wissen soll, was hier geschehen ist. Ich habe es begraben in einer Aschengrube als sicherstem Platz, an dem man sicher graben wird, um Spuren von den Millionen Umgekommenen zu suchen. Aber letztens haben sie angefangen, die Spuren zu verwischen – und wo nur Asche angesammelt war, haben sie angeordnet, alles fein zu zerstoßen und es zur Weichsel zu bringen und der Strömung zu überlassen.
Viele Gruben haben wir ausgegraben. Und jetzt befinden sich zwei solche Gruben auf dem Gelände des Krematoriums 1-2.2 Einige Gruben sind noch voller Asche. Da haben sie etwas vergessen oder es selbst vor ihren Vorgesetzten verleugnet, denn der Befehl lautete, so schnell wie möglich alle Spuren zu verwischen. Und als sie es nicht beizeiten ausgeführt hatten, haben sie es verleugnet. Vielleicht aus diesem Grunde sind noch

zwei große Aschengruben am Krematorium 1-2 da. Und viel Asche von Hunderttausenden Juden, Russen und Polen ist auf dem Gelände der Krematorien verschüttet und untergearbeitet worden. In den Krematorien 3-4 gibt es ebenfalls ein wenig Asche. Dort hat man die Asche immer gleich zerstoßen und zur Weichsel gebracht, weil der ganze Platz von den „Brandstätten" eingenommen war. Dieses Büchlein sowie noch andere haben in den Gruben gelegen. Es hat Blut an sich gezogen von zeitweise nicht ganz verbrannten Knochen oder Stücken Fleisch. Der Geruch macht sich gleich bemerkbar.

[undatiert]
Lieber Finder, suchen sollt ihr, überall, auf jedem Fleckchen. Da liegen zu Dutzenden Dokumente von mir und anderen begraben, die ein Licht werfen werden auf alles, was hier geschehen und passiert ist. Auch viele Zähne liegen begraben. Die haben wir Arbeiter vom Sonderkommando speziell auf dem Platz verschüttet, soviel nur möglich war. Die Welt soll lebendige Zeichen von den Millionen Getöteter finden. Wir selbst hoffen nicht, dass wir den Augenblick der Freiheit erleben können. Denn trotz der guten Nachrichten, die zu uns durchdringen, sehen wir, dass die Welt ihnen, den Barbaren, die Möglichkeit gibt, mit breitester Hand die kleinen Reste des jüdischen Volkes zu vernichten und mit der Wurzel auszurotten. Es macht den Eindruck, als seien die Welt, die alliierten Staaten, die Weltsieger, indirekt zufrieden über unser furchtbares Volksschicksal. Gerade jetzt kommen vor unseren Augen Zehntausende Juden aus Tschechien und der Slowakei um. Die Juden, die sicherlich schon die Freiheit hätten erreichen können. Wo nur den Barbaren die Gefahr nahe kommt, dass sie weggehen müssen, nehmen sie die Reste der noch Übriggebliebenen und bringen sie hierher nach Birkenau Auschwitz. Oder nach Stutthof bei Danzig. Wir wissen das von Menschen, die auch von dort zu uns kommen.
Wir, das Sonderkommando, wollten schon lange unserer grausamen, schauerlichen, durch Tod erzwungenen Arbeit ein Ende machen. Wir wollten eine große Sache durchführen. Aber die Lagermenschen, sowohl ein Teil der Juden, Russen als auch Polen, haben uns mit allen Mitteln zurückgehalten und es uns aufgezwungen, dass wir den Termin unserer Revolte hinausschoben. Der Tag ist nahe, kann sein heute, kann sein morgen.
Ich schreibe die Zeilen in Augenblicken größter Gefahr und Erregung. Möge die Zukunft nach meinen Schriften über uns urteilen und möge die Welt in ihnen einen

Tropfen, ein Minimum von der schauerlichen, tragischen Totenwelt sehen, in der wir gelebt haben.
(BIRKENAU-AUSCHWITZ) 6/9-44
SALMEN GRADOWSKI
(nicht lesbare Wörter)
Zainteresujcie się tym dokumentem, który zawiera bogaty materiał.
Заинтересуйтесь этим (док)ументом, ибо он (вме)шает в себя богатый материал для историка.
Interessez vous de ce document (parce) que il contien un materiel très important
Interessieren Sie sich (zwei Wörter nicht lesbar) dokument (zwei Wörter nicht lesbar) sehr wichtiges (drei Wörter nicht lesbar) (enth)ält.
Gewidmet meiner in Birkenau-Auschwitz verbrannten Familie:
Meiner Frau – Sonye
Meiner Mutter – Sore
Meiner Schwester – Ester-Rokhl
Meiner Schwester – Libe
Meinem Schwiegervater – Refoel
Meinem Schwager – Volf
[unbekannt]

Gradowskis Aufzeichnungen wurden in einer vergrabenen Feldflasche und in einer Blechbüchse gefunden.

02. April 1943
Diese Notiz wurde von Menschen [geschrieben], die noch 11 Stunden zu leben haben. Wer diese Notiz liest, wird es nur schwerlich glauben können, aber es ist die Wahrheit, und wenn nicht, so ist es wahr, dass sich an diesem Ort Eure Brüder und Schwestern befinden, die durch dieselbe Todesweise umkamen. Der Ort heißt Kolo, 12 Kilometer von dieser unserer Stadt entfernt befindet sich das Menschenschlachthaus, und wir haben dort als Handwerker gearbeitet. Unter uns waren Schneider, Schuhmacher und Schuster, wir waren 17 Handwerker, und dies sind ihre Namen:
1. Pinkus Grin aus Wloclawek
2. Jonas Lew aus Brzezany
3. Schmalka aus Brzezany
4. Zemach Schumirai aus Wloclawek
5. Jesip Meier aus Kalisch
6. Wachtel Simcha auch Leczyca
7. Wachtel Israel-Chaim aus Leczyca
8. Benik Jastaczewski aus Leczyca
9. Nussbaum Aharon aus (Sanniki)
10. Oser Strasburg aus Lutomierstk
11. Moschik Plotzker aus Kutno

12. Felek Plotzker aus Kutno
13. Josef Herschkowitz aus Kutno
14. Chezkel Serach aus Leczyca
15. Wolf Judkiewitz aus Lodz
16. Schaja Schlomowitz aus Kalisch
17. Getzel aus Turk
Dies sind die Namen der Menschen, die ich hier aufführe.
Dies sind nur wenige der Menschen von Hunderttausenden, die hier gestorben sind.
[unbekannt]

03. März 1943
Liebe Berthe. Das ist schon der vierte Brief. Ich befinde mich im Augenblick im Waggon. Wir fahren sicher nach Deutschland. Ich bin auch sicher, dass wir zur Arbeit fahren. Wir – das sind ungefähr 700 Mann. 23 Waggons. In jedem Waggon sind zwei Gendarme. Das ist ein Frachtwaggon, aber eingerichtet mit Bänken und Ofen. Natürlich deutsche Waggons. Natürlich ohne Aborte. Sie haben einen Eimer hereingestellt. Stell Dir vor, was für einen Eindruck das macht. Nicht jeder kann ihn benutzen. Man muss stark sein in jeder Lage.
[unbekannt]

03. September 1941
Wir wussten, dass das Leben nicht einfach sein würde, aber wir hatten die Hoffnung, dass man uns leben lassen würde, oder dass wir im schlimmsten Fall verhungern würden.
Am Morgen desselben Tages begann das erschreckende Schauspiel, wie in den Schauspielen Dantes. Nein, das stimmt nicht. Dante wäre nicht in der Lage gewesen, solch furchtbaren Visionen zu erfinden. Zwischen zwei Reihen Soldaten, mit Stöcken bewaffnet, wurden wir in den Wald geführt. Dort standen wir auf einem Gelände, umgeben von Maschinengewehren, und wurden langsam getötet.
Es starben dort 1900 Menschen. Die anderen gingen nach Hause. Auf diesem Gelände hinterließen wir unseren Vater. Wir trauerten nicht lange um ihn. Der gesunde Menschenverstand sagte uns, dass wir ein Leben haben werden, das schlimmer ist als der Tod.
Ich habe es nicht geglaubt, und doch wiederholte sich das Schauspiel. Diesmal verloren wir Russi, die uns nach dem Tod unseres Vaters wie ein Vater war.
Da sich in letzter Zeit alle Gerüchte als wahr herausstellten, verabschiede mich schon heute von Euch.
Bluma
Bluma Stirnberg

02. Juni 1943
Ich kam vor einem Monat aus Polen nach Pressburg. Ich bin der Hölle entronnen, um die Welt aufzuwühlen, auf dass sie nicht ruht und nicht schweigt, sondern für den kleinen Rest Überlebender handelt, der von mehreren Millionen Juden in Polen verblieben ist, nach meiner Schätzung 200 000 Juden. Sie befinden sich zumeist in Gefangenenlagern, sie kämpfen mit dem Tod, werden gequält, geschlachtet, verbrannt, erhängt, hungern, dursten und ersticken. Tag für Tag wird ihre Anzahl geringer. Es gibt noch solche, die sich verbergen, an geheimen Orten in dichten Wäldern, in den Wirren der Wälder verstecken und ihren Lebensunterhalt von demokratischen polnischen Bauern erhalten, die sie ernähren und ihnen knappes Brot und Wasser der Bedrängnis geben. Meine Meinung ist, wenn unsere Brüder, die Kinder Israels, diesen Brüdern nicht baldmöglichst zu Hilfe eilen, ist das Urteil bereits gefallen, durch Qualen zu sterben, die schlimmer sind als der Tod.
Elieser Unger

[undatiert]
Mein kleines Testament
Ich, Jitzchak Aaron, Sohn des Mosche und der Zierl, geboren und aufgewachsen im Städtchen Mir, Bezirk Wilna (ich wurde im Jahre 1914 geboren), überlebte das grausame Schlachten am 2. Juni (Dienstag) 1942, als die hitleristischen Wilden alle Juden des Städtchens, 926 Menschen herausholten und mit Hilfe der örtlichen Polizei 800 Juden, Frauen und Kinder abschlachteten wie Tiere (es überlebten nur 70-80 Menschen). Ich habe täglich meine Erlebnisse des Schlachtens aufgeschrieben, das heißt ab dem 2. Juni 1942 habe ich täglich geschrieben (allerdings in Kürze, wegen Papiermangels), an jedem Ort und unter allen Bedingungen, unter denen ich mich befand. Ich schrieb, als ich mich in Kästen, im Weizen, im Stall, im Wald, im großen Schlamm befand. So schrieb ich drei Monate und fünf Tage lang, das heißt bis zum 7. September 1942, bis das Heft vollgeschrieben war. Ich habe beschlossen, das wie mein Leben verschlissene und schmutzige Heft bei einem christlichen Bekannten zu hinterlegen.
[unbekannt]

06. September 1942
Die Juden von Estrik wurden gestern weggetrieben, und wir gehen heute, Männer, Frauen und Kinder. So ging auch Estrich nach einem unweit gelegenen Dorf, bei Linsk. Dort arbeitet Schmuel Lev die ganze Zeit

über. Man sagt, dass dort 3 000 Arbeitsfähige bleiben sollen und der Rest zur Schlachtbank gehen soll. In der ganzen Umgebung von Tanik treibt man 15 000 Seelen aus. Jetzt versteht Ihr meine Lage und die Lage aller Juden hier, mir scheint, dass sie jetzt schlimmer ist als bei der Zerstörung Jerusalems. Darum, geliebte Kinder, wie unsere Augen sehen, glaube ich, dass ich Euch jetzt einen Abschiedsbrief schreibe und dass ich von Euch und von dieser Welt Abschied nehme, weil Menschen von meiner Sorte nichts zu erwarten haben.
Josef Hager

15. November 1943
Am Mittwoch, dem 3. November, um sechs Uhr früh, wurden alle Männer im Lager Trawniki angewiesen, Luftschutzbefestigungen zu graben. Zwei Stunden später wurden sie umzingelt und mit Maschinengewehren erschossen. Danach brachten die Deutschen so mit Frauen und Kindern gefüllte Lastwagen in das Lager, zogen sie aus und erschossen auch sie. Nach diesem Schlachten brachte man 3 000 italienische Juden in das Lager, denen dasselbe Schicksal droht.
Ein ähnliches Schlachten fand am Freitag in den Lagern in Lublin statt. Dort wurden einige Tausend Juden getötet. Zur gleichen Zeit wurde im Lager Poniatowa eine blutgetränkte Selektion ausgeführt. Die meisten Männer und fast alle Frauen und Kinder haben sie getötet.
Bermann, Kaftor, Zuckermann

28. April 1943
Ich erlaube mir hiermit mitzuteilen, dass mir das Ministerium des Innern in London ein Telegramm übergeben hat, welches das Nationale Jüdische Komitee in Warschau an die Zionistische Führung London-Jerusalem geschickt hat. In diesem Telegramm ruft das Komitee dazu auf, die ganze Welt zu alarmieren, um den Juden zu helfen, die nach einem erschreckenden Morden – vor der totalen Vernichtung stehen. Das Komitee bittet in seinem Aufruf auch, diejenigen, die noch leben, durch Austausch zu retten, und ihm als Soforthilfe ohne Aufschub einen Betrag in Höhe von hunderttausend Dollar zukommen zu lassen.
Z. Andrejewski – Vizekonsul der Republik Polen

[undatiert]
Nach 30 Minuten kamen die Fahrzeuge zurück, um eine neue Ladung abzuholen. Dies geschah 4 Mal. Ich konnte Igo in den Massen nicht erkennen, aber ich sah die Verzweiflung bei anderen Menschen. Tante, ich werde niemals in Worten ausdrücken können, was die

Augen dieser Menschen sagten, die ihren unmittelbar bevorstehenden Tod spürten. […]
Ich kann auch nicht die furchtbare Angst beschreiben, damals, als die Deutschen in unseren Lagerraum kamen oder als sie unseren Unterstand aufbrachen. Es ist mir nicht möglich, Euch die Bilder aus dem Unterstand zu beschreiben, als sie unsere Männer verspotteten, die ihre Frauen und Kinder nicht verteidigten […]. Insbesondere kann ich Euch nicht die grauenvolle Angst vor dem Tod beschreiben. Und doch leben wir noch, sind noch nicht wahnsinnig geworden, wir weinen nicht und wir schreien nicht. Wir leben, als ginge uns all das, was um uns herum geschieht, nichts an. Bis zum letzten Moment unseres Lebens lachen und singen wir. Und nur manchmal, wenn sich die Realität uns allzu deutlich offenbart, vergessen wir das Lachen
Chulda

[undatiert]
Ist denn zu verstehen, dass ein Mensch in einer Prozession zu seiner Beerdigung geht, man ihn vor dem Grab auffordert, sich zu entkleiden, weil es den Mördern um die Kleidungsstücke leid tut. Das kann man doch nicht glauben! Und doch ist es so.
Manek

14. März 1943
Die ganze Nacht habe ich das Stöhnen gehört, das aus den frischen Gräbern kam, das Schreien von Kindern vor dem Tod, denn alle wurden noch lebend in die Grube geworfen … Ach, welch schreckliche und furchtbare Nacht das war! Ja, in jener Nacht habe ich auch das Weinen der Bäume gehört, die die Grube umgeben…
Es war die Nacht des 8. August 1941. […]
Nach der Katastrophe und nachdem ich am Leben geblieben war, begann am 11. August mein illegaler Lebensabschnitt, mit allem Leid, das mit einem solch miserablen Leben einhergeht. Zwar kümmerten sich die Menschen, die mir Unterschlupf boten, um mich, liebten mich, doch seelisch fand ich keine Ruhe.
Mika Lijubin

22. Februar 1937
Meine Lieben!
… Der Inhalt Eures Briefes hat mich zufrieden gestellt. Wenn sich auch die Zensur seiner etwas angenommen hat, so entnehme ich ihm doch immerhin, dass meine Befürchtungen wegen Vaters Pessimismus unbegründet sind und dass wir im Allgemeinen übereinstimmen. Dass Dich die Dinge schon mal hart mitnehmen, lieber

Vater, kann ich verstehen. Aber es hat ja auch keinen Zweck, dass ich Euch etwas vormache, nicht wahr? Und außerdem wie vielen geht es nicht ebenso? Ich freue mich jedenfalls sehr, dass wenigstens Otto in den nächsten Wochen wieder bei Euch sein wird.
Dass Du, lieber Kurt, mir einmal etwas aus Deinem „struggle for life" mitgeteilt hast, ist sehr nett. Ich wünsche Dir recht viel geschäftlichen Erfolg bis zur nächsten Pleite. Dann übersende ich Dir noch feierlichst meine herzlichsten Glückwünsche zu Deinem Geburtstag; ich wollte das bereits im vorigen Brief tun, aber da hat mich die beschädigte Feder zu sehr abgelenkt. Übrigens habe ich heute wieder einmal das „Vergnügen", diesen Kampf mit der Tücke des Objekts zu bestehen.
Meinen besten Dank für die übermittelten Grüße von Freunden und Bekannten. Die besonders herzlichen Grüße erwidere ich ebenso herzlichst. Leider sind die Namen im Brief unleserlich gemacht worden, so dass ich also nicht weiß, von wem die Grüße kommen. Das ist sehr schade – wenn man gegrüßt wird, möchte man ja auch gerne wissen, von wem. Aber da, „kamma holt nix machen"! Und wenn ich die Einbildung spielen lassen will, dann führt das vielleicht zu sehr ins Illusionäre. Trotzdem – grüße herzlichst zurück.
Jetzt geht es ja mächtig in den Frühling ‚rein; es wird morgens schon hell, wenn ich aufstehe. Das dürfte so gegen 6 Uhr sein. Ich bin ein Frühaufsteher geworden, wie? Übrigens habe ich das nicht erst hier gelernt, das übe ich jetzt schon einige Jahre. Und hier stehe ich sogar mit Vergnügen um 6 Uhr auf, denn wenn man abends um 7 Uhr ins Bett steigt, hat man morgens wirklich die Nase voll. Wie ich mir meinen Tag einrichte? Als erstes einige gymnastische Übungen, damit ich nicht einroste, dann Zelle auskehren, waschen, Bett hoch. Gegen 7 Uhr kommt schon meine Zeitung, der „Völk. Beobachter". Die erhalte ich sozusagen zum Frühstück, genau wie der Herr Kommerzienrat. Nur das Frühstück selbst ist unterschiedlich. Meins besteht aus einem Liter „Bliemchen", in das ich mein Brot brocke. Wenn ich dann die Zeitung studiert habe, mache ich meinen „Morgenspaziergang", d. h., ich bewege mich eine Stunde lang 5 Schritt auf und 5 ½ Schritt ab in meiner Wohnung. Da ich aber glücklicherweise die Gabe habe, mich vollständig in meine Gedanken zu versenken, gerät diese räumliche Begrenzung in Vergessenheit – ich empfinde sie für diese Zeit nicht. Dann bis Mittag französische Grammatik. Nach dem Essen wieder „Spaziergang" und Lesen (englische und wissenschaftliche Literatur). Und so vergehen die Tage. Freitags spiele ich Scheuerfrau in meiner Zelle.

Nun ja – ein tätigeres Leben außerhalb dieser Mauer wäre schöner. Und das kommt ja wohl auch einmal wieder.

Nächste Woche habe ich einen Tag vor mir, der mir das Herz bitter macht. Aber darüber kann ich Euch ja nichts schreiben, und es geht ja auch vorüber. Es muss ja so vieles vorübergehen!

Nun, liebe Mutter, lieber Vater und Kurt, seid herzlichst gegrüßt, und grüßt auch Otto, wenn er inzwischen ankommen sollte.
Ewald

23. April 1943
Ich kann Euch nicht die Bedingungen beschreiben, unter denen jetzt die Juden des Ghettos existieren. Nur einzelne werden durchhalten können.
Mordechai Anielewicz

14. Juli 1942
Wenn nicht der Hunger, dann bezwingt uns die Krankheit, wenn die glücklich vorüber ist, wartet ein unvermuteter Schlag mit der Schaufel oder einem anderen scharfen oder schweren Gegenstand. […]
Exekutionen finden fast täglich unter unseren Augen statt, ohne Rücksicht auf die Tageszeit.
Janusz Pogonowski

05. März 1943
Was würdet Ihr tun, um mir vielleicht etwas mitzuteilen? Dazu benutzt die folgende Anleitung: In einem unterteilbarem Topf könntest Du die Butter herausnehmen. Du könntest einen der … entfernen, durch einen von … Boden, und zwischen diesem Boden und dem des Topfs, kannst Du mir jedes Mal, kurz gefasst, Eure Situation schildern. Gib dabei acht, dass man das nicht sieht …
3 – … leert alle … bevor uns die Neuigkeiten … versucht nichts anderes … da ich nicht … kommuniziert über diese Schiene… das mache ich Dir nach meiner Rückkehr von … sehr gut. Wie ich bereits sagte … kein frisches Brot. Das was … wenn die…
lege mir ein wenig in mein Wäschepaket … in Zuneigung … die… von … Schicke mir keine neue [gekaufte] Wäsche … das zu schicken, reicht völlig aus. Man muss daher die Kosten sparen und hebe das Geld für Essen auf. Ich hoffe, die Trennung ist nicht von langer Dauer und von hier scheint es, dass wir … Vergiss mir nicht zu sagen, wonach Max fragte. Ich umarme Euch alle von ganzem Herzen…. an Max.
28. Mai 1943

Öffne ein Suppenwürfel und lege stattdessen die Korrespondenz unter festem Zusammendrücken an den Platz und verklebe das Ganze. Richte das Päckchen wieder auf und schiebe den präparierten Suppenwürfel in die Mitte zwischen je zwei richtige Suppenwürfel.
William

7. April 1943
Meine Teuren!
Bevor ich von dieser Welt gehe, will ich Euch, meine Liebsten, einige Zeilen hinterlassen. Wenn Euch einmal dieses Schreiben erreichen wird, sind ich und wir alle nicht mehr da. Unser Ende naht. Man spürt es, man weiß es. Wir sind alle, genauso wie die schon hingerichteten unschuldigen, wehrlosen Juden, zum Tode verurteilt. Der kleine Rest, der vom Massenmorden noch zurückgeblieben ist, kommt in der allernächsten Zeit an die Reihe. Es gibt für uns keinen Ausweg, diesem grauenvollen, fürchterlichen Tode zu entrinnen. Gleich am Anfang (im Juni 1941) wurden etwa 5 000 Männer umgebracht, darunter auch mein Mann. Nach sechs Wochen habe ich nach fünf Tagen langen Herumsuchens unter den Leichen (die vor der Ziegelei umgebracht und von dort nach dem Friedhof geschafft wurden) auch seine gefunden. Seit diesem Tage hat das Leben für mich aufgehört. Ich habe mir einst selbst in meinen Mädchenträumen keinen besseren und treueren Lebensgefährten wünschen können. Es waren mir nur zwei Jahre und zwei Monate vergönnt, glücklich zu sein. Und nun? Müde vom vielen Leichensuchen, war man „froh", auch seine gefunden zu haben, kann man diese Qualen in Worte kleiden?
… David ist „erledigt". Ach, wie gut geht es ihm schon. Er hat alles hinter sich. Uns erwartet noch die Todeskugel. Am 31. August begann die große Aktion. Damals verloren wir unsere geliebte, gute, aufopfernde Mutter. Man brauchte 3 000 Opfer. Es handelte sich damals wieder um einen neuen Trick. Die arbeitenden Personen und deren Familien bekamen spezielle Stempel von der Polizei in ihren Arbeitsdokumenten und sollten angeblich von dieser Aktion befreit sein. Es sollte sich wieder, wie im März, um nichtarbeitsfähige Leute und Kinder handeln. Wieder suchten unsere eigenen jüdischen Ordnungsmänner in den Wohnungen und Verstecken ihre Todesopfer, Bubi und ich gingen zur Arbeit. Mama und Papa blieben zu Hause. Sie hatten ja doch die „Lebens-Stempel". Wir wurden beim Grenztor nicht durchgelassen. Bubi und ich wurden auf den Platz der Opfer geführt und waren überzeugt, nicht lebend durchzukommen. Viele wurden an Ort und

Stelle erschossen. Wir flüchteten, und es gelang uns, zu entkommen. Ich kam glücklich ins Büro. Dort sah ich nun, und da draußen warteten Tausende auf den Tod. Ach, wie soll ich Euch das schildern? Nachmittags erfuhr ich, dass Mama und Papa auf dem Platz gesehen wurden. Ich musste weiterarbeiten, konnte nicht helfen. Da habe ich geglaubt, verrückt zu werden. Aber man wird nicht verrückt. Dann hörte ich, dass man nichtarbeitende Frauen – also bloß Hausfrauen – nicht herausbekommen konnte. Sollte ich nun trauern und weinen, dass ich meine Mutter verloren, oder mich freuen, dass ich noch den geretteten Vater hatte? Ich wusste es nicht. Kann man das noch begreifen? Kann man das noch verstehen? Sollten nicht normalerweise Hirn und Herz platzen?

Nun lebten wir ohne Mutter weiter. Die treue, gute Seele, das gute Mutterherz!..

Inzwischen kamen die alltäglichen Sorgen und der weitere schwere Kampf ums blöde, ums sinnlos gewordene Dasein. Man musste wieder übersiedeln, das Getto wurde zum anderen Male verkleinert. Denn die Wohnungen der Ermordeten waren doch nun frei geworden. Und – man lebte weiter.

Am 5. November war Sonntag. Ganz unverhofft, um 11 Uhr vormittags, wurde das Getto umzingelt, und der Tanz begann aufs Neue. Ich hatte damals besonderes Glück". Ohne von einer Aktion etwas zu ahnen, bin ich – sage und schreibe – zehn Minuten, bevor das Getto umzingelt wurde, hinausgegangen. Mit der Zeit gewöhnt man sich an die Verhältnisse. Man wird so abgestumpft. Wenn man von den Allernächsten jemand verlor, reagierte man kaum mehr. Man weinte nicht, man war kein Mensch mehr, ganz aus Stein, ganz ohne Gefühl. Keine Nachricht machte Eindruck. Man ging sogar schon ganz ruhig zum Sterben. Die Leute auf dem Platz waren gleichgültig und ruhig.

26. April 1943

Ich lebe noch immer und will Euch noch schildern, was vom 7. bis zum heutigen Tage geschehen ist. Also es heißt, dass alle jetzt an die Reihe kommen. Galizien soll vollständig judenfrei gemacht werden. Vor allem soll das Getto bis zum 1. Mai liquidiert sein. In den letzten Tagen sind wieder Tausende erschossen worden. Bei uns im Lager war Sammelpunkt. Dort wurden die Menschenopfer sortiert. In Petrikow schaut es so aus: Vor dem Grabe wird man ganz nackt entkleidet, muss niederknien und wartet auf den Schuss. Angestellt stehen die Opfer und warten, bis sie dran sind. Dabei müssen sie die ersten, die Erschossenen, in den Gräbern sortieren, damit der Platz gut ausgenutzt und

Ordnung ist. Die ganze Prozedur dauert nicht lange. In einer halben Stunde sind die Kleider der Erschossenen wieder im Lager. Nach den Aktionen hat der Judenrat eine Rechnung von 30 000 Zloty für verbrauchte Kugeln bekommen, die zu bezahlen waren … Warum können wir nicht schreien, warum können wir uns nicht wehren? Wie kann man so viel unschuldiges Blut fließen sehen und sagt nichts, tut nichts und wartet selber auf den gleichen Tod? So elend, so erbarmungslos müssen wir zugrunde gehen. Glaubt Ihr, wir wollen so enden, so sterben? Nein Nein! Wir wollen nicht! Trotz aller dieser Erlebnisse. Der Selbsterhaltungstrieb ist jetzt oft größer, der Wille zum Leben stärker geworden, je näher der Tod ist. Es ist nicht zu begreifen.
Meine Lieben! David liegt auf dem jüdischen Friedhof. Wo Muttchen liegt, weiß ich nicht, sie wurde nach Balaec verschleppt. Wo ich begraben sein werde, weiß ich nicht. Wenn Ihr vielleicht nach dem Kriege hinkommt, dann werdet Ihr bei Bekannten erfahren, wo die Transporte aus dem Lager hingebracht wurden. Es ist nicht leicht, Abschied für immer zu nehmen. Lebt wohl, lebt wohl…
[unbekannt]

[undatiert]
Oder der Scharführer Forst. Der stand bei vielen Transporten im Tor des Entkleidungsraums und betastete das Geschlechtsorgan jeder jungen Frau, die nackt in die Gaskammer vorbeiging. Es kamen auch solche Fälle vor, dass deutsche SS-Männer jeden Grades ihren Finger in das Geschlechtsorgan von jungen, hübschen Mädchen steckten.
[unbekannt]

8. Poesie

Dezember 1944
Ich bin sehr müde, ich kämpfe oft schwer gegen die Schwäche, die mich wie ein Panzer umklammert. Aber wenn dann deine Stimme mir Antwort gibt in der Dunkelheit ringsum, so finde ich wieder meinen Weg.
Sophie Leißhelm

13. Mai 1943
Ich gehe in aller Ruhe und mit der Gewissheit, aus sittlichem Bewusstsein gehandelt zu haben. Deshalb empfinde ich die Gewalt auch nicht als solche. Ich überwinde sie dem Begriff nach und sterbe in voller Freiheit… Sterben ist nicht der rechte Ausdruck dafür, denn… wir sterben nicht, wir wachsen ins Ewige hinein. So vollendet sich die große Kurve, die wir gemeinhin Leben nennen, und ich glaube, sie vollendet sich sinnvoll, und wo ich ende, treibt doch mein Wachstum weiter in der Zeit… Auch das ist es, was mich ruhig sterben lässt, und umso mehr, da ich weiß, dass Du in der Zeit bleiben wirst. Du bist mein Erbe, und im Übrigen trifft das zu, was Schiller in einem Brief schreibt: „Wir sind in alle Ewigkeit wir."
Nur manchmal werden dann später meine Gedichte zu Dir sprechen, wie ich gesprochen habe. Dann wird meine Seele Dir nahe sein wie in den Stunden, da wir unser eigen waren. Glaube nicht, dass der Tod das Ende ist… Gewiss, das Leben, der unendliche Strom, der… geht jetzt weiter, muss weitergehen… Kommen und Gehen …, am Ende ist immer das Werk und die Vollendung. Du warst für mich immer Erfüllung und Vollendung, und wo Du weiterleben wirst, bist Du es jederzeit.
Walter Küchenmeister

[undatiert]
Eine Mondnacht
Nicht wert ist die Welt, nicht wert ist die Menschheit, dein Licht zu genießen!

Du musst nicht mehr leuchten auf dieser Erde, auf der so viel Grausamkeit und Barbarei gegen Menschen getrieben wird, ohne Ursache und Schuld. Sie sollten dein Licht nicht mehr sehen, die Menschen, die zu Tieren und wilden Mördern geworden sind für die für die bräuchtest du nicht zu scheinen!
Und auch für jene, die jetzt noch ruhig dasitzen, weil der Piraten fuß noch nicht bis zu ihnen gekommen ist, und die noch immer im Schein deines Lichtes phantastische Träume spinnen, von Liebe träumen und trunken werden von Glück – auch für sie dürftest du nicht mehr scheinen!
Möge ihre Freude auf ewig zuschanden werden, denn sie wollten unser Jammern, unser Weinen nicht hören, als wir in Todesangst kämpften. Da saßen sie ruhig und sorglos und tranken aus deinen Quellen von Freude und Glück.
Salmen Gradowski

31. Oktober 1944
Er, neben dem ich hingestürzt lag, war schon verrenkt, verspannt, wie Saiten springen.
Genickschuss. – Also, raunte ich mir zu, –
Nur still, gleich sollst auch du's zu Ende bringen.
Geduld bringt jetzt die Rose Tod hervor.
– Der springt noch auf, – scholl's über mich hin
Mir klebte Dreck vermischt mit Blut am Ohr.
Miklos Radnoti

Miklos Radnoti ist ein bekannter ungarischer Autor, dessen Leichnam in einem Massengrab gefunden wurde und der anhand seines Notizbuches identifiziert werden konnte.

31. Juli 1943
Ich schreibe kein Gedichtlein mehr,
sondern verabschiede mich nur
und wünsche viel, viel Glück
[unbekannt]
[undatiert]
Komm hierher, Du Mensch
Komm hierher, Du Mensch aus der freien, nicht in Grausamkeit eingezäunten Welt, und ich werde Dir erzählen, wie man mein Volk hinter Gittern eingezäunt und in Ketten geschmiedet hat.
Komm her zu mir, Du glücklicher Bürger der Welt, der in einem Land lebt, wo noch Glück – Freude und Wonne existieren, und ich werde Dir erzählen, wie die gemeinen modernen Verbrecher einem Volk sein Glück in Unglück verwandelt haben, seine Freude gegen ewige Trauer vertauscht, seine Wonne auf ewig zerstört.

Komm her zu mir. Du freier Bürger der Welt, dessen Leben durch menschliche Moral gesichert ist und dessen Existenz durch ein Gesetz garantiert wird, und ich werde Dir erzählen, wie die modernen Verbrecher und gemeinen Banditen die Lebensmoral zertreten und die Gesetze der Existenz vernichtet haben.

Komm her zu mir, Du freier Bürger der Welt, dessen Land durch moderne chinesische Mauern eingezäunt ist, und die Klauen der grausamen teuflischen Banditen haben nicht hinreichen können, und ich werde Dir erzählen, wie sie ein Volk mit ihren teuflischen Armen umklammert und ihm ihre teuflischen Nägel mit sadistischer Grausamkeit in den Hals gebohrt haben, bis sie es erstickt und vernichtet hatten,

Komm her zu mir. Du freier Mensch der Welt, die das Glück hatte, die Herrschaft der grausamen modernen Piraten nicht von Angesicht zu Angesicht kennenzulernen, und ich werde Dir erzählen und zeigen, wie und mit welchen Mitteln sie Millionen Menschen des berühmten Märtyrervolkes umgebracht haben.

Komm her zu mir, Du freier Bürger der Welt, der das Glück hatte, die Herrschaft der grausamen kultivierten zweibeinigen Tiere nicht zu kennen, und ich werde Dir erzählen, mit welchen raffinierten, sadistischen Methoden sie Millionen Menschen des schutzlos verlassenen, von niemandem beschützten Volkes Israel umgebracht haben.

Komm und sich, wie ein Kulturvolk in Tiere verwandelt wurde durch ein wildes, teuflisches Gesetz, das im Kopf des größten Banditen und gemeinsten Verbrechers geboren wurde, den die Industrie-Welt bis zu seiner Zeit hervorgebracht hat.

Komm, steh (etwa zehn Wörter – eine Zeile – nicht lesbar)

Komm schon jetzt, wo die Katastrophe noch in vollem Gang ist.

Komm schon jetzt, wo die Vernichtung noch mit Eifer herrscht.

Komm schon jetzt, wo der Todesengel seine Herrschaft noch hat.

Komm schon jetzt, wo die Scheiteröfen noch im größten Feuer flackern. […]

Hab keine Angst vor dem großen, tragischen Weg,
Hab keine Angst vor den grausamen, blutrünstigen Bildern, auf die Du stoßen wirst.
Hab keine Angst, ich werde Dir das Ende nicht vor dem Anfang zeigen.
Und ganz allmählich wird Dein Auge starr werden,
Dein Herz stumpf und Deine Ohren taub.
Nimm, Du Mensch, verschiedenes Gepäck mit, das Dir

in Kälte und Nässe, in Hunger und Durst diene, denn es wird dazu kommen, dass wir mitten in frostiger Nacht auf wüsten Feldern stehen und meine unglücklichen Brüder zu ihrem letzten Weg begleiten, ihrem letzten Totenmarsch.

Wir werden dazu gebracht werden, Tage und Nachte in Hunger und Durst über die verschiedenen europäischen Straßen zu wandern, die die Millionen jüdischer Massen tragen, die von den modernen Barbaren gejagt und getrieben werden zu deren grausamem, teuflischem Ziel: jüdische Leben ihrem Volk zum Opfer zu bringen.

Du lieber Freund, Du bist schon bereit zu der Reise; nur noch eine Bedingung will ich machen.

Verabschiede Dich von Deiner Frau und Deinem Kind, (vier Wörter fehlen) denn Du wirst nach diesen grausamen Bildern nicht mehr leben wollen auf der Welt (vier Wörter fehlen) wo solche teuflische Taten getan werden können. (drei Wörter fehlen).

Verabschiede Dich von Deinen Freunden und Bekannten, denn Du wirst sicherlich, wenn Du die schauerlichen, sadistischen Taten des angeblich kultivierten Teufelsvolks gesehen hast, Deinen Namen aus der Menschenfamilie auslöschen wollen, Du wirst den Tag Deiner Geburt bedauern.[…]

Erschrick nicht, wenn Du nach so einem Marsch, wenn der Tag zu grauen beginnt, alte Eltern auf dem Weg liegen siehst und purpurrote Flecken von den totgeschossenen Kranken und Schwachen, die den Weg nicht aushalten konnten.

Trauere nicht um die, die schon aus dem Leben verschwunden sind, gönn denen einen Seufzer, die vorerst noch leben.

Salmen Gradowski

[undatiert]
Ein – zwei – drei… acht in der Länge
Zwei Schritte ist die Seite breit
Das Leben hängt an einem Fragezeichen
Ein – zwei – drei… vielleicht noch eine Woche.
Vielleicht findet mich der Neumond noch hier.
Doch über meinem Kopfe das Nichts.
Jetzt, im Monat Juli, werde ich 23 …
Ich habe im riskanten Spiel auf eine Zahl gesetzt.
Der Würfel ist gefallen. Ich habe – verloren.
Hanna Szenes

[undatiert]
Für Sie ist es schwer, für Euch beide – lasst mich das in dieser Stunde sagen, dieses „Du". Lest die letzten Briefe

von Kleist, dann wisst Ihr, wie uns ums Herz ist.
Lebt glücklich, seid bedankt und gegrüßt über Raum und Zeit
von Euren Gottschalks
Joachim Gottschalk

22. Mai 1943
Ich sterbe, damit andere leben!
Betet für mich!
Es grüßt und küsst Euch tausendmal
Euer seeliger Franzl
Franz Kreuzer

Januar 1942
Was soll ich um mein Leben rechten?
Ich hab' gewagt, hab nicht gefragt,
ob's gut ist, wenn man alles wagt,
und ob die Taten Zinsen brächten!

Bequemer wäre es gewesen,
den Kopf zu senken, klug zu lächeln,
die Knie verrenken, Demut fächeln
und kein verbot'nes Buch zu lesen.

Die Möglichkeit stand häufig offen,
sich wirklich gut und weich zu betten,
den eignen schönen Kopf zu retten
und auf Beförderung zu hoffen.

Ich bin einen anderen Weg gegangen.
Verzeiht – es tut mir gar nicht leid,
obwohl es elend steht zur Zeit. –
Wird keiner um sein Leben bangen,

der weiß, wozu er es verwendet,
bedachte, was sein Glaube wiegt.
Er hat am Ende doch gesiegt,
und wenn er auf der Richtbank endet!

Die Stunden vorher und die Tage –
Nicht ihre Zahl, nur ihr Gehalt –
Lässt trotzen jeglicher Gewalt,
gewährt uns Kraft in schwerster Lage.

Es leben manche hundert Jahre,
das heißt, sie schlängeln sich dahin.
Gegönnt sein ihnen ihr Gewinn
Und eine schöne Totenbahre.

Ich habe heute viel verloren,
wer weiß, verlier' ich noch den Kopf.
Doch tauscht' ich nicht mit einem solchem Tropf
Und würd' ich noch einmal geboren.

Ich ahnte, wie die Feinde seien,
erhoffte nie ein leichtes Spiel.
Doch was ich will, ist viel zu viel!
Was soll ich um mein Leben schreien?
Richard Zach

Kassiber (illegales Schreiben aus der Gefangenschaft).

[undatiert]
Man hört den monotonen Widerhall der stoßenden Räder, er legt sich auf die Herzen wie eine schwere Last und harmoniert ausgezeichnet mit der Stimmung des Unheimlichen. Es scheint, dass die Fahrt schon eine Ewigkeit dauert. Also sind wir in den ewigen, wandernden jüdischen Zug eingestiegen, der von Fremden geleitet wird. Wir müssen in ihn einsteigen und hängen von ihrem Willen und ihrer Laune ab. […]
Siehst du, mein Freund, wie sie am kleinen Waggonfenster stehen, diese Menschen, wie angeschmiedet und in die freie Welt hinausschauen. Jeder von ihnen möchte seinen nach allen Seiten hinlaufenden Blick sättigen, als ob er voraussähe, dass er alles zum letzten Male sieht. Man hat den Eindruck, wir säßen in einer rollenden Festung, an der ein Filmband mit vielfarbigen Bildern der Welt vorbeiläuft, der die im Waggon gefangenen Menschen verabschiedet. Es sieht danach aus, als ob die Welt ihnen sagen möchte: „Sättige deinen Blick, solange du mich noch siehst, denn ich zeige mich dir zum letzten Mal."
Salmen Gradowski

9. Abschied

30. Juni 1941
Wenn Ihr diese Zeilen erhaltet, dann hat mein Glöcklein bereits geschlagen. Jedenfalls sind meine fast zweijährigen Leidenstage dann vorbei. Es tut mir nur noch leid, dass durch mein junges Sterben so viel Leid und Bitternis für Euch daraus entstanden ist. Ich gehe jedenfalls mutig und gefasst diesen für manchen Menschen so schweren Gang. Vielleicht sind diese Zeilen, so wenige es auch sind, geeignet – um durch meinen Mut und meine innere Ruhe und Sicherheit auch Euch ein klein wenig Trost und Kraft zu geben, das Unabänderliche zu tragen. Ihr wisst, dass ich aufrichtig und ehrlich durchs Leben gegangen bin und bis zur letzten Stunde mir selbst treu bleiben werde.
Es ist ja gewiss bedauerlich, wenn man so jung sterben muss und noch gar nichts vom Leben gehabt hat. Aber es müssen ja so viele junge Menschen ihr Leben lassen. Ich möchte nur noch wünschen, das alles zum Guten ausgeht.
Heinz Kapelle

09. Juni 1944
Es muss geschieden sein. Meine ganze Liebe und mein Segen wird aber immerdar bei Euch sein. Ich gehe tapfer und unverzagt meinen letzten Gang. Und meine letzte große Herzensbitte an Euch ist: seid auch tapfer und unverzagt. Lasst Euch vom Leid nicht niederdrücken, denkt an das große Goethewort „Stirb und werde".
Ich wünschte ihr könntet mich jetzt in meiner letzten Stunde sehen, wie tapfer und unverzagt ich bin und dass in mir nur lebt die Erinnerung und die Liebe an Euch und Eure Liebe zu mir und mein Herzenswunsch: werdet glücklich und seid tapfer, es kommt eine bessere Zukunft für Euch, meine Liebe und mein Segen ist immerdar bei Euch, lebt wohl.
Johanna Kirchner

02. Mai 1944
Gerne hätte ich Dich noch einmal gesehen, Deine Stimme gehört, Dich zum Abschied geküsst. Es soll nicht sein. Und so bleibt mir nur, Dir zu schreiben, wie dankbar ich Dir für alles bin, für alles, was Du mir gegeben hast. Es waren zwölf wundervolle Jahre an Deiner Seite. Oft schwere Jahre für uns beide. Du hast es nicht verdient, dass Du nun auch das Schwerste durchmachen musst.
Erich Knauf

07. Oktober 1942
Lebe glücklich, gesund und denke in heiteren Bildern an Deinen Buben, der bis zuletzt ein glücklicher „Phantast" war – wie Ihr alle meint – und vielleicht doch immer am klarsten gesehen hat.
Karl Drews

22. November 1944
Bitte schaut auf meine Familie, dass die Kinder ein besseres Leben haben als ich. Möge das Schicksal hold sein, aber ich glaube schwerlich, denn ich habe den Glauben an die Menschheit verloren. Ich bin Pessimist. Ich bin jetzt fertig, ein gebrochener Mann.
Felix Forstning

06. März 1944
Ich schreibe Euch heute meinen letzten Brief, wenn Ihr ihn erhaltet, bin ich nicht mehr am Leben. Seid nicht traurig, haltet Ihr den Kopf hoch, wenn ich es schon nicht kann. Ich finde es ja auch sehr schade, ich hätte Euch sehr gern wiedergesehen und Euch Euren Lebensabend verschönt. Aber das Leben geht weiter, auch wenn ich nicht mehr bin, und Ihr, die Ihr weiterlebt, müsst Euer Leben leben und dürft Euch nicht durch meinen Tod aus Eurem Geleis bringen lassen.
Alfred Kowalke

18. Juni 1943
Meine liebe Frau!
Es beginnt das letzte Kapitel unserer Tragödie. Nun heißt es für ewig Abschied nehmen. Ich will nicht lügen und sagen, dass ich gern sterbe, aber glaube mir, ruhig und beinahe ausgeglichen verlasse ich diese Welt. Meine letzten Gedanken sind bei Dir, und meine letzte Bitte an Dich ist, das Unabänderliche gefasst zu tragen.
Karl Kunger

14. September 1942
Es ist nun 10 Uhr abends, früh um 5 Uhr wird das Urteil

vollstreckt werden. Sammelt also Euren Geist, wenn Ihr diese letzten Zeilen von mir lest und mit mir den stillen Ernst des Augenblicks erlebt, denn der Hauch eines Sterbenden, das Echo eines Toten grüßt Euch aus ihnen; aus ihnen steigt mein bleiches Bild meiner letzten Stunden, meines letzten Bekenntnisses. Den letzten Eindruck meines Erdendaseins zu erhaschen und zu bewahren war Euch nicht vergönnt.

Versteht, alles was ich sehe, höre, denke, fühle, geschieht aus dem Gesichtspunkte: wie lange noch werde ich sein? Nun hat diese Qual ein Ende. Der Gedanke an den nahen Tod schreckt mich nicht. Ein Mensch, der nicht fähig ist, sich für eine Idee aufzuopfern, gleich welcher Art, ist einem höheren Sinn nach kein Mensch. Liebe Anny!

Du warst bisher tapfer, und ich darf wohl annehmen, dass auch über diese Klippe Dich Deine Kräfte hinwegsteuern werden. Im Übrigen danke ich Dir noch einmal für alle Liebe und sorgende Treue, die ich von Dir empfangen durfte. Im Übrigen habe ich ja alles besprochen, was ich noch auf dem Herzen hatte. Was mit meiner Leiche geschieht, weiß ich nicht. Jedenfalls möchte ich auf meinem Grabe keinen andern Schmuck als Stechpalmen.

Georg Lechleiter

13. Mai 1943
„Also, mein Mackie, leb wohl, lebe wohl! Ich fürchte nichts – nährte die Parza nicht selber mich?" Dieser schöne Vers, den Du mir schicktest, von meinem schon als Junge geliebten Hölderlin, erwärmte mich, und er schützt mich auch jetzt bei meinem letzten Gang. Ich habe ja nichts weiter auszustehen, aber Du, Du mögest die Kraft vom Schicksal erhalten, weiter die schwere Zeit durchzustehen und Dich bereitzuhalten für weitere und sicher große, Deiner Berufung, Deinem Sein, Deiner Kraft angemessene Aufgaben.

Dr. John Rittmeister

23./24. Februar 1943
Bevor Du, meine Einzige, weiterliest, wappne Dich mit dieser Kraft, mit der Du bist jetzt alles ertragen und erduldet hast. Hast mir auch immer wieder versprochen, dass Du, mein Liebstes, stark und tapfer sein willst, und ich weiß bestimmt, dass Dir dies auch mir gegenüber heiliges Vermächtnis ist, nicht schwankend und schwach zu werden, dass Du meinen letzten Wunsch erfüllst und Dein und der Kinder Leben weiterlebst, wie ich es wünsche.

Bruno Rüffer

09. September 1944
Am 5. September bin ich vom Volksgerichtshof zum Tode verurteilt. Erst heute, mit diesen Zeilen, habe ich wegen der Gedanken an Euch die ersten nassen Augen nach dem Urteil. Denn das Weh, das mich zerreißen könnte, hält der Verstand zurück. Du weißt, ich bin ein kämpferischer Mensch und werde tapfer sterben.
Anton Saefkow

05. Februar 1945
So gern ich bei Dir geblieben wäre, gute, liebe Cläre, doch der Wagen rollt. Und Du sollst und darfst noch nicht mitfahren. Den beschwerlichen Weg hast Du noch vor Dir, doch Du legst ihn tapfer, in aufrechter Haltung zurück, des bin ich gewiss.
Johann Schellheimer

02. Februar 1945
Liebe Mitbrüder, nun muss ich doch den anderen Weg nehmen. Das Todesurteil ist beantragt, die Atmosphäre ist so voll Hass und Feindseligkeit, dass heute mit seiner Verkündigung und Vollstreckung zu rechnen ist. [...] Der eigentliche Grund der Verurteilung ist der, dass ich Jesuit bin und geblieben bin. Eine Beziehung zum 20. Juli war nicht nachzuweisen. Auch die Stauffenberg-Belastung ist nicht aufrechterhalten worden. Andere Strafanträge, die wirklich Kenntnis des 20. Juli betrafen, waren viel milder und sachlicher. Die Atmosphäre war so voll Hass und Feindseligkeit. Grundthese: ein Jesuit ist a priori der Feind und Widersacher des Reiches. So ist das Ganze von der einen Seite eine Komödie gewesen, auf der anderen aber ein Thema geworden. Das war kein Gericht, sondern eine Funktion des Vernichtungswillens.
Alfred Delp SJ

20. November 1944
Ihr Lieben! alles Glück wünsch' ich Euch, das mir entgeht! Möget Ihr noch das Leben genießen können, das schöne, das herrliche Leben!
Ferdinand Thomas

16. August 1944
Das bisschen Sand im Stundenglas reicht nur noch für wenige Stunden, bis mit dem Fall des letzten Körnchens auch mein Leben verlischt.
Leo Tomschik

05. August 1943
Lieber Jonny! Vorhin habe ich von Deiner Begnadigung

erfahren. Gratuliere! Mein Gesuch ist allerdings abgelehnt. Ergo gehts dahin. Nimms net tragisch. Du bist ja durch. Das ist schon viel wert. Ich habe soeben die Sakramente empfangen und bin jetzt ganz gefasst.
Walter Klingenbeck

[undatiert]
Liebste, Arme, dass Du diesen Schmerz erleben musst! Jetzt kommt der Herbst, möge er Dir nicht das Herz brechen. Ich schreibe dies zwei Tage vor der Verhandlung auf alles gefasst und in großer innerer Ruhe. Wie tröstlich ist die Aussicht, dass meine Leiden bald zu Ende sein werden. Nur dass die Euren dann erst wahrhaftig beginnen und fortdauern, bedrückt und quält mich. […]
Wenn die Wogen sich einmal wieder geglättet haben und Ihr für mich – vielleicht an Vaters Grab – ein Erinnerungszeichen anbringen lasst, so fügt dazu den Spruch, der mich schon als Kind wie aus Weltentiefen angerührt hat: „Fürchte dich nicht, denn ich habe dich erlöst. Ich habe dich bei deinem Namen gerufen, du bist mein. Er steht im Jesaias, wo, weiß ich nicht aus dem Kopf.
Ich glaube, dass der Krieg zu Ende dieses oder zu Anfang des nächsten Jahres zu Ende gehen wird. Ach, könnte ich doch, wie Moses auf das gelobte Land, noch auf eine helle Zukunft für Euch Alle, wenigstens aus der Ferne, blicken.
Nun adieu, meine Liebste, von Herzen Liebe! Nach soviel Worten scheint mir das Eigentliche noch immer ungesagt. Aber es ist eben unaussprechlich. Lassen wir es stumm in unseren Herzen, wo wir seiner gegenseitig unaussprechlich sicher sind.
Nochmals adieu! Glaube nicht, dass Du mich verlierst. Dank, tausendfachen Dank, innigste Liebe und Zärtlichkeit fasse ich zusammen in einen letzten Kuss.
Dein Sohn
Nikolaus von Halem

[undatiert]
Mein Liebstes, ich habe heute Nacht von Dir geträumt, nicht zum ersten Mal, o nein, aber doch besonders deutlich und eindringlich, weil ich schon wusste und mich den ganzen Abend darauf gefreut hatte, dass ich zu dieser grauen Stunde hier sitzen und an Dich schreiben würde. Zwar nur ein elendes Zettelchen – auch Schreibpapier gibt es im Tartarus nicht, aber da ist meine kleine Schrift ja einmal von Nutzen. […]
Was hier über mich hereingebrochen ist, entbehrt aller Erhabenheit und Größe. Es ist ein widerliches und

vielleicht wahrscheinlich – wer weiß es? – irreparables Missgeschick. Die Beschuldigungen gegen mich sind erlogen und fließen aus sehr trüben Quellen. Ehrgeiz, der sich ans falsche Objekt klammert, gekränktes Selbstgefühl, was weiß ich, ein ganzer Brei vergorener Suppen brodelt in dieser Brühe. Nun, so etwas lässt sich bekanntlich am schwersten entkräften, zumal sich das Hauptargument schlecht anbringen lässt: nämlich, dass die ganze Konstruktion des Tatbestandes dem geistigen Niveau des Denunzianten, nicht aber dem meinen entspricht. […]

Ich lebe in einem Roman von Dickens, für das unreife Alter und Filmzwecke neu bearbeitet von Jack London und Krasnow, vermutlich als eine der nicht unsympathischen Randfiguren, die geopfert werden müssen, damit das Zentrale an Lebensechtheit gewinnt. Aber was geht das alles noch mich an? Du weißt, dass es von jeher mein Ziel war, die störenden kleinen Eingriffe, wie z. B. körperliche Schmerzen, in eine ihnen zukommende Souterrain-Waschküche zu manövrieren. Ich habe in dieser Kunst seither vieles gelernt und bin mir auch für das, was noch kommen mag meiner selbst einigermaßen sicher. Alles um mich herum ist klein, nichtig arm, hässlich in einem unglaublichen Sinne, ohne allen Adel, bisweilen schauerlich, immer aber ohne alle Realität. Was also kümmert's mich?

Ich habe auf Zeitungsrändern, kleinen Zetteln und schlimmen Fetzen ein halbes Dutzend Essays geschrieben, in deren Gerippe noch eine Menge faktischer Substanz einzufüllen bleibt. Die fehlt mir aber, da ich seit einem halben Jahr kein Buch mehr gesehen habe. Hier die Themen: Konrad Lund Heinrich L. (das Problem der Opposition als Vorschule der Herrschaft), das Wormser Konkordat als europäischer Ordnungsversuch. Revolutionselemente in der Goldenen Bulle (das als Mittelpunkt der frühmittelalterlichen Sirine revolution); Yorck und Preußen; Ludendorff, die Symbolgestalt des deutschen Schicksals, das heißt am Ende der bürgerlichen Epoche; und schließlich, wenngleich in die Mitte gehörend, einen Aufsatz über Leibniz, der mich besonders beschäftigt. Ach, die herrliche Monadenlehre, dieser Klare, lebensvolle Bau der Welt! Ich versenke mich mit wahrer Wonne gerade in diese Gedanken, von denen mein Kopf nur leider so vieles nicht enthält. Wie lieb wäre es mir zu denken, dass Du eine kleine Leibniz-Bibliographie zusammenstelltest, mir ist die Literatur zu ihm gar nicht geläufig. Besonders die erwähnten Skripten, selbst im Urtext und in kritischen Ausgaben.

Mein Liebstes, dies elende Zettelchen geht zu Ende und

ich schwatze hier von Dingen, die doch nur Inventar meines düsteren Loses sind und da auch bleiben sollen wie Fledermäuse in der Dämmerung. Aber Du glaubst gar nicht, was für ein Genuss es ist, einmal etwas anderes ins Auge zu fassen, als die kleinen Dinge des kommenden Leb wohl, meine Schöne, Reizende, Geliebte! Verschenke Dich, aber verschleudere Dich nicht! Ja, ja, mein Herz, wenn man wirklich allein wäre, so bedeutete dies alles nichts, der Schmerz und die Unruhe fangen erst bei den anderen Menschen an. Meine Söhne! Mein Fritzchen, von dem ich nicht einmal ein Bild haben darf! Da kann das Bewusstsein der Situation, wenn es wieder einmal recht deutlich aufsteigt, fast zu einer körperlichen Qual werden.

Indessen – Bleibt, was ich vielleicht zu diesem oder jenem Punkte des Lebens und der deutschen und europäischen Situation zu sagen haben würde – und ich hatte schon etwas zu sagen. Jedoch es sind Gedanken, die die Wirklichkeit schaffen, nicht Worte, und denken kann ich hier wie in der Freiheit. Du siehst, mein Herz, wie kurz die Kette ist, an der ich liege. Schon wieder bin ich bei mir und meiner Situation. Und ich versichere Dich, dass diese eigentümliche Lage, die heute 164 Tage währt ein sehr merkwürdiges Erlebnis ist.

In all der abscheulichen, stumpfen Hässlichkeit, die mich hier umgibt, lass ich meine Augen zuweilen auf Deinem Nädelchen und dem Dunhill ausruhen. Es ist mir immer gelungen, sie bei mir zu behalten, und sie sind ein reizender Trost. Deine Lederweste trag ich tagaus, tagein, die ganze Zeit. Sie ist nicht sauberer geworden, aber Wärmen ist ja ihr Lebenszweck und den kann sie hier erfüllen.

Ach, mein Herz, mein Herz, nun heißt es endgültig Abschied nehmen. Indem ich Dir schrieb, umfloss mich noch Deine Atmosphäre, Dein Zauber und Glanz wieder.

Nikolaus von Halem

05. August 1943
Die Ruhe, die ich mir immer für diese letzten Stunden gewünscht habe, ist nun auch wirklich bei mir und sie gibt mir viel Kraft, mit meinen Gedanken bei Dir zu weilen, bei Tim in Russland und bei Meme und bei allen anderen Lieben. Ich sagte es Dir schon bei der letzten Sprechstunde, dass ich es als eine Gnade empfinde, jede Nacht in meinen Träumen bei Euch in Fischerhude zu sein. Könnte ich doch meine Ruhe auch auf Dich übertragen. Mein Herz ist so übervoll, um Dir zu danken, und die Liebe zu Euch allen werde ich dalassen.

Cato Bontjes van Beek

10. Mai 1943
Meine schöne Heimat, wie gern ich Dich habe, süßes Heimatland! Heute sterbe ich, es ist Mai, wir sind hier vier im Raum, wir warten aufs Abschiednehmen. Ich werde bei Euch sein, in Eurer Mitte, mit Euch auf der Gartenbank sitzen, mein Geist wird immer mit Euch sein. Mit dem Morgen werde ich Euch anlachen, mit dem Abendstern Euch grüßen. Möge die Liebe auf Erden herrschen, nicht der Hass.
Jaroslav Ondrousek

09. August 1943
Gott zum Gruß. Herzallerliebste Gattin und alle meine Lieben! Heute sind es nun vier Wochen, da wir uns zum letzten Mal auf dieser Welt gesehen. Heute früh ca. halb 6 Uhr hieß es sofort anziehen, das Auto wartet schon, und mit mehreren Todeskandidaten ging dann die Fahrt hierher nach Brandenburg. Was mit uns geschehen wird, wussten wir nicht. Erst zu Mittag teilte man mir mit, dass das Urteil am 14. bestätigt wurde und heute um 4 Uhr nachmittags vollstreckt wird.
Franz Jägerstätter

12. März 1945
Unsere Bewacher ordnen Appell aller Häftlinge mit ihren Sachen an. Wir verlassen die Waggons. Befehl: »In Reihen so lange vor den Waggons stehen, bis wir zurückkommen! Man darf nicht auseinandergehen! Wer das macht, wird nach unserer Rückkehr streng bestraft! Die uns bewachenden SS-Männer besteigen die freien Fahrräder und fahren zusammen mit den angekommenen Soldaten weg, Wir warten in den Reihen. Wir wundern uns, dass sie niemanden zum Aufpassen dagelassen haben. Schon nach einer halben Stunde verlassen die Mutigsten unter uns die Reihen. Sie gehen in die naheliegenden Dörfer, um Essen zu holen. Nach kurzer Zeit kommen sie mit Kartoffeln, Milch und anderen Sachen zurück. Die Menschen verlassen die Reihen. Es wird klar, dass die Deutschen vor der heranrückenden Front geflüchtet sind. Alek Jakubowicz bereitet in unserem Abteil eine gemeinsame Mahlzeit zu. Wir kochen die aus dem Teich neben dem Wald geangelten Fische. In dem von den Bewachern verlassenen Waggon finden wir eine Kiste mit Dokumenten der Häftlinge. Das Geld haben die geflohenen Deutschen mitgenommen. Es ist ein Uhr nachmittags – die so lange erwartete Stunde der Befreiung! Die ersten Truppen der Alliierten nähern sich uns. Die Menschen weinen, küssen die Soldaten. Die Amerikaner blicken entsetzt auf die menschlichen Skelette. Ein amerikanischer Soldat, ein Jude – sehr

gerührt. Plötzlich kommt eine Gruppe von deutschen Soldaten aus dem Wald. – Hände hoch! – sie geben ihre Waffen ab. Die unsrigen zerschlagen die deutschen Gewehre an den Telegrafenmasten. Die Amerikaner sind in Eile. Sie greifen Richtung Elbe an. Magdeburg steht in Flammen. Sie lassen uns auf die nächsten Truppen warten, die sich unser annehmen werden. 17 Uhr. Die nächsten amerikanischen Truppen sind da. Wir werden im benachbarten Dorf, Farsleben, untergebracht, von wo wir nach ein paar Stunden mit Lastwagen in die ein paar Kilometer entfernte Siedlung Hillersleben gebracht werden. Dort sollen wir auf die Repatriierung warten. Die Freiheit kam nach genau 21 Monaten unseres bitteren Schicksals, des Hungers, der Krankheiten und dieses ganzen Alptraum-Lebens in Bergen-Belsen.
Józef Gitler

Nachdem das Lager geräumt wurde. Die Häftlinge wissen nur ungefähr, wo sie hingebracht werden sollen. Die Front und damit die Befreier rücken näher.

09. Oktober 1941
Nachts, wenn ich mit offenen Augen daliege, stelle ich mir den Augenblick vor, wenn wir uns wiedersehen; ich habe mich an diesen Gedanken berauscht, diesen Wachtraum endlos genossen.
Nun habe ich keine Hoffnung mehr, Gott hat nicht gewollt, dass wir uns wieder begegnen. Anscheinend habe ich zu viel gesündigt. Leb wohl, meine liebste Schwester, viel Glück, zieh Deine lieben Kinder in Glück und Gesundheit auf. Tausend Küsse auf Deine süßen Augen.
Ida Goldiş

11. Juli 1944
You, my only one, dearest, in isolation we are waiting for darkness.
We considered the possibility of hiding but decided not to do it since we felt it would be hopeless.
The famous trucks are already here and we are waiting for it to begin. I am completely calm.
You – my only and dearest one, do not blame yourself for what happened, it was our destiny
We did what we could.
Stay healthy and remember my words that time will heal – if not completely then at least partially.
Take care of the little golden boy and don't spoil him too much with your love.
Both of you – stay healthy, my dear ones. I will be thinking of you and Misa. Have a fabulous life, we must

board the trucks.
Into eternity, Vilma.
Vilma Grunwald

Überbracht an ihren Mann durch einen Aufseher, dem Vilma Grunwald den Brief übergeben hatte, bevor sie in die Gaskammer gezwungen wurde.

06. Juni 1943
Liebe Freundin. Das ist das Letzte, was du von mir hörst. Ich stehe kurz vor dem Aufbruch. Die Wagen fahren durch die Straßen, und es wird gerufen, dass alle Juden sich melden müssen. Ich nehme Abschied von dir. Grüße alle von mir. Auch meine Schwester und ihren Mann.

Diesen Brief erhielt Klaartje de Zwarte-Walvisch über Kontakte, er stammt von ihrer jüngsten Schwester.

07. Juni 1943
Mein allerliebster Mann,
im Augenblick sieht es so aus, dass wir alle darauf warten, einen Aufruf nach Polen oder irgendwo anders hin ganz weit weg zu bekommen. Die meisten sind schon weg, und wenn du diesen Brief bekommst, bin ich auch schon unterwegs. Du darfst dich über all das nicht wundern. Was hier in den letzten paar Tagen vor sich gegangen ist, lässt sich nicht mit dem Stift festhalten. Es soll genügen, wenn ich dir sage, dass es barbarisch war. Liebster, dieser Brief ist tatsächlich ein Abschiedsbrief. Wenn du siehst, wie es uns im Moment ergeht. Weil wir uns in Quarantäne befinden, brauchten wir nicht zum Appell, aber alle Männer und Frauen haben von Viertel vor vier bis acht Uhr Appell gestanden. Genau wie ihr an dem Abend, als ihr für Moerdijk ausgewählt wurdet, wurden sie aus den Reihen geholt. Du weißt nur zu gut, was ich meine. Die meisten Frauen mit Kindern sind schon weg. Am Sonntagnachmittag ist der erste Transport abgefahren. Heute (Montag) hat man die Mütter mit Kindern, deren Männer in Moerdijk sind, weggeschickt. Es war einfach entsetzlich. Wir werden einander nicht mehr wiedersehen, solange noch Krieg ist. Liebster, auch wenn das hier ein Abschied wird, wird es kein Abschied für ewig sein. Jetzt schreibe ich: Ich komme zu dir zurück. Wie lange das dauern wird, weiß natürlich niemand. Aber dass wir uns wiedersehen, ist sicher. Das alles habe ich vorausgeahnt, als ich dir damals diesen sehr langen Brief schrieb, in dem ich dir alles offenbart habe, was in meinem Herzen ist. Damals hatte ich immer das hier vor Augen. Ich wusste, dass wir einmal Abschied

voneinander nehmen müssen. Darum bin ich wahrscheinlich auch so sentimental gewesen und habe dir gesagt, was in mir vor sich ging. Aber ich bin vor allem deswegen froh, weil ich dich an dem Morgen, bevor du nach Moerdijk aufbrechen musstest, noch einmal sprechen konnte. Das hat viel von dem Leid, das hier ausgestanden wird, wiedergutgemacht. Das kann ich dir auf jeden Fall mit Sicherheit sagen. Sei also, was das betrifft, vollkommen beruhigt. Aber wenn ich weg bin und du diesen Brief bekommst, hoffe ich, dass du dich tapfer halten wirst, genau wie ich. Denk daran, dass das Leben es immer noch wert ist, gelebt zu werden. Halte dir das vor Augen und denk an mich. Denk an deine kleine Frau, die es so gern anders gewollt hätte, aber leider keine Macht darüber hat, was passiert. Während die Transporte aufbrachen, habe ich keine einzige Träne vergossen. Alles ließ mich kalt. Ich bin allem gegenüber, was um mich herum geschickt, ganz gefühllos. Ich glaube, ich bin völlig abgestumpft, aber es ist auch sehr gut möglich, dass ich so bin, damit ich all meine Energie und Willenskraft bis zu dem Augenblick schonen kann, in dem ich selbst aufbrechen muss. Ans und Netty sitzen neben mir. Auch sie schreiben an ihre Männer. Wir sind alle sehr tapfer und warten ganz gefasst unser Schicksal ab. Es ist hier im Moment wie in Westerbork. Die Aufrufe gehen noch bis heute Abend um elf weiter. Du würdest mich nicht wiedererkennen. So ruhig und gefasst bin ich. Vielleicht ist es der Gedanke an dich, der mich stark macht. Ich bin froh, dass ich nun so bin. Es gibt mir Mut und Willenskraft. Liebster, wohin ich auch gehe, wo ich auch bin, meine Gedanken sind und bleiben bei dir. Bei meinem Mann, mit dem ich immer Liebe und Leid geteilt habe. Du darfst aber kein Mitleid mit mir haben. Das könnte ich nicht ertragen. Du weißt, wie wir damals unser Haus verlassen haben, ins Unbekannte. So werde ich auch Vught verlassen. Erhobenen Hauptes. Im Moment sind sie dabei, ein paar Mädchen aufzurufen. Es ist gut möglich, dass sie danach mit den verheirateten Frauen anfangen. Liebster, tu nichts Unüberlegtes. Denke weiter sachlich und logisch, wie du das immer getan hast. Ich werde dich in Gedanken stützen, und dann weiß ich, dass du dich auch tapfer halten wirst. Unser Schicksal ist besiegelt, denn die Aufrufe strömen nur so herein. Womöglich müssen wir noch heute Abend auf Transport, sonst morgen. Wohin, das weiß niemand. Illusionen, ich würde hierbleiben können, habe ich keine. Man wird das ganze Lager leer machen. Das Kinderlager ist bis auf wenige Ausnahmen schon leer. Denk daran. Halt dich tapfer. So tapfer wie ich. Du weißt nun einmal, dass du dem Schicksal nicht entgehen kannst. Das weißt du noch sehr gut von diesem einen Nachmittag, als ich allein zu Hause war und du unerwartet zurückkamst. Falls ich nach Westerbork kommen sollte, kann ich nur noch versuchen, ins Krankenhaus zu kommen und auf diese Weise einen Aufschub zu erreichen. Du weißt schon, wofür. Du wirst wahrscheinlich nicht freiwillig kommen dürfen, und ich erwarte das auch nicht von dir. Folge mir vor allem nicht freiwillig, denn selbst wenn wir einander in Westerbork wiedersehen sollten, was natürlich sehr schön wäre, würden wir doch nicht zusammenbleiben. Und vielleicht kommst du ja auch früher frei als ich. Solange du noch in Holland bist, hast du darauf bestimmt bessere Chancen. Also, mein lieber Mann, gebrauche deinen Verstand gut. Du bist nicht der Einzige, der leidet. Wir leiden alle. Die Frage ist nur, auf welche Weise man das Leid am besten ertragen kann. Meine Schwester Ans ist in Westerbork, also hat man sie inzwischen wahrscheinlich auch weitergeschickt. Es ist hier im Moment so, dass man völlig wahnsinnig werden könnte. Die eine schreit lauter als die andere, und wir werden immer weniger. Die Mütter mit Kindern stehen alle noch am Tor. Der Transport fährt heute Abend um elf Uhr ab. Du weißt jetzt, wie ich dazu stehe, aber du kennst mich inzwischen gut genug, um zu wissen, dass ich das wirklich wie eine tapfere Frau ertragen werde. Jetzt schreibe ich, was du mir immer schreibst. Ich werde zu dir zurückkommen. Das hier wird ein Auf Wiedersehen. Natürlich weiß ich nicht, wann das sein wird, aber dass es dazu kommt, das ist sicher. Denke nur immer daran. Nochmals sage ich dir, wo immer ich auch hingehe, ich werde immer und immer an die Jahre denken, in denen wir so glücklich waren. Daran können wir uns dann immer erinnern, und wenn es Dinge gegeben haben mag, die wir beide gern anders gehabt hätten, so werden diese im Vergleich zu dem großen Leid, das wir nun alle durchmachen müssen, doch völlig unwichtig. Ich richte auch meine ganze Hoffnung auf dich, weil ich weiß, dass du in Gedanken bei mir bist. Mehr verlange ich im Moment auch nicht. Die Briefe, die du mir geschickt hast, nehme ich überallhin mit, und immer, wenn ich das Bedürfnis danach habe, werde ich sie wieder lesen. Daraus werde ich Kraft schöpfen, die ich in der Zukunft bestimmt nötig haben werde, und dann hoffe ich, dass für uns, wenn wir beide diese Hölle überleben, ein neues Leben anbrechen wird. Etwas, das wir beide so schrecklich gern möchten, denn ich weiß, dass das auch dein Wunsch ist. Wenn sich herausstellen sollte, dass ich diesen Brief nicht zu verschicken brau-

che, hebe ich ihn trotzdem auf, damit du weißt, wie ich an jenem Abend war, als alle in Angst und Anspannung dasaßen und ich ganz ruhig und gefasst mein Schicksal abgewartet habe. Inzwischen ist es schon halb zehn, und ich bin immer noch nicht an der Reihe. Verheiratete Frauen ohne Kinder hat man noch immer nicht aufgerufen. Also warte ich weiter ab. Das Gepäck aus dem Magazin wird uns nicht mitgegeben. Viel habe ich also sowieso nicht mehr. Nun, das ist nicht von großer Bedeutung. Ich habe nur ein einziges Ziel vor Augen. Und das ist: Ich komme zu dir zurück. Zu meinem Mann. Daran musst du denken. Ich weiß nicht, wann du diesen Brief erhalten wirst. Es ist sehr gut möglich, dass er dich nie erreicht. Auch dann komme ich zu dir zurück. Du weißt, was wir vereinbart haben. Entweder bei R. oder bei V. Das haben wir abgesprochen. Sollte beides nicht möglich sein, werden wir es dem Zufall überlassen. Liebster Mann. Ich habe dir alles geschrieben, was ich dir unbedingt sagen wollte. In diesem Moment kommt wieder ein Stapel Aufrufe herein. Ich habe entsetzliche Kopfschmerzen, und schon deshalb würde ich mir wünschen, dass ich heute Abend nicht los muss. Es ist hier nun genauso wie abends in Amsterdam. Warten, bis man an der Reihe ist. Siehst du nun ein, dass wir, solange dieser Zustand anhält, niemals Ruhe finden werden? Es heißt, dass diejenigen, die für Philips registriert sind, die Chance auf einen zeitlich begrenzten Aufschub haben. Aber wie wichtig ist mir das? Andererseits zählt jeder Tag. Ihr dort in Moerdijk habe keine Ahnung, was sich hier in den letzten Tagen abgespielt hat. Ich hoffe, Liebling, dass du das irgendwann einmal aus meinen Aufzeichnungen erfahren wirst, denn du weißt, dass ich das nicht einfach so geschehen lasse. Gepackt habe ich noch nichts, wie du weißt, beeile ich mich damit noch. So auch jetzt nicht. Der Zug wird schon nicht ohne mich abfahren. Bisher habe ich noch keinen Aufruf erhalten, aber das kann morgen auch noch passieren. Jedenfalls nehme ich jetzt Abschied von dir. Bleib tapfer wie ich. Das ist das Einzige, was ich dir um unser beider willen dringend rate. Ich fordere es sogar von dir um unser beider willen. Liebling, es ist sehr schwer, Abschied von dir zu nehmen, aber es muss sein. Es lässt sich nicht ändern. Auf Wiedersehen, Mann. Kopf hoch, hörst du. Alles wird gut werden. Deine Frau, die dich so sehr liebt, wird dich verlassen. Aber nur für eine bestimmte Zeit, das weißt du. Das hier ist kein Abschied für ewig.
Folge mir niemals freiwillig. Deine Frau
Klartje de Zwarte-Walvisch

Es ist nicht bekannt, ob dieser Brief Klaartjes Mann erreichte.

[undatiert]
Wir kommen nicht zur Ruhe, dieses andauernde Abschiednehmen ist das Schlimmste u. wünschte ich sehr, dass schon alles vorbei wäre.
Thea Salmony

04. November 1941
My dear, please care for Mother, since you will be the only remaining member of her family.
Ida Goldiș

26. März 1943
Meine teuren Eltern, mein geliebtes Mütterchen und Väterchen, meine einzige Schwester und kleiner Bruder. Teuerste Großmutter und Tante, meine Freunde, liebe, teure Bekannte. Meine Familie. Ihr alle teuer in dem, was in meinem Herzen das Liebste ist. Ich nehme Abschied von Euch, ich grüße Euch, ich liebe Euch. Weint nicht, ich weine nicht. Ohne Klagen, ohne Angstbeben, ohne Schmerz gehe ich fort, schon, schon gelange ich zu dem, was doch nur Ziel, nicht Mittel sein sollte. Zum Scheiden von Euch, und doch nur zur völligen Annäherung, zum Einswerden mit Euch. So wenig kann ich von meiner Liebe geben, nur die ernsteste Versicherung ihrer Tiefe und Innigkeit. Innigsten Dank Heute, am 26. III. 43, um halb sieben Uhr abends, zwei Tage, nachdem ich mein 22. Lebensjahr erreicht habe, atme ich zum letzten Male. Und doch, bis zum letzten Augenblick: leben und glauben.
Marie Kuderikova

[undatiert]
they lined us up to be shot, but a miracle happened, and today our miracle would be if God has mercy on us. Only if we are shot will he (the man) send you the letter. Moshe, they are after your little kids, that is what they want. So goodbye and keep strong. We Jews are sacrificing ourselves for your redemption.
Zipora

Diese Nachricht wurde kurz vor der Auslöschung der jüdischen Menschen in der Stadt Molėtai in Litauen von einer jungen Frau geschrieben. Gefunden von einer Litauerin, die den Zettel 20 Jahre aufbewahrte, bevor er den Nachfahren übergeben werden konnte.

31. Juli 1942
Mein Moischkale und alle meine Lieben!
Wir haben jetzt ein furchtbares Schlachten hinter uns.

Am 25.7.1942 fanden bei uns, wie in allen anderen Städten, Massenermordungen statt. 350 Menschen haben überlebt. 850 wurden ermordet und starben einen furchtbaren Tod durch die Hand der Mörder. Man warf sie wie Hunde in die Latrinen. Lebende Kinder wurden in Gruben geworfen. Ich werde nicht viel schreiben. Ich glaube, dass sich der Mensch noch finden wird, der von unserem Leid und dem bei uns veranstalteten Blutbad berichten wird. Noch ist es uns gelungen, uns zu retten, aber für wie lange? Jeden Tag erwarten wir den Tod, und in der Zwischenzeit trauern wir um unsere Verwandten und Lieben. Deine Familie, Moischkale, ist nicht mehr, nichts ist von ihnen geblieben. Aber ich beneide sie. Ich werde schließen. Es ist unmöglich zu schreiben und unsere Qualen hinauszuschreien. Seid gesund, und das Einzige, was Ihr für uns tun könnt, ist, Euch an unseren Mördern zu rächen. Ein wenig Rache an ihnen nehmen. Ich küsse Euch ganz fest. Ich verabschiede mich von Euch, vor unser aller Tod.
Zlatka

Mein lieber Vater!
Ich verabschiede mich von Dir, bevor ich sterbe. Wir möchten so gerne leben, aber was können wir tun – man lässt uns nicht. Ich habe solche Angst vor dem Tod, denn kleine Kinder werden lebend in die Grube geworfen. Ich verabschiede mich von Euch auf immer. Ich küsse Euch ganz, ganz fest.
Deine Jutta
Zlatka und Jutta Wischnitzky

08. September 1943
My dear Doll,
These are the last words which I will write to you, since tomorrow morning, at dawn, I am to be shot. I am sad that I was unable to see either you or the children again before my death. But there is nothing that can be done about it. I must accept this. My dear Doll, my last moments are entirely devoted to you and the children. I ask your forgiveness for having left you without any support and protection in life. Still, in these last moments, I implore you once more to pardon me and not to bear a grudge against me for this. You know very well that I was unable to act otherwise. And I implore you to devote a good thought to me from time to time. You will explain to the children, when they are of age, why I had to die, so that they may understand.
Samuel Potasznik

[undatiert]
Mein(e) Liebe(r), in wenigen Minuten werden wir uns zum Bahnhof begeben und in die Ewigkeit fahren. Passe auf Mutter auf. Mein Mann und ich hatten die Möglichkeit, zu bleiben, weil wir arbeiten, aber unser kleiner Sohn muss weg, und wir wollen ihn nicht allein auf seinen letzten Weg gehen lassen, daher gehen wir gemeinsam in den Tod. Wir haben uns mit unserem Schicksal abgefunden.
[unbekannt]

[undatiert]
Unter der Männermenge liegt dort die Frau in Suchen und Sehnen ausgestreckt, ihr Körper ist zu den vielen hin gereckt, sie hat beim letzten Atemzug noch ihren Mann unter ihnen gesucht.
Und dort am Rand, an der Bunkerwand, stand ihr Mann und hatte dort keine Ruhe. Er stand auf den Zehenspitzen und suchte, auch er, seine nackte Frau, die sich in der Männermenge befand. Und als er sie gerade wahrgenommen hatte und sein Herz heftig zu klopfen anfing und seine Arme sich ihr, ihr entgegenstreckten und er sich einen Weg zu ihr bahnen wollte und laut ihren Namen rief da verbreitete sich das Gas im Saal und so ist er erstarrt, mit zu seiner Frau ausgestreckten Armen, mit offenem Mund und wild starrenden Augen blieb er liegen. Ihr Name war ihm auf den Lippen, so starb sein Herz und entschwand seine Seele. Da haben zwei Herzen im gleichen Takt geschlagen und sind in Suchen und Sehnen vergangen.
Salmen Gradowski

[undatiert]
Bleibt alle gesund, habt eine gute Zeit, und vergiftet Euch Eure Leben nicht mit Unsinnigkeiten. Jetzt könnte ich das Leben mit anderen Augen sehen, doch denke ich zu spät daran. Jetzt weiß ich, dass alles eitel ist. Und der Frühling ist so schön. Wie furchtbar wird unser Tod.
Chulda

12. April
Die kleine Chulda hätte ihr Leben retten können. Ein Mann wollte sie zu sich nehmen und sie verstecken. Ich habe geschimpft, geweint, nichts hat genutzt – sie wollte nicht fahren. Sie hatte nicht genug Kraft, uns zu verlassen und sich zu retten. Ihre Nerven und ihre Kraft reichten nicht aus. […]
Bleibt gesund. Ich schreibe diese Worte, damit Ihr wisst, unter welchen Bedingungen wir gelebt haben

und wie wir starben. Das Leben ist furchtbar, doch zehnmal schlimmer ist der Tod. Mein Leben ist in meinen Augen aber nicht wichtig, ich könnte sowieso nicht mehr leben.
Rosalke

21. April 1943
Mein Junge!
Mein letzter Gruß für Dich, mein lieber, lieber Junge. Ich werde heute, an dem Geburtstage Deiner Mutter, hingerichtet. Am 12. Januar wurde ich vom Volksgericht wegen meiner politischen Tätigkeit gegen das „Dritte Reich" zum Tode verurteilt.
Bereuen tue ich meine Handlungen nicht, denn ich habe sie aus Überzeugung getan. Mit ruhigem, festem Schritt werde ich den letzten Gang machen. Es grüßt Dich zum letzten Male
Dein Vater
Hermann Geisen

[undatiert]
Nun ist es also soweit. In einer halben Stunde wird das Urteil vollstreckt. Ich bin ganz gefasst, weil ich ja immer damit gerechnet habe. (Entschuldige die schlechte Schrift, ich schreibe mit Fesseln.) Könnte ich Dir nur all das danken, könnte ich Dir nur alle Liebe sagen, die ich immer für Dich empfunden habe. Auch während all der schweren Tage meiner Haft hast Du mir so viel an Güte und unendlicher Liebe gegeben, so viel menschliche Größe hab ich bei Dir empfunden. Bleibe so fest, wie Du immer warst. Du weißt ja, dass es kein Zufall war, sondern mein Schicksal. Ich habe nichts zu bereuen, nur den großen Schmerz, den einzigen, um den ich während der ganzen Zeit getrauert habe, dass Du nun so allein leben musst.
Die Kinder werden auch ohne mich gut aufwachsen, alle, die mich lieben, werden ihnen helfen. Deswegen sterbe ich ganz ruhig. Sie rappeln schon mit den Schlüsseln! Grüße alle, die mir nahestanden, sage, dass ich ihrer oft gedacht.
Lass Dich umarmen. Denke daran, dass wir für eine bessere Zukunft starben, für ein Leben ohne Menschennah. Ich habe die Menschen sehr geliebt und hätte sicher noch viel Gutes getan. Es hat nicht sollen sein.
Noch 5 Minuten! Jetzt kann ich also nicht mehr an die anderen der Familie schreiben. Dein lieber guter Vater und die Mammie, möge es ihnen immer gut gehen. Meine liebe, gute, treue Mutter, mach Dir keinen Kummer, ich sterbe stolz und ungebrochen. Du hattest einen guten Sohn.

Ich küsse Dich. Ich wünsche Dir ein Leben voll Freude mit den Kindern. Du wirst ihnen alles so erzählen, dass sie sich ihres Vaters nicht zu schämen brauchen. Gleich ist's Schluss. Gute Du, mit dem edlen lieben Herzen. Du wirst es richtig tragen. Verzage nie. Denke, wie ich immer alles gemacht hätte. Ich umarme Dich und alle Lieben.
Dein Georg
Georg Groscurth

06. Juli 1944
Meine liebe Mimi, mein goldiger Klaus!
Nun muss ich Abschied nehmen, so schwer es auch ist. Ich will stark bleiben, bis zur letzten Stunde. Für Euch ist es schwerer, denn das Leben ist lang. Ich hoffe aber, dass für Euch beide noch recht viel Gutes darin enthalten ist. Liebe Mimi! Ich habe Dich von ganzem Herzen lieb, mehr als mein Leben, und ich wäre Dir gern noch für Jahrzehnte ein guter Kamerad geblieben, und meinem Jungen wollte ich der beste Vater sein. Es tröstet mich aber, dass Du stark genug bist, ihm beides zu sein. Lass Dir das Leben nicht verbittern, verhärte nicht Dein Herz, überwinde den Schmerz und wende Dich aufs Neue dem Leben zu. Lass Dich niemals zu verzehrendem Hass verleiten, dauerhaft Gutes kann nur die Liebe zeugen, vergiss das bitte nie, es ist für Dich und für Deine Zukunft am besten. Du bist mir immer ein guter Kamerad gewesen und hast ein besseres Los verdient. Ich habe nur den einen Wunsch, dass Du noch einmal glücklich wirst, denn Du bist es wert.
Habe Dank für Deine Liebe und tapfere Kameradschaft, Du warst mir alles, was eine Frau dem Manne sein kann, ich hätte nie eine bessere gefunden. An Dich und meinen lieben Jungen denke ich jetzt bis zur letzten Sekunde, ich küsse Dich und Deinen kleinen Schatz und nun: Lebt wohl!
In Liebe Dein Richard
Richard Heller

24. Februar 1945
Liebe Frau!
Ich habe von hier zweimal geschrieben, am 26.1. und am 12. 2. Leider habe ich bis heute keine Antwort von Dir erhalten. Die Ursache weiß ich nicht.
Lieber, treuer Lebenskamerad! Jetzt sind meine Minuten gezählt, die ich noch zu leben habe. Es wurde mir soeben bekanntgegeben, das mein Gnadengesuch abgelehnt ist und das Urteil jetzt vollstreckt wird. Die nervenfressende Zeit ist jetzt vorüber. Ich bin ganz ruhig. Meine einzigste Sorge bist Du und Dein weiteres

Leben. Ich hoffe, Du wirst so handeln, wie ich es mit Dir in Potsdam besprochen habe. Das Sterben ist für mich nicht schwer, das Leben ist manchmal schwerer, besonders für mich in der letzten Zeit. Meine Gedanken waren immer nur bei Dir; denn Du warst immer mein treuer Kamerad in 33 Jahren.
Ich nehme jetzt Abschied von Dir auf immer. Lebe wohl! Im Geiste umarme und küsse ich Dich zum letzten Mal. Grüße nochmals meine Geschwister und alle Bekannten.
Dein Paul
Paul Hegenbart

06. November 1944
Meine liebe Erna, liebste Susi!
Es ist soweit. Es heißt Abschied nehmen. Die Fesseln hindern sehr. Trotzdem einige Worte.
Ich habe Euch großen Kummer gemacht, und Ihr habt mir nur Liebe und Zuneigung geschenkt. Seid mir deshalb nicht böse, ich wollte nur das Gute. Vergeht auch nicht in Trauer. Euer Leben muss weitergehen, und ich wünsche Euch für die Zukunft viel Glück und Freude. Der Tod kann auch ein Erlöser sein. Ich sehe in ihm keinen Feind, sondern einen guten Mann, der einen furchtbaren Zustand beendet. Grüßt alle Verwandten und Freunde von mir.
Euch gilt mein letzter Atemzug, er ist erfüllt voller Dankbarkeit für Dich.
Lebt wohl! Kopf hoch!
Euer Bernd
Bernhard Almstadt

01. Dezember 1942
Liebe Elsa, meine tapfere Liebe!
Ich stehe jetzt vor meinem letzten Gang aus dieser Welt. Die letzten 12 Wochen habe ich ebenso zuversichtlich verlebt, wie ich das Urteil entgegengenommen habe, und wie Du es auch getan hast, tapfer und aufrecht. Ich sterbe aufrecht, wie ich gelebt habe, wie ein Soldat für mein Ideal.
Du wirst weiterleben, ich hoffe und wünsche es, meine Liebe, mein guter Kamerad. Ich wünsche mir und Dir, dass Du es so tapfer tust, wie Du es immer getan hast. Sei nicht traurig über meinen Tod. Denke an mich als Deinen Kameraden, der Dich mit ganzem Herzen geliebt hat und bis zuletzt liebt. Ich wünsche, dass Du es Dir in den schweren Zeiten so gut gehen lässt, wie nur irgend möglich, und hoffe, dass es Dir gelingt. Nochmals: sei tapfer! Du bist in meine letzten Gedanken eingeschlossen.

Liebe Elsa, ich bin im Geiste ganz bei Dir, mit meiner großen Liebe umarm' ich Dich ein letztes Mal. Leb wohl, meine Teure
Dein Karl
Karl Becker

27. Juli 1944
Meine liebe, tapfere Frau!
Dieser Brief ist das letzte Lebenszeichen und Liebeszeichen von mir. Heute, am 27. Juli, 15 Uhr, wird mein Kopf, der so viele liebe Gedanken für Dich barg, in den Sand rollen. Mein Urlaub auf dieser Erde ist damit abgelaufen, und ich werde wie so viele andere „eingeschreint sein im Herzen der Menschheit", die heute ja so viel Leid erdulden muss. Wenn ich daran denke, wie wir so oft gemeinsam der Matthäus-Passion gelauscht haben und wie unsere Blicke sich zuletzt begegneten, während auf der Tribüne des Konzertgebäudes der Schlusschor von Beethovens 9. Symphonie losbrauste, dann wird mir doch ein wenig weh ums Herz. „Alle Menschen werden Brüder." Ja, dafür habe ich gelebt und gekämpft von frühester Jugend an. Und wenn auch mein Leben auf diese Art enden muss, so bin ich dem Schicksal doch dankbar, dass es mich dieses Leben – und besonders die letzten 10 Jahre an Deiner Seite – leben ließ. Ich habe in meiner Passionszeit Zeit genug gehabt, mein Tun und Handeln zu überprüfen, und weiß, dass ich mir nichts vorzuwerfen habe. Allein das, dass es mir nicht gelungen ist, mich für Dich zu erhalten. Aber ich schrieb Dir schon im letzten Brief, dass gegen Verrat noch kein Kraut gewachsen ist. Schlimm, sehr schlimm ist das alles für Dich und meine lieben Angehörigen. Tragisch ist es, denn ich komme mir vor wie ein Rennpferd, das kurz vor dem Ziele stürzt. Ich hätte gern noch erlebt, dass die Menschheit und vor allem mein geliebtes deutsches Volk von den furchtbaren Leiden des Krieges erlöst werden würde. Nun, ich erlebe den ersehnten Frieden nicht mehr, sterbe aber in der Gewissheit, dass er bald, zum Segen aller, kommen wird.
Meine liebe Frau, liebe Maria! Du musst jetzt Deinen Weg allein weitergehen, und wenn Du auch im ersten Augenblick denken wirst, es geht nicht, es wird gehen, und es muss gehen. Immer ja sagen zum Leben, ganz gleich, wie hart die Schläge sind, die es erteilt. Das war immer meine Parole, und sie soll mein Vermächtnis an Dich sein. Schön war unsere Ehe, und wir haben uns mehr gegeben, wie Menschen sich gewöhnlich zu geben vermögen. Davon wirst Du zehren müssen. Ich wünsche Dir dazu alles Gute. Über den Ausgang meiner

Sache habe ich keinen Augenblick gezweifelt, wenn ich auch manchmal glaubte, dass die Zeit vielleicht noch Rettung bringt. Mein Herzenskind, so muss ich von Dir scheiden, reinen Herzens und reinen Sinnes. Da wir nicht getraut sind, entscheide ich hiermit, dass alle meine persönlichen Habseligkeiten später von meinen Angehörigen an Dich übergeben werden. Sobald Du kannst, gehe zu meiner Mutter und berichte ihr und meinen Bekannten von meinem Leben in den letzten zehn Jahren und sorge dafür, dass das Andenken an mich rein und sauber bleibt.
Grüße Deine Angehörigen von mir und alle Bekannten. Leb wohl, mein Kind! Ich drücke Dich fest an mein Herz, das in zwei Stunden schon nicht mehr schlagen wird. Meine letzten Gedanken sind bei Dir, mein Stern, mein Liebstes, das ich besessen habe.
Lebe wohl! Dein Mann
Ich sterbe für Deutschland.
Wilhelm Beuttel

08. Februar 1945
Geliebter Herbert!
Deinen letzten Brief vom 7. 1. habe ich erhalten – es war der Abschiedsbrief. Glaub mir, dass ich einer besseren Todesart entgegengehe als viele Volksgenossen in unserem schwergeprüften Deutschland, Herrn Pfarrer bat ich darum, Dir von unserer letzten Unterhaltung zu berichten. Versuch den Gedanken des Gewaltsamen von Dir zu weisen und Dich mit mir zu freuen, dass ich den Lebensweg vollbracht habe…
Und nun will ich Dir nur noch danken für Deine freundliche Unterstützung in meiner Studien- und Ausbildungszeit! Du hast ein gutes Werk getan, mir zu einem ausgefüllten, wahrhaft glücklichen Leben verholfen.
Und nun – man soll den Becher nicht bis zur Neige trinken – ein Abschluss in der Blüte des Schaffens. Verzeiht mir, wenn ich manchmal zu wenig Zeit für Euch hatte! Die Pflicht gegen meine Kranken ging mir vor. Vielleicht hast Du während meiner Haft die enge geschwisterliche Verbundenheit empfunden. Grüß Deine Damen! Leb wohl, bleib schaffensfroh!
Immer Deine getreue Margot
Margarete Blank

13. Mai 1942
Königsdamm 7, Haus 3
Liebe Hanni!
Aus obiger Adresse siehst Du, wo ich mich befinde. Nach der sogenannten Verhandlung vor dem Volks-

gerichtshof bin ich nämlich zum Tode verurteilt; inwieweit diese Strafe tatsächlich zutrifft, weiß ich nicht. Eines nur, liebe Hanni, ist mir klar: Du und der Junge, Ihr sollt leben – und zwar im Bewusstsein, dass das Leben schön, liebens- und lebenswert ist. Sei tapfer für Frank und denke: der Tod oder jahrelanges Fernbleiben (was beinahe dasselbe ist) ist nicht das Schlimmste im menschlichen Leben. Ich fürchte den Tod nicht – das ist die Wahrheit. Es gibt schlimmere Situationen als ihn. Dir, Hanni, drücke ich beide Hände, küsse sie und bin Dir auch in Zukunft dankbar für die gebotene Liebe und Sorge, mit der Du ein halbes Leben meine Frau gewesen bist. Verzage nicht. Weder körperlich, geistig noch seelisch, wenn über mich tatsächlich das Letzte kommt. Es sind schon bessere Menschen um weniger gestorben – und haben noch mehr als ein Kind hinterlassen. Erziehe Frank zu einer starken, männlichen Haltung allen Schicksalsschlägen gegenüber.
Grüße die Oma – und drücke Frank an Dein Herz. Erzähl ihm von seinem Vater, das Gute jetzt und später auch das Böse; gut und böse: so ist der Mensch. Für das Böse sterbe ich nicht, sondern für meine Weltanschauung.
Ich bin Dein Herbert
Herbert Bochow

18. Oktober 1943
Meine lieben Eltern, Geschwister, Kinder und alle Ihr Lieben!
Wenn Ihr diesen Brief erhaltet, weile ich nicht mehr unter den Lebenden. Der Reichsminister für Justiz hat von seinem Gnadenrecht keinen Gebrauch gemacht. Das Schicksal hat es also gewollt, dass ich nie wieder zu Euch zurückkehren soll. Meine geliebten Eltern. Nachdem Ihr bei den Luftangriffen alles verloren habt, müsst Ihr nun auch Euren Jungen verlieren. Die letzten Stunden kommen nun für mich, aber ich werde alles tapfer ertragen. Als ehrlicher Mensch bin ich von Euch erzogen worden, als ehrlicher Mensch werde ich sterben. Ich danke Euch von Herzen für die gute Kinderzeit und Erziehung. Nie in meinem Leben habe ich jemanden belogen und betrogen. Ich wollte nur das Beste für die Menschen.
Liebe Eltern! Seid tapfer und standhaft, erzieht meine Kinder zu ordentlichen und tüchtigen Menschen, auch sie sollen ihren Vater nie vergessen.
Meine Gedanken sind bei meinen Geschwistern, grüßt mir Marianne, Robert und Walter. Grüßt mir auch alle Verwandten. Und nun zu meiner geliebten Kamma. Ich danke Kamma für alles Gute, was sie für mich ge-

tan hat. Das Glück war nur kurz, nie soll ich wieder zu ihr zurückkehren. Meine Sachen und Papiere kann sie später an Euch senden. Allen lieben Menschen, die gut zu mir waren, danke ich von Herzen. Grüßt mir all die guten Menschen, Kamma soll auch die Lieben in Jütland grüßen. Meine letzten Gedanken weilen auch bei dem kleinen Willi dort oben. Liebe Eltern, ich danke Euch für alle Bemühungen und Schritte, die Ihr unternommen habt. Euer Besuch war eine große Freude für mich. Nochmals seid tapfer. Ich wünsche Euch, den Geschwistern, den Verwandten und allen lieben Menschen alles Gute für die Zukunft. Den Frieden kann ich nicht mehr miterleben.

Nun will ich den Brief schließen, lebt wohl, meine Lieben, und vergesst mich nie. Ich küsse Euch und sende die letzten Grüße.
Willi
Mama, Papa! Seid tapfer und standhaft.
Wilhelm Boller

[undatiert]
Mein Cay!
Wie magst Du in diesen Tagen um mich gebangt haben. Ich habe wohl mehr an Dich gedacht als an mich. Ich weiß, dass, wenn Du zehn Leben hättest, Du sie alle für mich hingeben würdest. Aber hier kann mir ja nun wirklich niemand helfen. Diesen Weg müssen wir alle allein gehen.

Noch mein letzter Atemzug wird ein Dank an das Schicksal sein, dass ich Dich lieben und mit Dir sieben Jahre leben durfte. Ich hätte Dich so gerne noch einmal gesehen, aber da ich keinerlei Vergünstigungen haben soll, bin ich zu stolz, eine vergebliche Bitte zu tun, ebenso, wie ich auch kein Gnadengesuch geschrieben habe, weil mein Tod ja eine beschlossene Sache ist.

Ich halte mit Dir Zwiesprache, mein Liebes. Eben habe ich mir von Dir das Versprechen geben lassen, dass Du nicht lange traurig sein wirst, denn Du würdest mir die Ruhe für die letzten Tage rauben, die ich doch brauche, wenn ich durch das dunkle Tor gehe.

Niemand soll sagen können von mir, ohne zu lügen, ich hätte geweint und am Leben gehangen und darum gezittert. Lachend will ich mein Leben beschließen, so wie ich das Leben lachend am meisten liebte und noch liebe.

Mein lieber Cay, nun will ich mich von Dir verabschieden. In dieser Not blieb uns kein Freund als Mut und schneller Tod. Sei mir zum letzten Mal gegrüßt, mein Liebes. Was ich Dir schon einmal sagen konnte, muss ich Dir auch in dieser Stunde sagen: Mein Leben war

ohne Dich nichts, es hat durch Dich erst Sinn und Inhalt bekommen. Das bewährt sich jetzt. Denke ab und zu an mich, aber sei nicht traurig. Ich bin gefasst und sehr ruhig. Es tröstet mich die Einsicht in die Notwendigkeit. Alles Gute für Dich, für Deine Zukunft.
Deine Erika
Erika von Brockdorff

05. August 1943
Meine liebsten beiden, geliebte Eltern!
Ich habe mich so sehr gefreut über Euren Brief, den ich gestern noch erhielt, den allerletzten Gruß von Euch. Nun heißt es tapfer sein. Wir müssen uns jetzt trennen. Meine beiden, Ihr, dass ich Euch diesen ärgsten Kummer nicht ersparen konnte! Aber es ist doch alles gut so, wie es kam. Es war so ein unseliger Zwiespalt in mir, das Erleben der letzten Monate brachte die Lösung. Nun ist alles Ruhe und Freude. Meine Gedanken waren schließlich wieder ganz bei Euch. Eure Treue hat mich tief gerührt. Tausend Dank dafür und für alle Liebe, die Ihr mir gabt. Ich war sehr, sehr froh in der letzten Zeit. Verzeiht mir, mein Mamale, mein Vaterle. So vieles muss nun auf immer unausgesprochen bleiben, ich muss tief in Eurer Schuld bleiben und hätte doch gern noch wiedergutgemacht. Aber gelt, wir gehören zusammen, und ich bleibe immer in Eurer Mitte. –
So lieb hab' ich Euch, so lieb und möchte Euch küssen und streicheln und trösten. Grüßt mir alle lieben Menschen! Auf ein frohes Wiedersehen im anderen Leben. Wartet ab in Geduld, bis auch Ihr gerufen werdet.
Bis zum letzten Atemzuge
Eure Putte
Eva-Maria Buch

22. Dezember 1944
Liebes Trudchen und alle Freunde!
Heute nun in einer Stunde nehme ich Abschied von Euch allen. Liebe Freunde, Ihr habt viel Gutes an mir getan und habt nochmals den besten Dank dafür. Ich bin ruhig und gefasst. Eben war das Gericht hier und hat das Urteil verkündet. Das Gnadengesuch ist abgelehnt. Ihr habt mir viel, viel Gutes getan. Ach, Ihr lieben Freunde, könnte ich noch einmal Euch sehen, aber das Schicksal hat es anders gewollt. Vor allem Trudchen, Selma, Hermann und Grete März, Ihr wart mir mehr als nur Freunde. Lebt alle wohl und vergeht mich nicht in Euren Gedanken, ich sterbe tapfer und gefasst. Es ist nur um meine Kinder, liebe Freunde, wenn es möglich ist, dann gebt auf die Kinder acht und sorgt für sie. Das ist meine letzte Bitte an Euch. Nun steht das Weih-

nachtsfest vor der Tür, und ich kann es nicht mehr erleben. Aber Euch wünsche ich allen, Ihr lieben Freunde, ein gesundes und frohes Fest und ein frohes zukunftsvolles Neues Jahr.
Die letzten Wochen waren furchtbar. Immer das Warten, und nun ist der Tag da; geboren am 10.1.1913, gestorben am 22.12.1944.
Nun lebt alle wohl, lebt wohl, es ist soweit.
Es grüßt Euch alle
Euer Rudi
Rudolf Burdt

16. Dezember 1935
Königsdamm 7
Liebe Eltern, Geschwister und Bekannte!
Mariechen, Deinen lieben Brief habe ich mit großer Freude erhalten, auch Huldas Bildchen. Es ist gerade, als hätte ich sie erst gestern gesehen. Nun steht die gnadenbringende Weihnachtszeit bevor. Aber für mich und diese Botschaft an Euch alle, meine Lieben, ist sie keine freudige. Mariechen, ich richte diesen Brief an Dich, denn Du wirst am stärksten sein, diese schreckliche Botschaft empfangen zu können und sie allen, vor allen Dingen meinen lieben Eltern in ihrem betagten Alter und auch Mutter Danecke, schonend mitzuteilen. Der Gnadenbeweis ist abgelehnt, und noch einige Stunden, dann ist mein Leidensweg beendet. Liebe Eltern und Geschwister, in Gedanken bin ich bei Euch, um Euch alle zu trösten über das brutale Scheiden von Euch. Meine Lieben, die Vollstreckung dieses Urteils ist kaum beispiellos in der Weltgeschichte. Nochmals wird die Presse als Hauptbegründung des Urteils Mitteldeutschland 1921 anführen. Aber es kommt weniger die Straftat in Betracht, sondern meine kommunistische Anschauung. Und darum sehe ich tapfer und mit Ruhe der Entscheidung entgegen. Auch bitte ich Euch nochmals, in Ruhe den Schicksalsschlag zu überwinden. Immer muss ich an Mutters Worte denken, die sie mir früher mal in Wolfenbüttel sagte und auch bei unserem Abschied in Braunschweig, und nun muss mein Leben ein tragisches Ende nehmen. Ja, liebe Eltern, schon viel habt Ihr um mich gelitten, und ich war Euch ein großes Sorgenkind.
Persönlich kann ich Euch keinen Trost spenden. Aber auf diesem Wege möchte ich Euch alle Kraft zur Stärkung senden zur Überwindung. – Mariechen, da ich nicht allen Verwandten und Bekannten meine Abschiedsgrüße schreiben kann, sei Du bitte so gut und übermittle sie. Des Weiteren habe ich veranlasst, dass auch meine Sachen an Dich geschickt werden. Hebt

bitte Marthas Briefe für sie auf. Meine Armbanduhr soll mein Neffe Ernstchen zur Erinnerung an mich haben. – Martha habe ich selbst geschrieben. Huldas Bild sende bitte mit meinen herzlichen Grüßen an sie zurück. So, Ihr Lieben alle, hiermit scheide ich von Euch, indem ich in Gedanken bei Euch weile, verbleibe ich mit herzlichen Grüßen

Euer Sohn und Bruder Rudolf

Zur Zerstreuung meiner letzten Stunden weilen einige Beamte und der Anstaltspfarrer bei mir, mit dem man sich menschlich gut unterhalten kann.

Also, meine Lieben, nochmals, seid stark und überwindet.

Rudolf

Rudolf Claus

[undatiert]

Mein liebes Mädchen!

Nur wenige Tage trennen mich noch von dem Urteilsspruch, nicht aber von der Entscheidung. Diese fiel am Tag meiner Verhaftung. Als ich in Potsdam „vernommen" worden war, wusste ich, dass das Todesurteil nur noch durch besondere Ereignisse abgewendet werden konnte. Meine Hoffnung auf solche war gering, und so stellte ich mich von Anfang an auf den Tod ein. Nun steht er unmittelbar bevor.

Es ist ein sehr eigentümliches Gefühl, in einer engen Zelle zu sitzen, getrennt von allem, was einem lieb und teuer ist auf dieser Erde, und zu wissen: Nie wieder wird es werden, wie es war. Hinter allen Gedanken, die sich mit Vergangenheit und Zukunft beschäftigen, steht das unerbittliche „Nie wieder!". Ich sah, wie die Sonne täglich langsam sank, und wusste, nie wieder werde ich erleben, dass sie täglich höher steigt. Als die Weinblätter am Kerkerfenster sich zu färben begannen – zuerst ganz zart, kaum merkbar, dann täglich mehr und mehr, bis sie schließlich in leuchtendem Rot erstrahlten, um zu verblassen und abzufallen -, erschienen sie mir als ein Symbol meiner Lage. So unerbittlich und unaufhaltsam wie dieser Prozess des langsamen Absterbens, so unerbittlich verrinnt auch meine Zeit. Noch nie habe ich Blätter in solcher Schönheit sterben sehen wie dieses Mal, da es zugleich das letzte Mal war, dass meine Augen solches sahen.

Sie sind tot, die Blätter vor meinem Fenster, das letzte ist abgefallen, und auch meine Stunde ist nun gekommen. Freilich, die Blätter werden wiederkehren. Schon in wenigen Wochen beginnen sie zu rüsten, um im kommenden Frühjahr in strahlender Schöne in die Sonne zu lachen. Alles wird wieder sein, wie es war. Nur ich werde nicht mehr sein. „Nie wieder!"

Bin ich deshalb verzweifelt? War ich es in den letzten Wochen? Nein! In dem Maße, in dem die Überzeugung wuchs, dass nichts mich retten würde, wuchs in mir die Kraft, mein Schicksal mit Fassung zu tragen. Das Laub muss abfallen und verwesend als Dünger dienen. Nur so kann neues Leben wachsen. Und so sind auch wir, die wir für eine schöne und bessere Zukunft sterben, nichts als – es ist ein hartes Wort – Kulturdünger. Ohne unser Sterben kein neues Leben, keine Zukunft. Noch steckt die Menschheit tief im Tierreich, und die Gesetze ihrer Fort- und Höherentwicklung sind noch dieselben wie dort. Es ist ein grausamer Kampf, in dem das Bessere sich nur durch Ströme von Blut durchsetzen kann. Wie in den vergangenen Jahrtausenden schreibt auch heute noch die Menschheit ihre Geschichte mit ihren edelsten Säften, mit ihrem Blut. Es wird eine Zeit kommen, da sie den entscheidenden Schritt tun und sich endgültig aus dem Tierreich lösen wird, wo aus den Nachfahren des „Pithekanthropus" tatsächlich der „Homo sapiens" wird. Dann erst wird die eigentliche Menschheitsgeschichte beginnen. Nicht mehr Blut und Feindschaft werden die Kampfmittel sein, sondern Vernunft und Verstand. Viel spricht dafür, dass wir uns diesem Zustand in raschem Tempo nähern, im Begriff stehen, eine jahrtausendelange Geschichte abzuschließen und ein neues Kapitel - das erste menschliche - zu beginnen.

Es ist ein schönes Gefühl, mein Mädchen, zu dieser Entwicklung sein kleines Teilchen beigetragen zu haben. Der Tod ist eine natürliche Erscheinung, alle Kreatur muss sterben. Wer aber sein Leben hingibt für die Sache, macht sein Sterben zu einer Tat! Ein solches Sterben ist schön bei aller Grausamkeit, weil es nicht nutzlos ist. Liebes Evchen! Ich weiß, Dich trifft das schwerere Los. Und wäre ich an Deiner Stelle, ich sähe den Dingen nicht so ruhig ins Auge, wie ich es jetzt tue. Und doch ich aufrechterhalten, was ich Dir schon einmal sagte: „Leben ist ein Befehl, er lautet: lebe!" Du hast noch Aufgaben in diesem Leben, denke immer daran! Ich habe Dir bisher verschwiegen, dass unser lieber Atti schon vor etwa einem Monat zum Tode verurteilt wurde. Er lebt, während ich dies schreibe, schon sicherlich nicht mehr. Ich habe also keine Illusionen. In etwa vier Wochen werde ich nicht mehr unter den Lebenden sein. Das neue Jahr, das auf jeden Fall und unwiderruflich den Beginn der neuen Zeit, den Anfang eines neuen Abschnitts der Geschichte der Menschheit bringen wird, werde ich nicht mehr erleben. Ich sterbe am Ende der alten Zeit, damit die anderen die neue beginnen kön-

nen. Bin ich deshalb traurig? Nein. Ich bin zufrieden, dass mir das Schicksal die Möglichkeit gab, bis dicht an die Schwelle der Zeitenwende zu gelangen, und mich kurz vor meinem Tode einen Blick hinüber tun lief in die eben beginnende neue Zeit. Es werden für die, die diesen Krieg überstehen, noch lange Jahre voll bitterer Mühen, Not und Sorgen kommen. Doch wird sich dies alles leichter ertragen lassen, weil es im Dienste des Neuen, des Positiven geschieht, weil es die Zukunft, das Glück der Menschheit verbürgt. Wie ich schon sagte, mein Herz schlägt nicht schneller, wenn ich daran denke, das ich in wenigen Tagen sterben soll. Doch ich will nicht verschweigen, unangenehm ist mir der Gedanke an die Art, in der das vor sich gehen wird. Wenn ich zu wählen hätte, würde ich Erhängen vorziehen. Ich weiß, dass man auf diese Weise sehr schnell und schmerzlos stirbt, unbemerkt, so wie der Schlaf eintritt. Der Schlaf, den die Alten den kleinen Bruder des Todes nannten. Ich möchte immer weiterschreiben, ohne Unterlass meine Seele vor Dir ausbreiten. Denn solange ich Dir schreibe, ist mir, als seiest Du bei mir und schautest mich liebevoll an. Doch es drängt die Zeit. Und so will ich zum Schluss Deine Worte benutzen: „Über Raum und Zeit" leb wohl, mein Evchen!
Dein Hermann
Hermann Danz

[undatiert]
Meine liebe kleine Luzie!
Soeben erhalte ich die Mitteilung, dass meine Hinrichtung in einigen Stunden vollzogen wird. Mit der mir eigenen Ruhe habe ich diese Mitteilung entgegengenommen und will jetzt mit diesem Briefe Abschied von Dir nehmen. Ich habe heute im Laufe des Tages bereits einen Brief an Dich geschrieben, den Du ja mit gleicher Post erhalten wirst. Ich betone noch einmal, mein Schatz, dass ich eine Furcht oder Angst vor dem Tode nicht kenne. Du kannst also ganz beruhigt sein insofern, als mir die letzten Stunden durchaus nicht schwerfallen. Ebenso wie ich im Kriege meinen Mann stand, ebenso, mit demselben Mut gehe ich auch diesen Gang. Jedenfalls sei überzeugt, dass ich mit der notwendigen Tapferkeit zu sterben weiß. Ich hoffe, mein Schatz, dass auch Du diese Nachricht mit derselben Tapferkeit entgegennimmst, die ich von Dir als meiner Ehefrau erwarte. Du warst mir in der Zeit unserer Ehe meine liebe und gute Kameradin, wofür ich Dir jetzt noch besonderen Dank ausspreche.
Wenn ich auch weiß, dass Du im ersten Moment einen kleinen Schreck bekommen wirst, so weine Dich einmal

richtig aus, und dann denke als eine liebe Erinnerung an die Zeit unserer Ehe zurück.

Es gibt für viele Menschen im Leben unangenehme Situationen, die man aber überwinden. Lasse Dich durch die Trauer um mich nicht unterkriegen, sondern nimm Deinen Mut zusammen und zimmere Dir Dein Leben ohne meine weitere Mitwirkung. Ich bin überzeugt, dass Deine dortigen Verwandten Dich in der ersten Zeit besonders aufmuntern werden. Halte Dir immer vor Augen, dass wir alle sterben müssen, je nachdem, der eine etwas früher, der andere später. Die Todesarten sind natürlich sehr verschieden, aber an der Tatsache des Todes selbst ändert sich nichts. Es kommt letzten Endes darauf an, ob man während der Zeit seines Lebens seinen Platz in der menschlichen Gesellschaft ausfüllt. Ich gestehe Dir ganz offen, dass mir unter den vielen Todesmöglichkeiten die mir zugedachte noch am meisten zusagt. Ich bin nämlich der Überzeugung, dass ich im Leben immer versucht habe, meine Pflicht zu tun, die ich nach meinem Ermessen für richtig hielt. Versuche auch Du immer, in Deinem Leben Deine Pflicht zu tun. Mit meinem Bruder habe ich vereinbart, dass er meine Sachen behält und Dir das übermittelt, was Du gerne als Andenken haben möchtest. Ebenso hat mir derselbe versprochen, Dir, soweit er in der Lage dazu ist, mit Rat und Tat zu helfen.

Ich glaube aber, dass Du diese Hilfe wahrscheinlich nicht benötigen wirst. Sei nun also zum letzten Male in Gedanken umarmt und geküsst von
Deinem Hans
Johannes Eggert

[undatiert]
Meine lieben Freunde und Bekannten!
Am Vortag zu meinem Prozess – heute ist Sonntag – drängt es mich, Euch allen noch einmal zu danken für Eure Güte und Liebe, mit welcher Ihr mich in der Freiheit und besonders in den zwei Jahren meiner Inhaftierung beglückt habt. Diese Liebe und Güte wird mich auch das Schwerste ertragen lassen, denn es besteht kein Zweifel, dass ich ein Todesurteil erhalte.

Ihr sollt deshalb aber nicht trauern, ich habe ein reiches Leben gehabt, wie es viele nicht haben, die 60 Jahre oder noch älter werden. Ich habe so viel glückliche Stunden genossen bei der Arbeit, im Freundeskreis und auf meinen Reisen. So ging mein Kampf letzten Endes nur dahin, allen Menschen zu solchen glücklichen Stunden zu verhelfen. Diese Erkenntnis gewann ich auf meinen vielen Wanderungen und Reisen, und glaubt mir, so sehr ich das Leben liebe, so gerne sterbe ich für

diese meine Idee.
Als junges Mädchen fand ich einen Spruch von Plato, den ich mir zum Lebensziel und Inhalt setzte:
Denken, was wahr ist,
und fühlen, was schön,
und wollen, was gut ist,
Darin erkennt der Geist
das Ziel des vernünftigen Lebens.
Nun geht das Leben zu Ende, es ist Schicksal, man entgeht ihm nicht. Darum gedenkt meiner in Liebe und trauert nicht. Ich wünsche Euch Gesundheit, damit Ihr einst am Aufbau unseres Vaterlandes mithelfen könnt.
Es umarmt Euch in Liebe und Dankbarkeit
Eure Lotte
Charlotte Eisenblätter

09. Februar 1945
Gretchen, die Würfel sind gefallen. Sie haben nur schlechte Punkte auf der Oberseite. Bald wird mir die Tinte abgenommen werden. Ob wir uns noch einmal wiedersehen? Ob der Brief überhaupt in Deine Hände kommt? Behalte mich lieb. Weine nicht lange. Erziehe unseren Jungen aufrecht und stolz im Gedanken an seinen Vater. Zwanzig Jahre Liebe –
Werner liegt gegenüber. In einer Stunde ist die Vollstreckung unseres Urteils. Ich hätte Dir noch so vieles zu sagen – jetzt, wo ich das eben höre, stockt die Feder. Liebes, liebes Mädel, grüße alle. Auch ich werde nicht jammern. Wie gerne bliebe ich am Leben.
Dein Walte
Walter Empacher

Waldfriedhof von Chelmno

10. An die Menschheit

1933
Ich möchte wissen, wie sich das Gewissen der SA-Leute, die mich durch ihre Aussagen hineinrissen, bemerkbar machte und wie sie geschlafen haben, nachdem sie sich überlegt hatten, dass sie jetzt ein Menschenleben auf dem Gewissen haben!
Bruno Tesch

[undatiert]
An die Überlebenden
Jeder, der treu für die Zukunft gelebt hat und für sie gefallen ist, ist eine in Stein gehauene Gestalt…
Um eines bitte ich: Ihr, die Ihr diese Zeit überlebt, vergesst nicht. Vergesst die Guten nicht und nicht die Schlechten. Sammelt geduldig die Zeugnisse über die Gefallenen. Eines Tages wird das Heute Vergangenheit sein, wird man von der großen Zeit und von den namenlosen Helden sprechen, die Geschichte gemacht haben. Ich möchte, dass man weiß: dass es keinen namenlosen Helden gegeben hat, dass es Menschen waren, die ihren Namen, ihr Gesicht, ihre Sehnsucht und ihre Hoffnungen hatten, und dass deshalb der Schmerz auch des letzten unter ihnen nicht kleiner war als der Schmerz des ersten, dessen Name erhalten bleibt. Ich möchte, dass sie Euch alle immer nahe bleiben, wie Bekannte, wie Verwandte, wie Ihr selbst.
Ja, ich möchte, dass man jene nicht vergesse, die treu und standhaft gekämpft haben, draußen und hier, und die gefallen sind. Aber Ich möchte auch, dass die Lebenden nicht vergessen werden, die uns nicht weniger treu und nicht weniger standhaft unter den schwersten Bedingungen geholfen haben. Nicht zu ihrem Ruhm. Aber als Beispiel für andere. Denn die Menschenpflicht endet nicht mit diesem Kampf, und ein Mensch zu sein wird auch weiterhin ein heldenhaftes Herz erfordern, solange die Menschen nicht ganz Menschen sind.
Julius Fucik

29. August 1944
Man ist krank, wenn man keine Bücher hat. Ich habe den Eindruck, mein innerstes Wesen ist erschlagen. Wie viele verlorene Stunden, wie viele entgangene, unerreichbare Reichtümer. Welch ein elendes, fruchtloses Leben… der Geist verkümmert. Ich denke viel nach, ich lerne viel in diesem Unglück, ich lerne viele Dinge des Lebens verstehen, die mir entgangen waren. Aber mit Bedauern denke ich an das wirkliche Leben, an das Leben der freien Menschheit, an so viele Kenntnisse, die ich in den letzten Jahren, und selbst hier, versäumt habe, an so viele Lücken meines Wissens.
Eine Art allgemeinen Misstrauens herrscht in diesem Lager und auch in unserer Baracke. Vollkommene Interesselosigkeit für das Schicksal anderer, Mangel an Solidarität und Herzlichkeit. Daher kommt es, dass man fast keinerlei Austausch von irgendwelchen Gedanken, Büchern hat, dass man keinen geistigen oder einfach menschlichen Kontakt pflegen kann…
Hanna Lévy-Hass

20. November 1944
Es liegt etwas Sonderbares und Schreckliches in der Fähigkeit des menschlichen Wesens, sich allem anpassen zu können: der Demütigung, dem entehrenden Hunger, dem mangelnden Lebensraum, der stinkenden Luft, der Infektion, dem gemeinsamen Waschen. Dieses gemeinsame Waschen übersteigt alles, was die normale Vorstellungskraft fassen kann: Alle stehen nackt in einem Raum, der statt Fenstern und Türen nur gähnende Löcher aufweist und wo von allen Seiten der Luftzug durch peitscht. Man wäscht sich, man reibt sich mit kaltem Wasser ab… inmitten von Schmutz, Exkrementen und Abfällen. Und man gewöhnt sich daran. Wie übrigens auch an den wachsenden Terror, an die zynische Brutalität, an die Alarme und Drohungen, an die Massenerkrankungen, an den vielfachen, kollektiven, langsamen, aber sicheren Tod… Er gewöhnt sich daran, der Mensch! Er sinkt immer tiefer, er geht unter. Und wenn er sich nicht mehr halten kann, dann stirbt er. Das ist die einzige Antwort. Und wir anderen, wir schleppen uns weiter – und gehen unter, auch wir sinken immer tiefer. O Schrecken. Dieser Tod, ohne zu sterben, bei lebendigem Leibe, langsam…
Hanna Lévy-Hass

März 1945
Professor K. ist der Ansicht, dass die Ethik, wie wir sie verstehen, in diesen Konzentrationslagern nicht am Platze ist, und dass sie sich von selbst ausschließt. Nach

seiner Meinung ist sie sogar unnötig, und man könne nicht umhin, auf sie zu verzichten, wenn man trotz allem überleben wolle, um zum Aufbau einer neuen Welt seinen Beitrag leisten zu können, in der diese Ethik vorherrschen wird. Der Geist sei der Materie untergeordnet, er sei nur ihre äußere Erscheinungsform, die Sublimierung der Materie, der Überbau. In der Konsequenz sei es schicksalhaft und unvermeidlich, dass die Materie den Geist dort verstößt, wo er nicht am Platz ist und zur Anomalie wird.

Ich weiß nicht, das will nicht in meinen Kopf… Konkret, in den Fällen, die uns hier interessieren, was bedeutet da im Grunde der Sieg der Materie? Er bedeutet einfach mit dem Feind einen Kompromiss einzugehen, die eigenen Grundsätze zu verraten, die Seele zu verleugnen, um den Körper zu erhalten. Und wenn man dieses Argument an Hand konkreter Beispiele noch weiterführen will, so bedeutet das mit den Henkern zu liebäugeln, sich zu prostituieren und vor dem Elend und dem Massentod feige die Augen zu verschließen, das zu essen, was man anderen geraubt hat und den Rundtanz um die Leichenhaufen zu tanzen. Das heißt: seine menschliche Vernunft. seine Menschenwürde und seine Grundsätze zu verkaufen, das heißt endlich, seine Haut zu retten um den Preis der Haut der anderen… Aber, sollte denn dieses Menschenleben letztlich so großen Wert besitzen, dass für seine Erhaltung all diese Gräuel erlaubt waren?

Hanna Lévy-Hass

01. August 1942

„Jetzt habe ich Frieden gefunden". „Ich muss sterben, aber ich habe geschafft, was ich mir vorgenommen hatte. Ich versuche, einige Spuren meines Schaffens in einem Versteck unterzubringen. Alles Gute, meine Genossen und Freunde. Alles Gute. Jüdisches Volk, lass nicht zu, dass eine solche Katastrophe noch einmal passiert!"

Gele Sekstein

18. April 1944

Was geschieht nach dem Krieg mit diesen Lagern, die doch alle immer gleich aussehen? Was macht man mit Baracken, Waschhäusern, Bettgestellen, Wachttürmen, Scheinwerfern, Stacheldraht und … Kohlsuppe? Wirkliche Rachsucht verspüre ich eigentlich nicht. Warum soll man die Menschen, die uns jetzt bewachen, nach dem Krieg hinter den Stacheldraht stecken und sie durch uns bewachen lassen? Brecht diese Lager ab und lehrt die Menschen zu leben, statt zu befehlen, treten, schießen.

15. Juni 1944

Ich denke viel darüber nach, wie wohl die Zeit nach dem Kriege aussehen wird. Werden wir jemandem, der nicht zufällig Ähnliches mitgemacht hat wie wir, überhaupt etwas erzählen können? Können wir in Worte fassen, was dieses Erlebnis des Lagers für uns bedeutet? Was das heißt: hinter Stacheldraht zu sehen, wie schlanke Kiefern emporwachsen und junges Blattgrün entlang einer Lagerstraße aufsprießt, was der dauernde Zwang und Druck der SS-Bewachung und der ständigen Kontrolle bedeuten; wie man dauernd bemüht ist, sich vorzustellen: dich selbst berührt es nicht, dieses Geschrei, Geschelte, Gepolter, wie man spürt, dass man älter wird, dass einem die Jugend zwischen den Fingern zerrinnt in diesem jahrelangen Warten auf das Ende der Unterdrückung, Was Monate bedeuten, in denen man die Stunden, Tage und Wochen zahlt und in denen die einzigen Lichtpunkte sind: der Schlaf, das warme Essen und einige Sonnenstrahlen auf dem Weg vom Appellplatz zur Baracke nach einem langen Appell in feuchter Kälte. Lichtpunkte: Gedanken und Träume von frühere … Können sie begreifen, dass wir angesichts dieser leuchtend schönen Wolken, dieser weißen, grauen und graublauen Wolkenfetzen über dem Lager doch immerfort an den grauen holländischen Himmel über dem prallen grünen Polderland denken müssen und dass wir hier jede Wolke – mag sie noch so phantastisch schön geformt sein – innerlich ablehnen, weil sie nicht über unserem Lande hängt, sondern eine deutsche Wolke ist. Heimweh und nochmals Heimweh. Und ob es die französischen Frauen mit ihrem „Paris, Paris" sind oder die Italiener in ihren südländischen, buntscheckigen Kleidern oder die griechisch-spanischen Juden aus Saloniki: Sie alle denken und ersehnen eines: nach Hause. Nach dem Krieg nach Hause! Und was ist dieses Zuhauses? Werden wir aus dieser Lagergemeinschaft überhaupt den Weg zurückfinden in eine Welt, in der die meisten von uns nicht mehr besitzen als die Erinnerung an Vor dem Kriegs, in der wir mit Menschen zusammenleben müssen, denen unser Erlebnis des Lagerdaseins nichts weiter bedeuten wird als: »Da haben wir wieder so einen, der immer nur über das Verlorene klagt und so grausige Dinge erzählt… Und wird das Juden-Arier-Problem weiterhin bestehen bleiben? Wird es etwas bleiben, was man als ein Problem betrachtet, etwas, worüber man spricht oder nachdenkt? Können wir's heute schon wissen? Vorläufig bedeutet „Friede" für uns: essen, essen schlafen und dann wieder essen. Brot, Käsebrot, Marmeladebrot. Essen

bis zum Sattsein. O säße ich nur erst einmal in Oldenzaal bei der ersten Tasse Kaffee und einem schönen Käsebrot!.
Renata Laqueur

Dezember 1944
Nur noch einige historische Tage der Krise und dieser Puls der Menschheit, den wir hier fühlen und der geschmeidig und voll, an meine forschenden Sinne stößt – er zeigt, dass das Herz der Menschheit schon den letzten Ansturm der krankmachenden Toxine aushält. Und was ist schöner, als die Rekonvaleszenz, was ist schöner, als das Erwachen, was ist schöner, als der Frühling!? Frühling der Menschheit. Frühling 1945!! Diese Freude – diese Befreiung wird so groß und stark sein, dass es mir vorkommt, als ob auch die Hekatomben Toter sie fühlen werden, dass auch sie an ihr teilnehmen werden. Dass sie mit uns in Tränen freudiger Erregung lachen werden. Dann … dann werden wir uns etwas verlegen fragen, was mit dieser neu errungenen Kraft beginnen, mit dieser zurückgekehrten Gesundheit? Dann werden wir uns immer wieder das in Erinnerung rufen müssen, was der Grund für diese ganze Krankheit war. Erinnern, um zu verhindern, dass wir rechtzeitig den Anfängen wehren müssen. Wir werden daran denken müssen, wie man rechtzeitig und am besten, dieser Krankheit zuvorkommt. Und kennen wir das agens bacilli – so können wir viel im Sinne der Prävention erreichen. Der Bazillus war jetzt die besonders virulente Abart: B aureus*. Und so wird nichts anderes übrig bleiben, als zu impfen, zu immunisieren, aktiv und passiv, und der Impfstoff von internationalem Ruf wird zur Hand sein! Dafür garantiere ich.
*Er meint damit den Fascismus.
Dr. med. František Janouch

09. Oktober 1943
Unabhängig davon, ob wir zurückkehren werden oder auch nicht, muss die Geschichte der Polinnen aus Ravensbrück und die Geschichte des Lagers überhaupt – die wahre und unverfälschte Geschichte – möglichst genau und umfassend das Tageslicht erblicken. Wir dürfen es nicht zulassen, dass unsere Feinde, mit Mangel an Beweisen rechnend, irgendwann versuchen werden, vor der Welt ihre Verbrechen zu verbergen oder zu verschleiern.
Zofia Pociłowska

18. April 1940
„Ich glaube, dass jeder von uns diesen postoperativen

Schock überwinden muss, wie wenn einem der Tumor herausgeschnitten wird, der Tumor, der deinem Organismus so viel Energie entzieht. Dieser Tumor war unser unverbrüchliches Zutrauen, unsere unverbrüchliche Liebe zu einem Land, das uns Juden nie wirklich aufgenommen hat, und obwohl wir es liebten und uns in ihm zu Hause fühlten, haben alle anderen uns als Fremde betrachtet. […]

Obwohl ich im Geist der Nation erzogen wurde, in der ich lebte und als Teil derer ich mich fühlte, gab es keine Gelegenheit, wo mir nicht klargemacht wurde, dass ich ein unerwünschter Fremder war, ob das nun in der Grundschule, im Gymnasium, an der Universität oder in der Armee war. Überall traf ich auf spöttisches Lachen, verächtliches Schnauben, obwohl ich versuchte, mich zu assimilieren, obwohl ich alles unternahm, um dazuzugehören. Ich konnte sogar keine andere Sprache und dachte genauso wie jeder andere auch, aber das war noch immer nicht genug. Es ging darum, uns los zu werden, uns aus der Gesellschaft auszuschließen, uns zu Bürgern zweiter Klasse zu machen. Wir sollten uns nicht selbst belügen, zumindest sehe ich das so aus der Distanz von einem Jahr, das ich brauchte, um all das zu verarbeiten. […]

Wie auch immer: hier gibt es keine Nationalitätsunterschiede, und ich werde auf der Basis meiner persönlichen Qualitäten beurteilt, nicht nach meinem krausen Haar. Vielleicht stehe ich ja kurz vor einer neuen Lüge oder einer neuen Selbsttäuschung, doch bisher merke ich davon nichts, bisher entgehe ich dem. Wir alle haben einen Feind, den degenerierten Nazismus und Rassismus, den Totalitarismus, die Unterdrückung der Freiheit des Geistes.
[unbekannt]

Geschrieben in Peking, China.

09. September 1944
All of them are between the ages of 18 and 20.
Bronislaw Jankowiak, Stanislaw Dubla, Jan Jasik, Waclaw Sobczak, Karol Czekalski, Waldemar Bialobrzeski, Albert Veissid

---

Letzter Satz einer Nachricht, übersetzt aus dem Polnischen, die von Gefangenen in einer Flasche eingemauert wurde. Sie notierten neben dem Alter auch Namen, Wohnorte und Lagernummern.

12. Juni 1943
Weiterleben, als ob nichts geschehen wäre. Geht das? Es gibt Dinge, auf die ich selbst keine Antwort mehr

geben kann. Nicht nachdenken ist am besten. Sich der Dinge nicht bewusst werden. Jeden Tag wird unser Leid drückender und größer. Die Leiterinnen schreien und toben uns gegenüber, dass man es nicht mit anhören kann. Gestern früh wurden uns vierzehn Tage Paketsperre angedroht. Das bedeutet, vierzehn Tage von dem widerlichen Essen zu leben. Alle Pakete werden dann einbehalten. Keine Päckchen, kein Männerbesuch. Das sind die Dinge, mit denen man uns zuerst droht. Sie wissen immer ganz genau, wie sie uns am ärgsten treffen können. Gestern gab es eine neue Drohung. Wenn wir Frauen ohne den so sehr verhassten Stern herumlaufen, werden wir folgendermaßen bestraft: Der Kopf wird uns kahlgeschoren und der Judenstern auf die bloße Haut tätowiert. Ist es ein Wunder, dass wir vor jeder Maßnahme zittern? Man droht uns mit den schmutzigsten und gemeinsten Dingen; etwas Dreckigeres als die oben genannte Maßregel kann man sich doch wohl nicht vorstellen. Wir werden aufgescheucht wie wilde Tiere und haben gar keine Ruhe mehr. Es dürfen keine Männer mehr ins Frauenlager kommen. Schwere Kessel mit Essen tragen, Betten umstellen, kurzum, alle schweren Arbeiten müssen von den Frauen verrichtet werden. Und das alles bei sehr wenig Essen. Das Brot ist schon verschimmelt, bevor wir es bekommen. Ganze Stücke müssen wir wegschneiden, bevor es gegessen werden kann.
Klaartje de Zwarte-Walvisch

1942
Forgive me, remember me with love. There was no choice. My life was beautiful to the end, in your love and in the friendship of those who surrounded me with loving care. I thank you, each one of you separately, you who have supported me in these days of spiritual torment. I hope to die in peace with the world and in the hope of grace and love. Be strong. Maybe one day justice and humaneness will build up a new life. Support each other. I am becoming drowsy, my pulse weakens. I am happy and am falling asleep. My life is completed and was beautiful. I am without bitterness.
Anna Traumann

06. September 1944
Ich wollte diese wie auch viele andere Aufzeichnungen zurücklegen für die ... künftige friedliche Welt, damit sie weiß, was hier geschah. Ich versteckte sie in einer Grube mit Asche, damit die Spuren von Millionen Vernichteten gefunden werden sollen. Aber in der letzten Zeit begannen sie, die Spuren zu verwischen, und über-

all, wo Asche gelagert worden war, wurde sie auf ihren Befehl klein zermahlen, zum Fluss Wisla abtransportiert und in Wasser aufgelöst. ...

Das Notizbuch lag, wie alle anderen auch, in Gruben, mit dem Blut von nicht ganz verbrannten Knochen und Fleisch durchtränkt.

Den Geruch kann man sofort erkennen.

Lieber Finder, such sie überall. Auf jedem Flecken Erde. Dutzende von meinen

und anderen Notizbüchern und Dokumenten liegen (hier), die auf alles, was hier geschah und passierte, das Licht werfen. ...

Wir selbst hoffen nicht darauf, bis zu unserer Befreiung am Leben zu bleiben. Trotz guter Nachrichten, die zu uns durchkommen, sehen wir, dass die Welt den Barbaren die Möglichkeit gibt, ... den Rest des Jüdischen Volkes bis auf die Wurzel zu vernichten. ...

Wir, das „Sonderkommando" wollten schon seit langem unsere furchtbare Arbeit beenden, die uns von der Todesangst aufgezwungen wurde. Wir wollten eine große Sache erledigen. Aber die Leute aus dem Lager, ein Teil der Juden, Russen und Polen, haben uns mit allen Kräften zurückgehalten, und haben uns gezwungen, den Aufstand zu verschieben.

Salmen Gradowski

02. April 1943

This note is written by people who will live for only a few more hours. The person who will read this note will hardly be able to believe that this is true. Still, this is the tragic truth, since in this place your brothers and sisters stayed, and they, too, died the same death! The name of this locality is Kolo. At a distance of 12 km from this town (Chelmno) there is a 'slaughterhouse' for human beings. We have worked here as craftsmen, because among them (the Jews who were brought here) there were tailors, leather-stitchers, cobblers. There were 17 craftsmen here, dice! there [illegible word], I can give you their names.

1 Pinkus Grun of Wloclawek
2 Jonas Lew of Brzeziny
3 Szama Ika of Brzeziny
4 Zemach Szumiraj of Wloclawek
5 Jeszyp Majer of Kalisz
6 Wachtel Symcha of Leczyca
7 Wachtel Srulek of Leczyca
8 Beniek Jastrzebski of Leczyca
9 Nusbaum Aron of Skepe
10 Ojser Strasburg of Lutomiersk

11 Mosiek Plocker of Kutno
12 Felek Plocker of Kutno
13 Josef Herszkowicz of Kutno
14 Chaskel Zerach of Leczyca
15 Wolf Judkiewicz of Lodz
16 Szyja Szlamowicz of Kalisz
17 Gecel of Turek.

These are, then, the persons' names which I give here. These are only a few people from among the hundreds of thousands who died here!
[unbekannt]

[undatiert]
Dear sisters and brothers,
We are asking a big favour of you: In the first place forgive us all the wrong that we have done to you, maybe in deed, maybe in word. We do not understand for what we have been punished so heavily. They take our lives, but never mind their taking our lives, but our children were tortured devilishly, for example eight-year-old girls were taken for sexual intercourse with men. These little girls were ordered to take the male organ into the mouth and to suck it like a mother's breast and those discharges which men spill the girls were forced to swallow and they were told to imagine that this is honey or milk. Or they took a girl aged twelve, tied her to a stool and until 5 Germans and 6 Lithuanians had each had sexual intercourse with her twice she was not untied and released, and the mother was forced to watch over her child that she should not cry. And then they took the mothers and stripped them to the skin, put them against the wall with their hands raised and tied and plucked all their hair to the flesh and told them to put out their tongue, pricked it with pins and then everybody came and pissed into their mouths) and smeared their eyes with shit.
Woe is me! And they told the men to take out their members and then stabbed these with glowing wires, and held on until the wire was black and said You have lived long enough you yids, zhydas, we will slaughter all of you. It is not enough to kill but they must be tortured so that they should not want to live and see Stalin. They seized our fingers and toes and cut them off and did not allow us to dress (the wounds) so blood soaked through for four days. So they tortured and tormented us every day the same way and then on to cars and to Ponary and we were 45 in one hide-out, but we had contact with another group through a tunnel: there were 67 people, grown-ups and children. And we had contact only with

one Polish woman, whose name was Marysia, a widow; Marysia had three children. That woman took from us men's clothing, women's furs, men's furs, silk underwear – we had everything – so she took and supplied us with food. And then, once we had made her rich, she got money – 40,000 (zlotys) and 50-60,000 marks – so she would go to Szyrwin and bring 3 or 4 pigs, 2 poods of pork fat, 5 quintals of wheat flour, 20 kilograms of butter, eggs, all this our property for our money. She gave the Germans booze and brought the food) by car from Szyrwin and told us to give her 5 kg of gold – if not, I will betray you to the German Gestapo – and gave us a time limit. We did not manage to hand it over to her so we sent a Jewess eight years old to Marysia that she may extend the time limit and wait, but the child did not come back. She Marysia took what we had sent her – golden watches, rings, brooches and other things – and the girl was killed and burnt, and two days later the Lithuanians and Germans found us and tortured and tormented us for 5 days as was described and they they took us to Ponary. This letter I am dropping on the way to Ponary for good people that they may give it to the Jews when there will be laws again that they should kill at least one person for us 112 persons and they will have a great merit for their people. With tears in our eyes we ask for revenge, revenge. I am writing in Polish because if somebody finds a letter in Yiddish he will burn it but if in Polish and a good and generous person will read it and hand it over to the Jewish police, that they may do something to that cruel cruel woman who shed on herself and her children so much blood, we beg. 30 children of ours perished, so may at least 3 of hers perish, 2 boys and girl, and she with them.
Dear brothers, we all implore you with tears, don't forgive that hag. We don't know her family name. Her first name is Marysia, a widow, she has three little children, 2 boys, 1 girl, lives in Wielka Pohulanka No. 34 in the courtyard on the left. Everybody knows she is a smuggler (Her apartment is near the Church of Jesus' Heart, the superintendent (of her building is) Rynkiewicz. We say goodbye to you. Goodbye to the whole world. We call for revenge.
This is being written by Gorwicz and Ass
Gorwicz und Ass

19. Oktober 1943
Gedenket, beide, dessen, was Amalek' uns angetan hat. Gedenket, und vergesst es Euer ganzes Leben nicht, und gebt es als heiliges Testament an die kommenden Generationen weiter. Die Deutschen haben uns mit

völliger innerer Ruhe getötet, geschlachtet, ermordet. Ich habe sie gesehen, ich haben neben ihnen gestanden, als sie viele Tausend Männer und Frauen, Kinder und Säuglinge in den Tod schickten. Wie aßen sie ihr Frühstücksbrot, während sie zugleich unsere Märtyrer verlachten und verspotteten. Ich sah sie, als sie vom Tal des Todes zurückkehrten, von Kopf bis Fuß mit dem Blut unserer Geliebten verschmutzt […]

Wünscht ihnen nichts Gutes Euer Leben lang. Verflucht und verbannt seien sie und ihre Kinder und alle kommenden Generationen!

Ich schreibe zu einer Zeit, in der viele zerschmetterte Seelen, viele Witwen und Waisen, viele Nackte und Hungernde meine Türe belagern mit der Bitte um unsere Hilfe. Ich habe keine Kraft, in mir ist Wüste und Leere, meine Seele ist entflohen und ich bin nackt und leer und kann kein Wort hervorbringen. Doch Ihr, meine Geliebten, blickt in mein Herz und Ihr werdet verstehen, was ich Euch in diesen Stunden sagen wollte und zu sagen begehrte.

Elchanan

[undatiert]
We want our names to be known for the generations to come: (1) Shmuel Minzberg, son of Shimon of the city of Lodz (Poland); (2) his wife Reizele née Saks of Vaiguva; (3) Feigele Saks, the latter's sister; and (4) Friedele Niselevitch of Vaiguva, Nahum Zvi's daughter.
We do not know to what destination they are sending us. In the ghetto 2,000 Jews are waiting for the order to leave. Our fate is unknown. Our state of mind is awful.

Shmuel Minzberg

29. Mai 1944
Daher habe ich beschlossen, den Hinterbliebenen wenigstens einige Nachrichten zu hinterlassen, damit Ihr aus erster Quelle erfahrt, was uns zugestoßen ist. Diese Zeilen habe ich Dir gewidmet, aus ihnen lesend kannst Du beurteilen, wie viele Jahre wir gefangen waren und wie lange wir unter dem Druck des Bösen gelitten haben, unter dem Stiefel des verfluchten Unterdrückers und seiner Diener, den Engeln der Zerstörung.

Nechemia

[undatiert]
Manchmal meinten wir abends unter uns, nur durch ein Wunder käme jemand aus Auschwitz lebend wieder heraus, und danach hatte er sicher große Schwierigkeiten, mit all den anderen Menschen auszukommen, die ein normales Leben weitergeführt hatten Viele

ihrer Sorgen wären ihm einfach zu belanglos. Und sie wiederum würden ihn nicht verstehen... Wenn aber jemand hinauskäme, so sei es seine Pflicht, der Welt mitzuteilen, wie echte Polen hier starben. Und ebenso müsse er schildern, wie die Menschen, alle Menschen, hier starben... ermordet von andern... Wie seltsam das in christlicher Ausdrucksweise klang... hingeschlachtet von ihren Nächsten, wie vor so vielen Jahrhunderten...
Witold Pilecki

25. Januar 1943
Meine liebe und einzige Schwester Rivka!
Ich habe keine Geduld und ich habe kein menschliches Gefühl mehr, um zu schreiben, ich schreibe nur aus der Hoffnung heraus, dass Du, die Einzige von der gesamten Familie, am Leben bleiben wirst. Daher möchte ich, dass Du weißt, wann Du die Gedenktage einzuhalten hast. Ich bin heute aus dem Lager Sasslau geflohen und befinde mich bei einem Nichtjuden, um diesen Brief für Dich hier zu lassen. Leider gibt es niemanden, der mich verstecken würde, denn jeder fürchtet um sein eigenes Leben. Ich möchte keine Einzelheiten aufzählen, weil es keinen Menschen gibt, der das beschreiben könnte. Sollten Geschichtsschreiber irgendwann einmal beschreiben, was wir durchgemacht haben, so glaube nicht, dass es so war. Selbst der größte Dichter verfügt nicht über das Talent, auch nur ein Promille der Realität zu beschreiben. Ich selbst bin nicht fähig, alles, was hier an einem Tag geschieht, zu erzählen. Ich muss sagen, dass das irgendein Alptraum war, aber leider ist alles wahr.
Nun, heute bin von unserer ganzen Familie nur noch ich übrig, als Einziger.
Ascher Ben Jituchak Schwarz

26. April 1943
Man lebt – wenn man das Leben nennen möchte – und die Welt weiß, dass wir so sterben und nichts geschieht. Niemand will uns helfen, es ist niemand da, der uns retten will. So armselig, verlassen müssen wir in die Hölle hinabsteigen. Glaubt Ihr denn, dass wir so enden, so sterben wollen? Nein Nein. Wir wollen nicht. Trotz allem, was wir erlebt haben. Im Gegenteil. Der Lebenstrieb ist jetzt noch stärker, und je näher der Tod kommt, umso stärker ist der Wille zu leben.
Wie sehr möchten wir leben. Wir möchten mit eigenen Augen die Rache für die Millionen Opfer, für das unendliche Leid miterleben.
Moschia

02. Februar 1942

Niemand weiß, wie lange es dauern wird, und wir müssen uns immer mehr an den Gedanken gewöhnen, dass wir nicht überleben werden. Doch man muss sich über das Einzelschicksal erheben und an das Schicksal unseres Volkes denken, vielleicht sogar an das Schicksal der gesamten kultivierten Menschheit. […]
Letzte Woche habe ich ein Buch von Albert Schweitzer gelesen (Du kennst sein Buch Zwischen Wasser und Urwald (1921)), das eine starken Eindruck auf mich hinterlassen hat. Dies ist der erste Band, sehr schmal, seiner Kulturphilosophie. Er schrieb das Buch im Bewusstsein, dass die westliche Kultur insgesamt in einem schrecklichen Verfall begriffen ist, der seinen offensichtlichen Ausdruck im Weltkrieg fand. Und was würde Schweitzer heute sagen? Als Ursache dafür betrachtet er den Mangel an jeder wahrhaft moralischen Weltanschauung. Eine solche Weltanschauung kann sich seines Erachtens entwickeln, wenn die individuellen Menschen nicht Organisationen, usw. – wieder beginnen, die Bedeutung des Lebens zu ergründen anstatt sich dem Materiellen hinzugeben. So, durch angestrengtes Nachdenken, können sie zu einem eigenen Bewusstsein gelangen und nicht zulassen, dass man ihnen vorgefertigte Programme aufzwingt. Ob er wohl in der Lage war, praktische Anleitungen zu geben? – vielleicht ist das im zweiten Band enthalten, der mir nicht zur Verfügung steht. Schließlich kann man Bücher dieser Art in diesen Tagen nicht kaufen. […]
Jetzt können wir, die Juden, beweisen, wie gering die Bedeutung der umfangreichen Bildung und wie sehr ein starker Charakter ihr überlegen ist.
Emil Elieser Wochl

Ich würde gerne etwas dazu sagen, wie ich mich fühlte, als ich wieder unter den Lebenden zurück war, und zwar von einem Ort, von dem man tatsächlich sagen konnte, dass derjenige, der dort eintritt, stirbt, und wer wieder herauskommt, neugeboren wird. Welchen Eindruck machten jetzt die Menschen auf mich, nicht die Besten oder Schlechtesten, sondern die durchschnittliche Masse, unter die ich als Neugeborener jetzt wieder trat? Manchmal war es mir, als wanderte ich durch ein großes Haus und öffnete plötzlich die Tür zu einem Zimmer, in dem Kinder spielten: Ach, wie schön sie spielen, die Kinder... Ja, der Abstand zwischen dem, was uns wichtig war, und dem, was die vor sich hinlebende große Masse für wichtig hält, war einfach zu groß. Aber das ist noch nicht alles. Inzwischen hatte sich überall nur zu offensichtlich eine bestimmte Art Ehrenhaftigkeit ausgebreitet. Eine zerstörerische Kraft war

am Werk, die die Grenze zwischen Lüge und Wahrheit aufheben wollte, und jeder konnte es sehen. Die Wahrheit war so elastisch geworden, dass sie sich dehnen ließ, um alles zu überdecken, das man lieber verbergen wollte. Die Grenze zwischen Ehrenhaftigkeit und allgemeiner Ehrlosigkeit war sorgfältig verwischt worden. Was ich auf den vorliegenden wenigen Dutzend Seiten niedergelegt habe, ist unwichtig, besonders für jene, die sie nur zur Unterhaltung lesen, aber ich würde gerne in größeren Buchstaben, als sie eine Schreibmaschine aufweist, für all jene hinzufügen, die unter ihren sorgfältig gezogenen Scheiteln nur das sprichwörtliche Sägemehl haben und die ihren Müttern für einen Kopf danken müssen, der so geformt ist, dass das Sägemehl nicht herausrieselt: Denkt einen Moment über euer eigenes Leben nach, schaut euch um und beginnt euren eigenen Kampf gegen die Falschheit, gegen die Lügen und die Selbstsucht, die uns so kunstvoll als nicht nur wichtig und wahr, sondern als eine große Sache vorgeführt werden.
Witold Pilecki

15. Juni 1942
Manchmal versuche ich, über das Schicksal unseres Volkes hinauszudenken, über die Entwicklung der Welt nach Ende dieses Krieges. Doch ich komme zu keinem Ergebnis. Es fällt schwer, an eine positive Entwicklung zu glauben. Auf jeden Fall trenne ich mich nicht leicht von diesem Glauben, vermutlich auf Grund meiner seelischen Neigung, für Dinge erst im Nachhinein Gründe zu finden und ihrer Existenz Bedeutung zu verleihen.
Emil Elieser Wochl

[undatiert]
Dies sind die letzten Tage unseres Lebens, daher geben wir ein Zeichen, denn vielleicht gibt es noch Verwandte oder Bekannte dieser Menschen. Damit Ihr wisst, dass alle Juden, die aus Litzmannstadt (Lodz)' vertrieben wurden, auf grausamste Weise getötet wurden, sie wurden gefoltert und verbrannt. Lebt wohl. Falls Ihr überlebt, müsst Ihr Rache üben.
[unbekannt]

02. Juni 1943
In letzter Zeit schreiben die Deutschen über [den Wald] Katyn, den Ort, an dem der deutschen Presse angeblich polnische Soldaten ermordet wurden. Ich selbst konnte zig Orte in den dichten Wäldern und auf den Feldern sehen, wo die Deutschen an jedem Ort zigtausende Juden ermordeten und sie in ihren Kleidern und Schu-

hen begruben. Ich habe mir alle diese Orte und diese tragischen Vorfälle vermerkt, damit ich, falls ich am Ende dieses Krieges Leben sein werde, es wenigstens in der Presse veröffentlichen diese Übeltäter vor aller Welt bloßlegen kann. […]
Sie haben nur eine Frage: Warum, warum schweigen unsere Brüder und erschüttern nicht die ganze Welt, kommen nicht einmal zu Hilfe, um Menschen durch Schmuggel über die polnische Grenze zu retten.
Elieser Unger

[undatiert]
Die Tore öffnen sich. Da sind unsere Mörder. Schwarzgekleidet. An ihren schmutzigen Händen tragen sie weiße Handschuhe. Paarweise jagen sie uns aus der Synagoge. Liebe Schwestern und Brüder, wie schwer ist es, vom schönen Leben Abschied zu nehmen. Die Ihr am Leben bleibt, vergesst nie unsere unschuldige kleine jüdische Straße. Schwestern und Brüder, rächt uns an unsern Mördern.
Esther Srul

[undatiert]
Für Euch wird das unverständlich sein – dieser Brief, diese Wörter und die Bilder, die sie beschreiben, werden nicht in Euer Bewusstsein dringen. Und das wundert mich überhaupt nicht, da ja selbst ich, die ich mir dieser Dinge vollends bewusst bin, nicht in der Lage bin, eine solche Grausamkeit zu glauben. […]
Ich bin 23 Jahre alt und in meinem Herzen klafft seit eineinhalb Jahren dieser Schmerz, und doch würde ich gerne leben, um den Tod und die Qualen Igos zu rächen. Doch es ist nicht möglich. Und deshalb schreibe ich Euch – dass wenigstens Ihr unseren schrecklichen Tod rächt. So viele Menschen haben Gift, und trotzdem lassen sie zu, dass man sie wie Lämmer zur Schlachtbank führt, denn sie glauben noch immer an ein Wunder, das sie aus den Händen der Unterdrücker erretten wird. […]
Noch habe ich Hoffnung, dass Ihr Euch aus meinen Worten ein klares Bild von dem machen könnt, was wir bis zu unserem Tod durchgemacht haben. Und bei alledem bin ich sicher, dass ihr unser Leben nicht nachfühlen und nicht verstehen könnt, dass all das aus Euch herausgespült werden wird, wie ein Alptraum, und was ich damit überhaupt nicht will…. Ich möchte, dass Ihr diese Briefe (es werden viele sein) zum Zeitpunkt der Entscheidung veröffentlicht, dass die Rache nicht geringer ausfalle als unsere Qualen.
Chulda

[undatiert]
An den Herrn Präsidenten der polnischen Republik
Wladyslaw Raczkiewicz
den Premierminister
General Wladyslaw Sikorski

Herr Präsident,
Herr Premierminister,
[…] Ich möchte mit meinem Tod meine allertiefste Empörung über die Untätigkeit zum Ausdruck bringen, in der die Welt zusieht und zulässt, dass das jüdische Volk ausgerottet wird. Ich weiß, dass ein Menschenleben keinen großen Wert hat, und erst recht heutzutage. Aber nachdem es mir nicht gelungen ist, es in meinem Leben zu erreichen, werde ich vielleicht mit meinem Tod zum Erwachen derjenigen aus ihrer Tatenlosigkeit beitragen, die zu handeln imstande und verpflichtet sind, damit sie noch jetzt, vielleicht im letzten Augenblick, die Handvoll noch am Leben gebliebener polnischer Juden vor unabwendbarer Vernichtung retten können. […]
Ich scheide mit Segen,
von allen und von allem, was mir teuer war und was ich geliebt habe,
Schmuel Zygelbaum

25. September 1942
Ich sehe Menschen in tragischen Lebenssituationen. Freie Menschen, die über uns hinweg mit Waffen gesiegt haben und volle Befriedigung in Form von materiellen Dingen erfahren. Menschen in Freiheit, wie Ihr, die dennoch in hohem Grade in den Fesseln der Unfreiheit liegen. Und die Dritten, die sich in der gleichen Lage befinden wie ich. Hier sehe ich auch die schreckliche Armut, in der sich alle Menschen befinden. Eine nicht nur materielle, sondern auch die moralische Armut. Zweitere ist um vieles schlimmer.
Janusz Pogonowski

[undatiert]
Ich glaube nach wie vor an die Mission der menschlichen Vernunft, gegen die Dummheit zu kämpfen und die Menschen aus der Barbarei zu führen. Ich glaube weiter, dass es möglich ist, der Menschheit den Frieden zu bringen, dass zum ersten Male an den Leiden der Überfluss schuld ist und seine Folgen durch Planung der Produktion und der Konsumtion beseitigt werden können. Gelingt dies, so wird auch eine neue Moral, die seit 2 000 Jahren nicht Schritt gehalten hat mit der Wissenschaft, nicht ausbleiben und die Beziehungen,

die Liebe, die Freundschaft und andere Zuneigungen erschließen, wird das Leben mit neuem Wert erfüllen. Die Voraussetzungen für die Durchführbarkeit dieser Fragen hat die Wissenschaft seit Jahrzehnten geschaffen.
Wolfgang Heinze

8. November 1944
Kämpft weiter für die Gleichberechtigung und wir sterben nicht umsonst.
Johann Schleich

Ich habe Angst vor Menschen –
ich habe vor nichts solche Angst wie vor
Menschen. Wie gut und wie böse sie werden können, dafür gibt es kein Maß, keine
Basis, keine Sicherheit.
[...] Hier waren aber kleine Beamte, Handwerker, junge Mädchen, Frauen. Die ganze
Bosheit, die ihnen innewohnte, hätte sich
unter anderen Umständen höchstens in
Tratsch, Übervorteilen, Tyrannei im Familienkreis und dergleichen ausgelebt.

Grete Salus